Wege der Übung

RUDOLF STEINER
Themen aus dem Gesamtwerk
Band 1

Das Werk Rudolf Steiners gründet sich methodisch und erkenntniswissenschaftlich auf die Darstellungen der grundlegenden Schriften. Diese bilden zusammen mit den übrigen Schriften und den Aufsatzbänden das geschriebene Werk von überschaubarem Umfang, rund 40 Bände. Daneben ist die Fülle der nachgeschriebenen Vorträge außerordentlich, in der Gesamtausgabe mehr als 250 Bände. Diese Vorträge waren alle frei gehalten und nicht zum Druck bestimmt. Ihre Herausgabe erfolgt nach von Rudolf Steiner nicht durchgesehenen Nachschriften. Sie enthalten jedoch den Ausbau und die Entfaltung der in den Schriften entwickelten Grundkonzeptionen nach den verschiedensten Richtungen und Lebensbereichen. Sie stellen in ihrer thematischen Mannigfaltigkeit auch heute noch eine nicht bewältigte Aufgabe dar. So ist das Motiv dieser Taschenbuchreihe: unter den in unserer Zeit aktuellen Gesichtspunkten den Zugang zu verschiedenen im Vortragswerk verstreuten und nicht zusammenhängend ausgearbeiteten Themenkomplexen zu eröffnen und damit zugleich den Ansatz der anthroposophischen Erkenntnismethode an bestimmten Problemkreisen zu verdeutlichen; die jeweilige Zusammenstellung von Vorträgen beansprucht dabei inhaltlich keine Vollständigkeit.

Rudolf Steiner

Wege der Übung

Vorträge, ausgewählt und herausgegeben von
Stefan Leber

Verlag Freies Geistesleben

CIP-Kurztitelaufnahme der Deutschen Bibliothek

Steiner, Rudolf:
Themen aus dem Gesamtwerk / Rudolf Steiner. – Stuttgart:
Verlag Freies Geistesleben
NE: Steiner, Rudolf: [Sammlung]
Bd. 1. Wege der Übung: Vorträge / ausgew. u. hrsg. von Stefan
Leber. – 3. Aufl. — 1984.
ISBN 3-7725-0071-4
NE: Leber, Stefan [Hrsg.]

Einbandgestaltung: Martin Diethelm

3. Auflage 1984

Gesamtherstellung: Clausen & Bosse, Leck

Inhalt

Vorbemerkung (Herausgeber) 7

Der Erkenntnispfad und seine Stufen. Der rosenkreuzerische Geistesweg *(20. 10. 1906)* 9

Drei Wege der Übung. Bewußtseinszustände – Nebenübungen *(2. 9. 1906)* 26

Acht Stufen orientalischer Schulung – Sieben Stufen gnostisch-christlicher Übung *(3. 9. 1906)* 37

Selbsterkenntnis: rosenkreuzerisch-christliche Seelenübungen *(4. 9. 1906)* 50

Die alte Yoga-Kultur und der neue Yoga-Willen. Die Michael-Kultur der Zukunft *(30. 11. 1919)* 59

Innere Entwickelung *(7. 12. 1905)* 77

Praktische Ausbildung des Denkens *(18. 1. 1909)* 100

Okkulte Wissenschaft und okkulte Entwickelung – Einweihung *(1. 5. 1913)* 119

Die drei Entscheidungen des imaginativen Erkenntnisweges. Einsamkeit – Furcht – Schrecken *(2. 3. 1915)* 140

Anthroposophie und Naturwissenschaft. Yoga, Askese, Denkerkraftung *(1. 6. 1922)* 163

Anthroposophie und Psychologie. Denkübungen, leeres Bewußtsein, Willenserkraftung *(2. 6. 1922)* 188

Die übersinnliche Erkenntnis. Anthroposophie als Zeitforderung *(26. 9. 1923)* 210

Die besondere Stellung anthroposophischer Erkenntnisausweitung im Geschichtsgang (Nachwort v. Herausgeber) 232

Anmerkungen 250

Quellennachweis 255

Vorbemerkung

Die in diesem Band zusammengefaßten Vorträge Rudolf Steiners weisen alle einen gemeinsamen Zug auf: sie handeln von den Methoden der Bewußtseinserweiterung durch seelische Schulung bzw. Übung. Einerseits werden in ihnen Übungsinhalte dargestellt, andererseits werden Methoden des Umgangs damit entwickelt. Ferner wird sichtbar gemacht – und das rechtfertigt vielleicht diese Zusammmenstellung neben den grundlegenden geschriebenen Werken Rudolf Steiners – wie das geisteswissenschaftlich-anthroposophische Verständnis des Übungsweges (Methodenverständnis) sich tiefgreifend unterscheidet von anderen in langen Traditionen begründeten Weisheitslehren.
Diese Thematik ist der gemeinsame Nenner der hier ausgewählten Vorträge, die aus den Jahren 1906 bis 1923 stammen. Indem die Auswahl einem solchen erkenntnisleitenden Gesichtspunkt folgt, tritt der Zusammenhang, in dem Rudolf Steiner die Vorträge aus biographischen sowie zeitlich-räumlichen und auch gesellschaftlichen Anforderungen und Intentionen darstellte, notwendigerweise etwas in den Hintergrund. Dieser Zusammenhang ergibt sich aus der Rudolf-Steiner-Gesamtausgabe, auf die hier für das vertiefte Studium ausdrücklich verwiesen sei. Hinweise über die Stellung der ausgewählten Vorträge zum Gesamtwerk Rudolf Steiners, aber auch zur geistigen Situation der Gegenwart finden sich am Schluß des Bandes.

Stefan Leber

Der Erkenntnispfad und seine Stufen

Der rosenkreuzerische Geistesweg[1]

Heute soll ein Bild des Erkenntnispfades gegeben werden, und es soll auch gezeigt werden, welches die Früchte dieses Pfades sind. Sie kennen einige Hauptgesichtspunkte, die dabei in Betracht kommen. Aber auch für diejenigen, die schon einschlägige Vorträge über den Erkenntnispfad gehört oder den «Lucifer», namentlich das zweiunddreißigste Heft gelesen haben, wird sich etwas Neues bieten, wenn wir den Erkenntnispfad so besprechen, wie es nur im intimen Kreise von Schülern der Geisteswissenschaft geschehen kann.[2] Dabei wird es sich hauptsächlich darum handeln, diesen Erkenntnispfad zu besprechen, insofern er durch die rosenkreuzerische abendländische Geistesströmung vorgezeichnet ist, die seit dem 14. Jahrhundert die europäische Kultur an unbekannten Fäden geistig lenkt und leitet.[3]

Die rosenkreuzerische Bewegung wirkte bis zum letzten Drittel des 19. Jahrhunderts ganz im Verborgenen. Was wirkliche Rosenkreuzerei war, konnte in keinem Buche gelesen werden, durfte auch nicht öffentlich ausgesprochen werden. Erst seit etwa dreißig Jahren sind einige der rosenkreuzerischen Lehren durch die theosophische Bewegung der Außenwelt bekanntgemacht worden, nachdem sie früher nur in streng geschlossenen Bünden gelehrt worden waren. Die elementarsten Lehren sind in dem, was man heute Theosophie nennt, vielfach enthalten – aber nur die elementarsten.[4] Erst nach und nach ist es möglich, die Menschen tiefer hineinschauen zu lassen in die Weisheit, die seit dem Ende des 14. Jahrhunderts in jenen Rosenkreuzerschulen in Europa gepflegt worden ist.

Zunächst wollen wir uns klarmachen, daß es nicht nur eine Art von Erkenntnispfad gibt, sondern es kommen drei Arten in Betracht. Das ist jedoch nicht so aufzufassen, als ob es drei Wahrheiten gäbe. Die Wahrheit ist eine einzige, so wie sich allen, die auf dem Gipfel eines Berges stehen, die gleiche Aussicht eröffnet. Aber es gibt verschiedene Wege, um auf den Gipfel des Berges zu gelangen. Während des Aufstiegs hat man von jedem Punkt aus einen anderen Ausblick. Erst wenn man oben ist – und man kann den Gipfel von verschiedenen Seiten aus ersteigen –, hat man den freien vollen Ausblick nach der eigenen Perspektive. So ist es auch mit den drei Erkenntnispfaden. Der eine ist der orientalische Yogaweg, der zweite der christlich-gnostische Weg, der dritte der christlich-rosenkreuzerische Weg. Diese drei Wege führen zu der einzigen Wahrheit.

Es gibt drei verschiedene Pfade, weil auf unserem Erdenrund die Menschennaturen verschieden sind. Man hat drei Typen von menschlichen Naturen zu unterscheiden.[5] Wie es nicht richtig wäre, wenn jemand, um auf den Bergesgipfel zu kommen, nicht den nächsten, sondern einen von ihm weit abliegenden Fußpfad wählen würde, so wäre es auch nicht gut, wenn ein Mensch einen anderen als den ihm angemessenen geistigen Pfad einschlagen wollte. Darüber herrschen heute auch innerhalb der theosophischen Bewegung, die sich erst noch aus ihrem Anfangsstadium herausentwickeln muß, vielfach recht verworrene Vorstellungen. Man denkt vielfach, daß es nur einen einzigen Erkenntnispfad gäbe, und meint, dies sei der Yogaweg. Nun ist aber der orientalische Yogaweg weder der einzige Erkenntnispfad, noch ist er für Menschen, die innerhalb des europäischen Kulturgebietes leben, auch nur der günstige. Wer die Sache nur von außen betrachtet, kann freilich kaum die Einsicht haben, worum es sich hier handelt, weil die menschliche Natur doch im Grunde genommen bei den verschiedenen Rassen nicht so verschieden erscheint. Wenn man aber mit okkulten Kräften die große Verschiedenheit der Menschentypen betrachtet, kommt man darauf, daß etwas, das für die Orientalen, vielleicht auch für ganz einzelne Menschen in unserer Kultur gut sein mag, durchaus nicht für alle richtig ist. Es gibt auch Menschen, aber nur wenige innerhalb der europäischen Verhältnisse, die den orientalischen Yogaweg gehen können. Für die allermeisten Europäer ist er aber ungangbar. Er bringt Illusionen und auch seelische Zerstörung mit sich. Mögen sie auch äußerlich, selbst in den Augen des heutigen Wissenschafters, nicht so verschieden erscheinen – die östliche und die abendländische Natur sind total verschieden. Ein morgenländisches Gehirn, eine morgenländische Phantasie und ein morgenländisches

Herz, sie wirken ganz anders als die Organe des Abendländers. Was man einem Menschen zumuten kann, der unter östlichen Verhältnissen aufgewachsen ist, darf man nie und nimmer einem Abendländer zumuten. Nur wer glaubt, daß Klima, Religion und soziales Leben keinen Einfluß auf den menschlichen Geist hätten, könnte meinen, es sei einerlei, unter welchen äußeren Verhältnissen jemand eine okkulte Schulung durchmacht. Weiß man aber, welchen tiefgehenden geistigen Einfluß alle diese äußeren Umstände auf die menschliche Natur haben, so versteht man, daß sich der Yogaweg nur für wenige Europäer und eigentlich nur für solche eignet, die sich gründlich und radikal aus den europäischen Verhältnissen herausreißen, daß er aber für Menschen unmöglich ist, welche innerhalb der europäischen Kultur stehenbleiben.

Menschen, die heute noch innerlich aufrichtige und ehrliche Christen sind, die noch von gewissen Hauptsätzen des Christentums durchdrungen sind, mögen den christlich-gnostischen Weg wählen, der nicht sehr verschieden von dem kabbalistischen Weg ist. Für die Europäer ist aber im allgemeinen der rosenkreuzerische Weg der einzig richtige Pfad. Heute soll dieser europäische Rosenkreuzerweg besprochen werden, und zwar die verschiedenen Verrichtungen, die dieser Weg den Menschen vorschreibt, und auch das, was dem Menschen als Frucht winkt, wenn er diesen Erkenntnispfad geht. Niemand soll glauben, daß dies nur ein Weg für wissenschaftlich gebildete Menschen oder gar für Gelehrte sei. Der einfachste Mensch kann ihn beschreiten. Wenn man aber diesen Weg geht, wird man sehr bald in der Lage sein, jedem Einwand der europäischen Wissenschaft gegen den Okkultismus zu begegnen. Das war eine der Hauptaufgaben der rosenkreuzerischen Meister[6]: diejenigen, die den Erkenntnispfad gehen, so auszurüsten, daß sie das okkulte Wissen verteidigen und diesen Pfad auch der Welt gegenüber durchführen können. Der einfache Mensch, der nur ein paar populäre Vorstellungen aus der modernen Wissenschaft oder auch gar nichts davon besitzt, aber einen ehrlichen Wahrheitsdrang in sich hat, wird den Rosenkreuzerweg ebenso gehen können wie der Gebildetste und Gelehrte.

Zwischen den drei Erkenntniswegen bestehen große Unterschiede. Der erste betrifft das Verhältnis des Schülers zu dem okkulten Lehrer, der allmählich der Guru wird oder das Verhältnis zum Guru vermittelt. Die Eigentümlichkeit des orientalischen Yogaweges bringt es mit sich, daß dieses Verhältnis das denkbar strengste ist. Der Guru ist unbedingte Autorität für den Schüler. Wenn das nicht der Fall wäre, könnte diese Schulung nicht den richtigen Erfolg haben. Eine orientalische Yogaschulung ist ohne eine strenge Unterwerfung unter die Autorität des Guru gar nicht möglich. Bei dem christlich-gnostischen und bei dem kabbalistischen Weg wird schon ein etwas loseres Verhältnis zu dem Guru auf dem physischen Plan vorausgesetzt. Der Guru führt den Schüler zu dem Christus Jesus hin, er ist der Vermittler. Und bei dem Rosenkreuzerweg wird der Guru immer mehr der Freund, dessen Autorität auf innerer Zustimmung beruht. Ein anderes Verhältnis als ein streng persönliches Vertrauensverhältnis ist hier nicht möglich. Würde auch nur ein klein wenig Mißtrauen zwischen Schüler und Lehrer entstehen, so würde das Band, das zwischen beiden bestehen muß, zerrissen werden und jene Kräfte, die zwischen Lehrer und Schüler spielen, würden nicht mehr wirken. Über die Rolle seines Lehrers wird sich der Schüler mitunter falsche Vorstellungen machen. Leicht wird es ihm vorkommen, als ob er da oder dort den Lehrer unbedingt sprechen, als ob er oft mit ihm physisch zusammen sein müßte. Zwar ist es manchmal eine dringende Notwendigkeit, daß der Lehrer an den Schüler physisch herantritt, aber das ist nicht so oft der Fall, wie der Schüler glauben mag. Die Wirkung, die der Lehrer auf den Schüler ausübt, kann dieser anfangs nicht in der richtigen Weise beurteilen. Der Lehrer hat Mittel, die sich erst allmählich dem Schüler enthüllen. Manches Wort, von dem der Schüler glaubt, es sei zufällig gesprochen, ist von großer Bedeutung. Es wirkt unbewußt in der Seele des Schülers wie eine Richtkraft fort, die ihn lenkt und leitet. Übt der Lehrer die okkulten Einflüsse richtig aus, dann ist auch das reale Band zwischen ihm und dem Schüler da. Dazu kommen dann die auf liebevoller Teilnahme beruhenden Wirkungen in die Ferne, die dem Lehrer immer zur Verfügung stehen und die sich dem Schüler erst später immer mehr enthüllen, wenn er Eingang in die höheren Welten findet. Aber unbedingt notwendig ist das absoluteste Vertrauen, sonst ist es besser, das Band zwischen Lehrer und Schüler zu lösen.

Nun sollen die Regeln, welche innerhalb der rosenkreuzerischen Schulung eine gewisse Rolle spielen, kurz Erwähnung finden. Die Dinge brauchen nicht genau so aufzutreten, wie sie hier aufgezählt werden. Je nach der Individualität, dem Beruf, dem Lebensalter des Schülers wird der Lehrer aus den verschiedenen Gebieten dies oder jenes herauszunehmen und es in dieser oder jener Weise anzuordnen haben. Nur eine Übersicht soll hier zur Kenntnisnahme gegeben werden.

Was bei der Rosenkreuzerschulung in hohem Grade notwendig ist, wird gewöhnlich bei aller okkulten Schulung nicht genügend beachtet. Es ist ein klares und logisches Denken – oder wenigstens das Streben danach. Zunächst soll alles verworrene oder vorurteilsvolle Denken ausgemerzt werden. Der Mensch hat sich daran zu gewöhnen, die Zusammenhänge in der Welt nach großen, selbstlosen Gesichtspunkten zu denken. Dazu ist der beste Weg, wenn man als schlichter Mensch diesen Rosenkreuzerpfad durchmachen will, das Studium der elementaren Lehren der Geisteswissenschaft.[7] Es ist kein berechtigter Einwand, zu sagen: Was nützt es mir, die Lehren über die höheren Welten, über die Menschenrassen und Kulturen, über Karma und Reinkarnation zu studieren, da ich das alles doch nicht selbst sehen und wahrnehmen kann. – Es ist dies kein richtiger Einwand, denn gerade das Beschäftigen mit diesen Wahrheiten reinigt das Denken und diszipliniert es so, daß der Mensch reif für die anderen Maßnahmen wird, die zum okkulten Pfad führen. Der Mensch denkt im gewöhnlichen Leben meistens sehr ungeordnet. Die Richtlinien und Abschnitte der menschlichen Entwicklung und der planetarischen Evolution, die großen Gesichtspunkte, die von den Wissenden erschlossen werden, bringen das Denken in geordnete Formen. Alles dies ist ein Teil der rosenkreuzerischen Schulung. Man nennt dies das Studium. Daher wird der Lehrer dem Schüler anheimgeben, sich in die elementaren Lehren über Reinkarnation und Karma, über die drei Welten, die Akasha-Chronik, die Evolution der Erde und die Menschenrassen hineinzudenken. Der Umfang der elementaren Geisteswissenschaft, wie sie heute verbreitet wird, ist für den schlichten Menschen die beste Vorbereitung.

Denen aber, welche schärfer in das Denken hineingehen mögen, um sich noch intensiver auf das eigentliche Grundgerüst der menschlichen Seele einzulassen, seien zum Studium solche Bücher empfohlen, die gerade dazu geschrieben worden sind, um das Denken in disziplinierte Bahnen zu bringen. Die Bücher, die zu diesem Zwecke geschrieben worden sind – wenn auch in ihnen nicht das Wort Theosophie steht –, sind meine beiden Bücher «Wahrheit und Wissenschaft» und «Die Philosophie der Freiheit».[8] Man schreibt ja solche Bücher, damit sie einen Zweck erfüllen. Diejenigen, welche auf Grund einer energischen Schulung des logischen Denkens an das weitere Studium herankommen wollen, werden gut daran tun, ihren Geist einmal dem «seelischen und geistigen Turnen» zu unterwerfen, welches diese Bücher erfordern. Das gibt ihnen den Grund, auf welchem das Rosenkreuzerstudium aufgebaut ist.

Wenn man den physischen Plan beobachtet, nimmt man gewisse Sinneseindrücke wahr, Farben und Licht, Wärme und Kälte, Geruch und Geschmack, Druck- und Tastempfindungen und die Gehörseindrücke. Man verbindet mit alledem die Gedanken- und Verstandestätigkeit. Der Verstand, der Gedanke gehört noch zum physischen Plan. Das alles können Sie auf dem physischen Plan wahrnehmen. Anders sind die Wahrnehmungen auf dem Astralplan, sie sehen ganz anders aus. Und wieder anders sind die Wahrnehmungen auf dem Devachanplan, geschweige in den noch höheren Geistgebieten.[9] Der Mensch, der noch nicht einen Einblick in die höheren Welten erlangt hat, kann sich jedoch eine bildliche Vorstellung davon machen. Durch Bilder eine Anschauung von diesen Welten zu geben, wird auch in der mir geläufigen Darstellungsweise versucht. Wer dann in die höheren Gebiete aufsteigt, sieht selber, wie sie auf ihn wirken. Auf jedem Plan macht der Mensch neue Erfahrungen. Aber eines gibt es, das durch alle Welten hindurch bis hinauf zum Devachan dasselbe bleibt, das sich nicht ändert: das ist das logisch geschulte Denken. Erst auf dem Buddhiplan hat das Denken nicht mehr die gleiche Geltung wie auf dem physischen Plan. Da muß ein anderes Denken eintreten. Aber für die drei Welten unterhalb des Buddhiplanes, für den physischen, astralen und devachanischen Plan, gilt überall das gleiche Denken. Wer sich also durch das Studium in der physischen Welt ordentlich im Denken schult, wird in den höheren Welten in diesem Denken einen guten Führer haben und nicht so leicht straucheln wie der, welcher mit verworrenem Denken in die Geistgebiete aufsteigen will. Daher lehrt die Rosenkreuzerschulung die Menschen, sich in den höheren Welten frei zu bewegen, indem sie dieselben dazu anhält, ihr Denken zu disziplinieren. Wer in diese Welten hinaufgelangt, lernt zwar Wahrnehmungsweisen kennen, die es auf dem physischen Plan nicht gibt, aber er wird sie mit seinem Denken beherrschen können.

Das zweite, das der Schüler auf dem rosenkreuzerischen Erkenntnispfade lernt, ist die Imagination. Sie wird dadurch vorbereitet, daß der Schüler selbst allmählich lernt, in solche bildlichen Vorstellungen einzudringen, die im Sinne des Goetheschen Wortes «Alles Vergängliche ist nur ein Gleichnis» die höheren Welten darstellen. So wie der Mensch gewöhnlich durch die physische Welt geht, nimmt er die Dinge auf, wie sie sich seinen Sinnen darstellen, aber nicht das, was dahinter ist. Er wird wie mit einem Bleigewicht in die physische Welt hinabgezogen. Der Mensch wird von dieser physischen Welt erst frei, wenn er lernt, die Dinge um sich herum als Sinnbilder zu nehmen. Deshalb muß er ein moralisches Verhältnis zu ihnen zu gewinnen suchen. Der Lehrer wird ihm auch dafür manche Anleitungen geben, um äußere Erscheinungen als Symbole für Geistiges zu betrachten, aber der Schüler kann auch selbst viel dazu tun. Zum Beispiel kann er eine Herbstzeitlose und ein Veilchen betrachten. Wenn ich in der Herbstzeitlose das Symbol für ein melancholisches Gemüt sehe, habe ich sie nicht nur so aufgefaßt, wie sie mir äußerlich entgegentritt, sondern als Sinnbild für eine Eigenschaft. Im Veilchen mag man dagegen das Sinnbild für ein stilles, frommes Gemüt erblicken. So gehen Sie von Gegenstand zu Gegenstand, von Pflanze zu Pflanze, von Tier zu Tier und betrachten sie als Sinnbilder für Geistiges. Dadurch machen Sie Ihr Vorstellungsvermögen flüssig und lösen es von den scharfen Konturen des sinnlichen Wahrnehmens los. Man kommt etwa dazu, in jeder Tiergattung das Sinnbild für eine Eigenschaft zu erblicken. Man nimmt das eine Tier als Symbol der Stärke, ein anderes als Symbol der Schlauheit. Nicht flüchtig, sondern ernst und auf Schritt und Tritt müssen wir solche Dinge zu verfolgen suchen.

Im Grunde spricht die ganze menschliche Sprache in Symbolen. Die Sprache ist nichts anderes als ein Sprechen in Symbolen. Jedes Wort ist ein Symbolum. Auch die Wissenschaft, die den Glauben hat, einen jeden Gegenstand nur objektiv zu bezeichnen, muß sich der Sprache bedienen, und ihre Worte wirken sinnbildlich. Wenn Sie von Lungenflügeln sprechen, so wissen Sie, daß das keine Flügel sind, aber Sie pflegen sie doch so zu bezeichnen. Für den, der auf dem physischen Plan bleiben will, wird es gut sein, sich nicht zu stark in dieser Symbolik zu verlieren, aber der fortgeschrittene Schüler wird sich auch nicht darin verlieren. Wenn man nachforscht, empfindet man, welche Tiefe ursprünglich in der menschlichen Sprache liegt. Solche tiefe Naturen wie Paracelsus und Jakob Böhme verdanken ihre Entwickelung mit dem Umstande, daß sie sich nicht scheuten, im Gespräch mit Bauern und Landstreichern die imaginative Bedeutung der Sprache zu studieren. Da wirkten die Worte Natur, Geist, Seele noch ganz anders. Sie wirkten stärker. Wenn draußen auf dem Lande die Bauersfrau der Gans eine Feder ausrupfte, nannte sie das Innere die Seele der Feder. Solche Symbole in der Sprache muß der Schüler selbst finden. Dadurch löst er sich von der physischen Welt los und lernt es, sich zur Imagination zu erheben. Es hat eine starke Wirkung, wenn so die Welt dem Menschen zum Gleichnis wird. Wenn der Schüler das lange genug übt, wird er entsprechende Wirkungen bemerken. Beim Anschauen einer Blume wird sich zum Beispiel nach und nach etwas von der Blume loslösen. Die Farbe, die zuerst nur an der Oberfläche der Blume haftete, steigt wie eine kleine Flamme auf und schwebt frei im Raume. So gestaltet sich die imaginative Erkenntnis heraus. Es ist dann bei allen Dingen so, als ob sich ihre Oberfläche loslöste. Der ganze Raum erfüllt sich mit der Farbe, die flammenartig im Raume verschwebt. Auf diese Weise scheint sich die ganze Lichtwelt aus der physischen Wirklichkeit herauszuziehen. Wenn sich ein solches Farbenbild herauszieht und frei im Raume schwebt, fängt es bald an, an etwas zu haften. Es drängt zu etwas hin, es bleibt nicht beliebig irgendwo stehen; es faßt eine Wesenheit ein, die nun selbst als geistige Wesenheit in der Farbe erscheint. Was der Schüler aus den Dingen der physischen Welt als Farbe herausgezogen hat, umkleidet die geistigen Wesenheiten des astralen Raumes.

Hier ist der Punkt, wo der Rat des okkulten Lehrers eingreifen muß, weil der Schüler sonst leicht den Boden verlieren kann. Dies könnte aus zwei Gründen geschehen. Der eine ist der folgende: Durch eine bestimmte Erfahrung muß jeder Schüler hindurchgehen. Die Vorstellungen, die sich aus den physischen Dingen herausschälen – es sind nicht nur Farben, sondern auch Geruchs- und Gehörvorstellungen –, zeigen sich in merkwürdigen häßlichen, vielleicht auch schönen Gestalten, Tiergesichtern, Formen von Pflanzen, auch häßlichen Menschenantlitzen. Dieses erste Erlebnis stellt ein Spiegelbild der eigenen Seele dar. Die eigenen Leidenschaften und Triebe, das noch in der Seele ruhende Böse tritt vor den vorgeschrittenen Schüler wie in einem Spiegel im Astralraum auf. Da braucht er den Rat des okkulten Lehrers, der ihm sagt, daß das nichts Objektives ist, sondern ein Spiegelbild seiner eigenen inneren Wesenheit.

Daß er auf diesen Rat des Lehrers angewiesen ist, werden Sie begreifen, wenn noch etwas über die Art, wie solche Bilder auftreten, gesagt wird. Oft ist betont worden, daß im Astralraum[9] alles umgekehrt ist, daß alles in Spiegelbildern auftritt. Der Schüler kann daher leicht durch Gaukelbilder irregeführt werden, namentlich wenn es sich um Spiegelungen seines eigenen Wesens handelt. Das Spiegelbild einer Leidenschaft tritt nicht nur so auf, daß es wie ein Tier ausschaut, das auf ihn zukommt – das wäre noch das geringste –, sondern man muß hier noch mit anderem rechnen. Nehmen wir an, in dem Menschen wäre eine verborgene recht böse Leidenschaft. Als Spiegelung erscheint ein solcher Trieb oder eine Begierde sehr häufig in verlockender Gestalt, während sich gerade gute Eigenschaften manchmal gar nicht verlockend ausnehmen. Wieder liegt hier etwas vor, was die Sage wunderbar dargestellt hat. Sie finden ein Bild dafür in der Herkules-Mythe. Als Herkules seinen Weg antritt, stehen die bösen und die guten Eigenschaften vor ihm. Das Laster kleidet sich in die verführerische Gestalt der Schönheit, die Tugend aber in das Gewand der Anspruchslosigkeit.

Es kommt nun noch etwas anderes hinzu. Selbst wenn der Schüler bereits in der Lage ist, die Dinge objektiv zu sehen, so ist noch immer die andere Möglichkeit vorhanden, daß sich seine innere Willkür wie eine Kraft äußert, welche die Erscheinungen lenkt und leitet. Er muß es dahin bringen, daß er dies durchschaut und versteht, denn der Wunsch hat einen starken Einfluß auf dem astralen Plan. Alles, was als dirigierende Kraft hier in der physischen Welt wirkt, ist nicht vorhanden, wenn man in die imaginative Welt kommt. Wenn Sie sich auf dem physischen Plan einbilden, Sie hätten etwas getan, was Sie in Wahrheit nicht getan haben, dann werden Sie sich bald davon überzeugen, daß es sich nicht so verhält, indem Ihnen die Tatsachen auf dem physischen Plan entgegentreten. So ist es aber nicht im Astralraum. Da gaukeln Ihnen die eigenen Wünsche Bilder vor, da müssen Sie von einem Wissenden Anleitung haben, wie diese imaginativen Bilder zusammenzusetzen sind, um ihre wahre Bedeutung zu erkennen.

Das dritte in der Rosenkreuzerschulung ist das Lernen der okkulten Schrift. Was ist diese okkulte Schrift? Es gibt gewisse Bilder, Symbole, die durch einfache Linien hergestellt oder durch Farben aneinander gefügt werden. Solche Symbole stellen eine ganz bestimmte okkulte Zeichensprache dar. Um ein Beispiel zu erwähnen, sei das Folgende gesagt. Es gibt in der höheren Welt einen Vorgang, der sich auch in die physische Welt hinein auswirkt: das Drehen des Wirbels. Sie können das Drehen des Wirbels beobachten, wenn Sie einen Sternnebel, beispielsweise den Orionnebel, ansehen. Da sehen Sie eine Spirale. Nur ist das auf dem physischen Plan. Aber Sie können das auch auf allen Planen betrachten. Es stellt sich so dar, daß sich ein Wirbel in einen anderen hineinschwingt. Das (a) ist eine Figur, die auf dem Astralplan bei allen möglichen Bildungen vorkommt. Wenn Sie diese Figur verstehen, begreifen Sie durch sie auch, wie eine Menschenrasse sich in eine andere verwandelt.[10] Beim Entstehen der ersten Unterrasse unserer gegenwärtigen Hauptrasse stand die Sonne gerade im Zeichen des Krebses.

a

b

c

Damals schlang sich also eine Rasse in die andere hinein; deshalb hat man für den Krebs das okkulte Zeichen (b). So sind die Tierkreiszeichen alle okkulte Zeichen. Man muß nur ihre Bedeutung kennenlernen und verstehen.

Ein solches Zeichen ist auch das Pentagramm (c). Der Schüler lernt, mit diesem Zeichen besondere Empfindungen und Gefühle zu verbinden. Sie sind das Gegenbild von astralen Vorgängen. Diese Zeichensprache, die als okkulte Schrift gelernt wird, ist nichts anderes als die Wiedergabe der Gesetze höherer Welten. So ist das Pentagramm ein Zeichen, das Verschiedenes ausdrückt. Wie der Buchstabe *B* bei den verschiedensten Worten verwendet wird, so können auch die Zeichen der okkulten Schrift mannigfache Bedeutungen haben. Das Pentagramm, das Hexagramm, der Winkel und andere Figuren lassen sich zu einer okkulten Schrift zusammensetzen,[11] und diese ist wieder ein Wegweiser in den höheren Welten. Das Pentagramm ist das Zeichen für den fünfgliedrigen Menschen, ferner das Zeichen der Verschwiegenheit, aber auch das Zeichen, das der Gattungsseele der Rose zugrunde liegt. Wenn Sie die Blütenblätter der Rose im Bilde verbinden, bekommen Sie das Pentagramm heraus. Wie das *B* in den Worten Band und Beben jeweils etwas anderes besagt, so bedeuten also auch die Zeichen in der okkulten Schrift Unterschiedliches. Man lernt sie in der richtigen Weise anordnen. Das sind die Wegweiser auf dem astralen Plan. Geradeso wie sich ein Analphabet zu einem Leser auf dem physischen Plan verhält, verhält sich jemand, der nur die Bilder als solche sieht, zu einem solchen, der die okkulte Schrift gelernt hat. Auf dem physischen Plan sind die Schriftzeichen vielfach willkürlich, ursprünglich waren sie aber Abbilder der astralen Zeichensprache. Nehmen Sie ein uraltes astrales Symbol, den Hermesstab mit der Schlange. Das ist in unserer Schrift zum

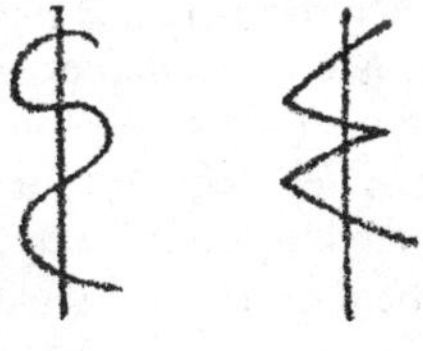

Zeichen *E* geworden. Oder nehmen Sie das Zeichen *W*, welches die Wellenbewegung des Wassers bezeichnet. Es ist das Seelenzeichen des Menschen, zugleich das Zeichen für das Wort. Das *M* ist nichts anderes als die nachgebildete Oberlippe. Im Laufe

der Entwickelung ist das alles mehr willkürlich geworden. Auf den okkulten Planen herrscht dagegen Notwendigkeit. Da kann man diese Dinge leben.

Das vierte ist der sogenannte Lebensrhythmus. Einen solchen Rhythmus kennen die Menschen im profanen Leben sehr wenig. Sie leben egoistisch darauf los. Höchstens für die Kinder in der Schule bedeutet der Stundenplan noch einen gewissen Lebensrhythmus, denn da wiederholt sich der Ablauf der täglichen Schulstunden von Woche zu Woche. Aber wer tut das im gewöhnlichen Leben? Dennoch steigt man zu einer höheren Entwickelung nur dadurch auf, daß man Rhythmus, Wiederholung in sein Leben hineinbringt. In der ganzen Natur herrscht Rhythmus. Im Gang der Planeten um die Sonne, im jährlichen Erscheinen und Verblühen der Pflanzen, bis ins Tierreich, bis ins sexuelle Leben der Tiere hinein ist alles rhythmisch geregelt. Erst dem Menschen ist es gestattet, damit er frei handeln kann, auch ohne Rhythmus zu leben. Aber er muß aus freien Stücken wieder Rhythmus in das Chaos hineinbringen. Ein guter Rhythmus besteht darin, täglich zu bestimmten Zeiten okkulte Verrichtungen vorzunehmen. Deshalb muß der Schüler seine Meditations- und Konzentrationsübungen zur selben Stunde vollziehen, so wie die Sonne zur selben Zeit im Frühling ihre Kräfte zur Erde hinuntersendet. Das ist ein solches Rhythmisieren des Lebens. Ein anderes ist das, was nach Anweisung des okkulten Lehrers als Rhythmisierung des Atmungsprozesses auftritt. Das Einatmen, Atemhalten und Ausatmen muß für eine kurze Zeit des Tages in einen Rhythmus gebracht werden, der von den Erfahrungen der okkulten Lehrer bestimmt ist. So wird durch den Menschen ein neuer Rhythmus an die Stelle des alten gesetzt. Eine solche Rhythmisierung des Lebens gehört zu den Vorbedingungen für ein Aufsteigen zu den höheren Welten. Aber niemand kann das ohne die Anleitung eines Lehrers tun. Es sollte hier nur zur Kenntnis gebracht werden, worum es sich grundsätzlich handelt.

Das fünfte ist dasjenige, was man das Lernen der Entsprechung zwischen dem Mikrokosmos und Makrokosmos nennt. Es besteht darin, daß der Lehrer dem Schüler Anleitung gibt, seine Gedanken auf bestimmte Körperteile zu konzentrieren. Diejenigen, welche den Vortrag über die Beziehung der Sinne zu den höheren Welten gehört haben,[12] werden sich erinnern, daß die ganze Welt an dem Zustandekommen des physischen Leibes beteiligt ist. Das Auge ist vom Licht geschaffen, von den Geistern, die im Lichte wirken. Jeder Punkt des physischen Leibes steht im Zusammenhang mit einer bestimmten Kraft im Kosmos. Betrachten wir den Punkt an der Nasenwurzel. Es gab eine Zeit, da der ätherische Kopf über den physischen Leib weit herausragte. Noch bei den Atlantiern[10] war an der Stirn ein Punkt, wo der ätherische Kopf über den physischen herausstand, wie es noch jetzt beim Pferde und anderen Tieren der Fall ist. Beim Pferde ragt auch heute der Ätherkopf weit heraus. Beim heutigen Menschen ist der genannte Punkt im Ätherkopf und im physischen Kopf zur Deckung gebracht, und das gibt ihm die Fähigkeit, solche Teile des physischen Gehirns zu entwickeln, welche es ihm ermöglichen, zu sich Ich zu sagen. Das Organ, welches den Menschen dazu befähigt, zu sich Ich zu sagen, hängt mit einem ganz bestimmten Vorgang während der atlantischen Erdenentwickelung zusammen. Nun weist der ok-

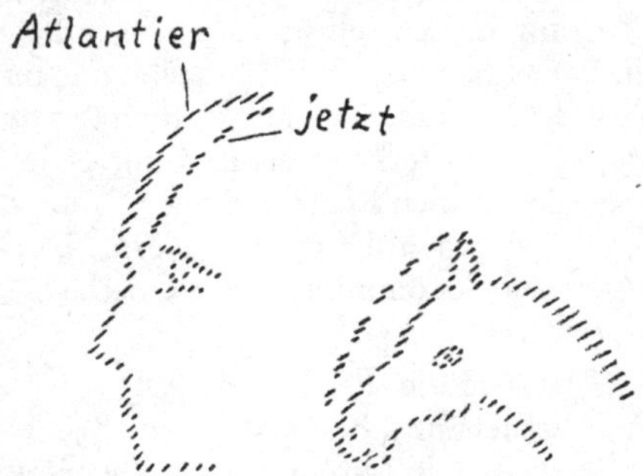

kulte Lehrer seinen Schüler an: Lenke deine Gedanken und konzentriere sie auf diesen Punkt! Dann gibt er ihm ein Mantram. Dadurch wird in diesem Teile des Kopfes eine Kraft geweckt, die einem bestimmten Vorgang im Makrokosmos entspricht. Auf solche Weise wird eine Korrespondenz zwischen dem Mikrokosmos und dem Makrokosmos hervorgerufen. Durch eine entsprechende Konzentration auf das Auge wird auch die Erkenntnis der Sonne erlangt. Man findet so die ganze Organisation des Makrokosmos geistig in seinen eigenen Organen.

Wenn der Schüler das genügend lange geübt hat, darf er dazu übergehen, sich in die Dinge, die er so aufgefunden hat, hineinzuversenken. Zum Beispiel kann er in der Akasha-Chronik jenen Zeitpunkt in der atlantischen Epoche aufsuchen, in welchem an der Nasenwurzel der Punkt zustande gekommen ist, auf den er sich konzentriert hat. Oder er findet die Sonne, indem er sich auf das Auge konzentriert. Diese sechste Stufe, das Versenken in den Makrokosmos, nennt man die Kontemplation. Das gibt dem Schüler die Welterkenntnis, und dadurch erweitert er seine Selbsterkenntnis über die Persönlichkeit hinaus. Das ist etwas anderes als jenes beliebte Schwatzen von Selbsterkenntnis. Man findet das Selbst nicht, wenn man in sich hineinschaut, sondern wenn man aus sich hinausschaut. Es ist dies das gleiche Selbst, welches das Auge geschaffen hat, das die Sonne hervorgebracht hat. Wenn Sie den Teil des Selbst, welcher dem Auge entspricht, suchen wollen, so haben Sie ihn in der Sonne zu suchen. Was draußen außer Ihnen ist, müssen Sie als Ihr Selbst wahrnehmen lernen. Das Hineinschauen nur in sich führt zur Verhärtung in sich selbst, zu einem höheren Egoismus. Wenn die Menschen sagen: Ich brauche nur mein Selbst sprechen zu lassen –, so haben sie keine Ahnung von der Gefahr, die darin liegt. Selbsterkenntnis darf nur geübt werden, wenn der Schüler des weißen Pfades sie mit Selbstentäußerung verbindet. Wenn er zu jedem Dinge sagen lernt: Das bin ich – dann ist er reif zur Selbsterkenntnis, wie es Goethe in den Worten Fausts ausspricht:

«Du führst die Reihe der Lebendigen
Vor mir vorbei und lehrst mich meine Brüder
Im stillen Busch, in Luft und Wasser kennen.»

Überall sind draußen die Teile unseres Selbst. Das ist zum Beispiel auch in der Dionysos-Mythe dargestellt. Daher legt die Rosenkreuzerschulung auch so viel Wert auf eine objektive und ruhige Betrachtung der äußeren Welt: Willst du dich selbst erkennen, dann schau dich im Spiegel der äußeren Welt und Wesen an! Viel deutlicher wird dir aus dem Auge des Mitmenschen sprechen, was in deiner Seele ist, als wenn du dich in dir selbst verhärtest und in die eigene Seele versenkst! – Das ist eine wichtige und wesentliche Wahrheit, die keiner, der den weißen Pfad beschreiten will, außer acht lassen darf. Es gibt in der Gegenwart viele Menschen, die ihren gewöhnlichen Egoismus in einen raffinierten Egoismus verwandelt haben. Sie nennen es theosophische Entwickelung, wenn sie ihr gewöhnliches, alltägliches Selbst so hoch wie möglich steigern. Sie möchten das Persönliche ja recht hervorholen. Die wirkliche okkulte Erkenntnis zeigt dem Menschen dagegen, wie sich sein Inneres aufschließt, wenn er sein höheres Selbst in der Welt erkennen lernt.

Wenn der Mensch in der Kontemplation diese Gesinnung herangebildet hat, wenn sein Selbst über alle Dinge ausfließt, wenn er die Blume, die ihm entgegenwächst, so fühlt wie den Finger, den er sich selbst entgegenbewegt, wenn er weiß, daß die ganze Erde und die ganze Welt sein Leib ist, dann lernt er sein höheres Selbst erkennen. Dann spricht er zur Blume wie zu einem Glied seines eigenen Körpers: Du gehörst zu mir, du bist ein Teil meines Selbst. – Allmählich empfindet er das, was man den siebenten Grad der Rosenkreuzerschulung nennt: die Gottseligkeit. Sie stellt sich als das notwendige Gefühlselement ein, das den Menschen in die höheren Welten hinaufgeleitet, wo er über die höheren Welten nicht bloß denken darf, sondern in diesen Welten fühlen lernt. Dann zeigen sich ihm die Früchte, wenn er so bestrebt ist, unter der fortdauernden Anleitung seines Lehrers zu lernen, und er braucht nicht zu fürchten, daß sein okkulter Weg in einen Abgrund führen könnte. Alle Dinge, die als Gefahren der okkulten Entwickelung geschildert werden, kommen nicht in Frage, wenn diese in die richtigen Wege gelenkt wird. Geschieht das, so wird der okkulte Pfadsucher ein wirklicher Helfer der Menschheit.

Während der Imagination stellt sich die Möglichkeit ein, daß der Mensch einen gewissen Teil der Nacht in bewußtem Zustande durchmacht. Sein physischer Leib schläft wie sonst, aber ein Teil seines Schlafzustandes wird von sinnvollen, inhaltsvollen Träumen belebt. Diese sind die erste Ankündigung seines Eintrittes in die höheren Welten. Allmählich führt er seine Erlebnisse in das gewöhnliche Bewußtsein hinüber. Er sieht dann in seiner ganzen Umwelt, auch hier im Saal zwischen den Stühlen oder draußen in Wald und Flur, die astralen Wesenheiten.

Drei Stufen erreicht der Mensch während der imaginativen Erkenntnis. Auf der ersten Stufe erkennt er die Wesenheiten, die hinter den physischen Sinneseindrücken stehen. Hinter der roten oder blauen Farbe steht eine Wesenheit, hinter jeder Rose; hinter jedem Tier steht die Gattungs- oder Gruppenseele. Er wird taghellsehend. Wenn er nun noch eine Weile wartet und seine Imagination ruhig übt, sich auch in die okkulte Schrift vertieft, so wird er auch taghellhörend. Das dritte ist dann, daß er alle die Dinge kennenlernt, die man in der astralen Welt findet, die den Menschen herunterziehen und zum Bösen verleiten, die eigentlich nun dazu bestimmt sind, ihn hinaufzuführen. Er lernt Kamaloka[13] kennen.

Durch dasjenige, was den vierten, fünften und sechsten Teil der Rosenkreuzerschulung bildet, den Lebensrhythmus, die Beziehung des Mikrokosmos zum Makrokosmos, die Kontemplation des Makrokosmos, erreicht der Mensch drei weitere Stufen. Auf der ersten Stufe gelangt er zum Erkennen der Verhältnisse des Lebens zwischen dem Tode und einer neuen Geburt. Das tritt ihm im Devachan entgegen. Das nächste ist die Möglichkeit, zu sehen, wie die Formen sich ineinander umwandeln, die Transmutation, die Metamorphose der Formen. Der Mensch hatte zum Beispiel nicht immer seine heutige Lunge: er besitzt sie erst seit der lemurischen Zeit.[10] In der vorangegangenen hyperboräischen Zeit hatte er wieder eine andere Form, davor hatte er eine andere Form, weil er sich im Astralzustand befand, und eine andere vorher, weil er im Devachan war. Man sagt auch: der Mensch lernt auf dieser Stufe die Verhältnisse zwischen den verschiedenen Globen kennen, das heißt, er erfährt, wie ein Globus oder Formzustand in den anderen übergeht. Als letztes, bevor er in noch höhere Welten übergeht, erschaut er die Metamorphose der Lebenszustände. Er erkennt, wie die verschiedenen Wesenheiten durch die verschiedenen Reiche oder Runden hindurchgehen, wie ein Reich ins andere übergeht. Dann muß er zu noch höheren Stufen aufsteigen, die aber heute keine Besprechung mehr erfahren können.

Was hier ausgeführt worden ist, wird Ihnen einstweilen zum Verarbeiten genug Material geben. Diese Dinge müssen wirklich erarbeitet werden. Es ist dies der erste Schritt, um in die Höhe zu kommen. Daher ist es gut, einmal in geordneter Weise den Pfad vorgezeichnet zu bekommen. Es mag sein, daß man auf dem physischen Plan, auch ohne eine Landkarte zu haben, reisen kann. Auf dem Astralplan ist es aber notwendig, sich eine solche Landkarte geben zu lassen. Betrachten Sie diese Mitteilungen als eine Art von Landkarte, und sie wird Ihnen nützlich sein, nicht nur in diesem Leben, sondern auch wenn Sie die Pforte zu den höheren Welten durchschreiten. Wer diese Dinge durch die Geisteswissenschaft aufnimmt, wird nach dem Tode gute Dienste von dieser Landkarte haben. Der Okkultist weiß, wie kläglich es den Menschen oft ergeht, wenn sie drüben auf der anderen Seite ankommen und keine Ahnung davon haben, wo sie eigentlich leben und was das ist, was sie da erleben. Diejenigen, die durch die geisteswissenschaftlichen Lehren hindurchgegangen sind, kennen sich aus und wissen die Dinge selbst zu charakterisieren. Wenn der Mensch nicht zurückschrecken würde, den Erkenntnispfad zu betreten, so würde ihm dies in der anderen Welt großen Nutzen bringen.

Drei Wege der Übung

Bewußtseinszustände – Nebenübungen[14]

Sie werden aus den gestrigen Ausführungen ersehen haben, wie wichtig es ist, eine Gemeinschaftsstimmung zu entwickeln, das heißt die Rücksicht auf das eigene Ich zu überwinden, wenn es sich darum handelt, tiefer in das geistige Leben einzudringen. Wer zum Beispiel eine okkulte Entwickelung anstrebt, muß sich unter anderm der folgenden Art von Egoismus entledigen. Er darf nicht sagen: Was hilft es mir, wenn andere mir von okkulten Dingen erzählen und ich selbst es nicht sehen kann. – Das ist ein Mangel an Vertrauen. Vertrauen muß er haben zu denjenigen, die schon einen gewissen Grad der Entwickelung erreicht haben. Die Menschen wirken miteinander, und wenn einer mehr erreicht hat, so hat er das nicht für sich erreicht, sondern für alle anderen, und diese sind dazu berufen, ihn anzuhören. Dadurch werden die eigenen Kräfte erhöht, und diese Zuhörer werden gerade dadurch, daß sie erst das Vertrauen haben, allmählich selbst Wissende. Man darf nicht den zweiten Schritt vor dem ersten machen wollen.

Nun gibt es drei okkulte Entwickelungswege: den orientalischen, den christlich-gnostischen und den christlich-rosenkreuzerischen oder einfach rosenkreuzerischen Weg. Sie unterscheiden sich vor allem in Beziehung auf die Hingebung des Schülers gegenüber dem Lehrer. Was geschieht überhaupt mit einem Menschen, der sich okkult entwickelt? Welches sind die Bedingungen zur okkulten Entwickelung?

Um das zu schildern, betrachten wir einmal das Leben eines heutigen gewöhnlichen Menschen. Das Leben eines solchen verläuft so, daß er von früh bis spät seiner Arbeit und seinen täglichen Erfahrungen nachgeht, daß er seinen Verstand anwendet und seine äußeren Sinne gebraucht. Er lebt und arbeitet also in einem Zustand, den wir den Wachzustand nennen. Das ist aber nur *ein* Zustand; ein anderer ist der, der zwischen Wachen und Schlafen liegt. Da ist der Mensch sich bewußt, daß Bilder durch seine Seele ziehen, Traumbilder. Sie beziehen sich nicht direkt auf die äußere Welt, auf die gewöhnliche Wirklichkeit, sondern indirekt. Diesen Zustand können wir den Traumzustand nennen. Es ist sehr interessant zu studieren, wie dieser Zustand verläuft. Viele Menschen werden der Meinung sein, daß der Traum etwas ganz Sinnloses ist. Das ist nicht der Fall. Auch beim heutigen Menschen haben die Träume einen gewissen Sinn, nur nicht den Sinn, den die Erlebnisse im Wachzustande haben. Im Wachen stimmt unsere Vorstellung immer mit bestimmten Sachen und Erlebnissen überein; beim Traum gestaltet sich das anders. Man kann zum Beispiel schlafen und träumen, daß man auf der Straße Pferdegetrappel hört; man wacht auf und merkt, daß man das Ticken einer Uhr gehört hat, die man neben sich liegen hatte. Der Traum ist ein Symboliker, ein Sinnbildner, er drückte das Ticktack der Uhr sinnbildlich durch Pferdegetrappel aus. Man kann ganze Geschichten träumen. Ein Student zum Beispiel träumt von einem Duell mit allen vorangehenden Einzelheiten, von der Forderung auf Pistolen bis zum Krachen des Schusses, der ihn aufweckt. Da zeigt es sich, daß er den Stuhl, der neben seinem Bett stand, umgeworfen hatte. Ein anderes Beispiel: Eine Bäuerin träumt vom Kirchgang. Sie tritt in die Kirche, der Priester spricht erhabene Worte, seine Arme bewegen sich; auf einmal werden seine Arme zu Flügeln, und dann fängt der Geistliche plötzlich an zu krähen wie ein Hahn. Sie wacht auf, und draußen kräht der Hahn.

Man sieht daraus, daß der Traum ganz andere Zeitverhältnisse hat als das Tagesbewußtsein, denn bei den angeführten Träumen tritt die eigentliche Ursache als zeitlich letztes Ereignis ein. Das rührt davon her, daß ein solcher Traum, verglichen mit der physischen Wirklichkeit, in einem Augenblick durch die Seele schießt und seine innere Zeit hat.

Man muß sich das in der folgenden Weise vorstellen: Indem der Aufwachende sich an alle Einzelheiten erinnert, dehnt er diese innere Zeit selbst aus, so daß es ihm erscheint, als ob die Ereignisse in der entsprechenden Zeitlänge abgelaufen wären. Dadurch gewinnt man einen Einblick, wie die Zeit im Astralen[9] erscheint. Ein kleines Ereignis bewirkt also oft einen langen dramatischen Vorgang. Der Traum fliegt in einem Moment durch die Seele und erweckt im Nu eine ganze Reihe von Vorstellungen; der Mensch verpflanzt dabei selbst die Zeit in den Traum.

Auch innere Zustände können sich im Traum symbolisch darstellen, zum Beispiel ein Kopfschmerz: der Mensch träumt, er sei in einem dumpfen Kellerloch mit Spinnweben. Ein Herzklopfen und eine innerliche Hitze wird als glühender Ofen empfunden. Leute, die eine besondere innere Sensitivität haben, können noch anderes erleben. Sie sehen sich zum Beispiel in einer unglücklichen Lage im Traum. Da wirkt der Traum als Prophet; das ist dann ein Symbol dafür, daß eine Krankheit in ihnen steckt, die in einigen Tagen herauskommt. Ja, manche Menschen träumen sogar die Heilmittel gegen eine solche Krankheit. Kurz, eine ganz andere Art des Wahrnehmens ist in diesen Traumzuständen vorhanden.

Der dritte Zustand des Menschen ist der traumlose Schlafzustand, wo nichts in der Seele aufsteigt, wo der Mensch bewußtlos schläft. Wenn nun durch die innere Entwickelung der Mensch beginnt, die höheren Welten wahrzunehmen, so kündigt sich das zuerst in seinem Traumzustand an, und zwar dadurch, daß die Träume regelmäßiger werden und sinnvoller sind als vorher. Vor allen Dingen gewinnt der Mensch Erkenntnisse durch seine Träume; er muß nur recht auf sie achtgeben. Später bemerkt er dann, daß die Träume häufiger werden, bis er meint, die ganze Nacht hindurch geträumt zu haben. Ebenso kann er beobachten, daß die Träume sich mit Dingen verbinden, die es in der Außenwelt gar nicht gibt, die man physisch gar nicht erleben kann. Er merkt, daß in den Träumen ihm jetzt nicht mehr bloße Dinge erscheinen, die entweder äußerlich auf ihn einwirken oder Zustände versinnbildlichen, wie sie oben geschildert wurden, sondern er erlebt, wie gesagt, Bilder von Dingen, die in der sinnenfälligen Wirklichkeit gar nicht existieren, und er merkt dann, daß ihm die Träume etwas Bedeutungsvolles sagen. Zum Beispiel kann es in der folgenden Weise anfangen: Er träumt, ein Freund befinde sich in Feuersgefahr, und er sieht, wie er in die Gefahr hineinrückt. Am nächsten Tag erfährt er, daß dieser Freund in der Nacht krank geworden ist. Er hat nicht gesehen, daß der Freund krank geworden ist, aber ein Sinnbild dafür hat er geschaut. So können auch von den höheren Welten Einflüsse auf die Träume erfolgen, so daß man etwas erfährt, was es gar nicht in der physischen Welt gibt; da gehen Eindrücke von den höheren Welten in den Traum über. Das ist ein sehr wichtiger Übergang zur höheren okkulten Entwickelung.

Nun kann da jemand einwenden: Das ist ja alles nur geträumt, wie kann man darauf etwas geben? – Das ist nicht richtig. Nehmen wir folgendes Beispiel an: Es hätte *Edison* einmal geträumt, wie man eine Glühlampe macht; er hätte sich dann dieses Traumes erinnert und wirklich dem Traum gemäß eine Glühlampe angefertigt, und nun wäre jemand gekommen und hätte gesagt: Nichts ist es mit der Glühlampe, das ist ja bloß geträumt! – Es handelt sich eben darum, ob das Geträumte Bedeutung hat für das Leben, nicht darum, daß es geträumt ist. Vielfach werden nun solche Traumzustände gar nicht beachtet, weil man zuwenig aufmerksam ist. Das ist nicht gut. Gerade auf solche subtile Sachen sollten wir unsere Aufmerksamkeit wenden; das bringt vorwärts.

Später tritt nun ein Zustand ein, wo sich dem Schüler das Wesen der Wirklichkeit im Traum enthüllt, und er kann dann die Träume an der Wirklichkeit prüfen. Wenn er so weit ist, daß er nicht bloß im Schlaf, sondern auch bei Tag die ganze Bilderwelt vor sich hat, dann kann er mit dem Verstand zergliedern, ob das wahr ist, was er sieht. Man darf also nicht etwa die Traumbilder als eine Grundlage für die Weisheit ansehen und benutzen, sondern man muß warten, bis sie sich in die Tageswelt hineindrängen. Wenn man sie bewußt kontrolliert, dann kommt auch bald der Zustand, wo der Schüler nicht nur sieht, was physisch vorhanden ist, wo er auch wirklich beobachten kann, was am Menschen die Aura, die Seele ist, was astral an ihm ist. Man lernt dann verstehen, was die Formen und Farben im Astralleib bedeuten, welche Leidenschaften zum Beispiel sich darin ausdrücken. Man lernt allmählich die seelische Welt sozusagen buchstabieren. Nur muß man sich stets dessen bewußt sein, daß alles sinnbildlich ist.

Man kann dagegen einwenden: Wenn man nur Sinnbilder sieht, dann kann ja ein Ereignis in allen möglichen Sinnbildern symbolisiert sein, und man kann sich gar nicht klar werden, daß so ein Bild sich gerade auf etwas Bestimmtes bezieht. – Auf einer gewissen Stufe jedoch stellt sich eine Sache immer nur unter dem gleichen Bilde dar, gerade wie sich ein Gegenstand immer nur durch die gleiche Vorstellung ausdrückt. So drückt sich zum Beispiel eine Leidenschaft immer und für jeden durch ein bestimmtes Bild aus. Man muß nur lernen, die Bilder richtig zu beziehen.

Nun begreifen Sie, warum in allen Religionsbüchern fast durchweg in Bildern gesprochen wird. Da wird die Weisheit zum Beispiel Licht genannt. Der Grund dafür ist, daß dem okkult Entwickelten die Weisheit des Menschen und der anderen Wesen immer als ein astrales Licht erscheint. Leidenschaften erscheinen als Feuer. Die religiösen Urkunden teilen Dinge mit, die sich nicht nur auf dem physischen Plan abspielen, sondern auch Geschehnisse auf höheren Planen. Diese Urkunden rühren sämtlich von Hellsehern her und beziehen sich auf höhere Welten; deshalb müssen sie zu uns in Bildern sprechen. Alles, was aus der Akasha-Chronik[7] erzählt worden ist, wurde deshalb auch in solchen Bildern dargestellt.

Der nächste Zustand, den der Schüler erlebt, ist der, den man als Kontinuität des Bewußtseins bezeichnet. Wenn der gewöhnliche Mensch im Schlaf der sinnlichen Welt ganz entrückt ist, ist er bewußtlos. Bei einem Schüler ist das nicht mehr der Fall, wenn er die vorgenannte Stufe erreicht hat. Ununterbrochen, Tag und Nacht lebt der Schüler in vollem, klarem Bewußtsein, auch wenn der physische Leib ruht. Nach einiger Zeit kündigt sich der Eintritt in einen neuen, bestimmten Zustand dadurch an, daß zu dem Tagesbewußtsein, zu den Bildern Töne und Worte hinzutreten. Die Bilder reden und sagen ihm etwas; sie reden eine ihm verständliche Sprache. Sie sagen, was sie sind; da ist dann überhaupt keine Täuschung mehr möglich. Das ist das devachanische Tönen und Sprechen, die Sphärenmusik. Ein jedes Ding spricht dann seinen eigenen Namen aus und sein Verhältnis zu den anderen Dingen. Das kommt dann zum astralischen Schauen hinzu, und das ist der Eintritt des Hellsehers in das Devachan. Hat der Mensch diesen devachanischen Zustand erlangt, dann fangen die Lotusblumen, die Chakrams oder Räder, an gewissen Stellen im Astralleib an, sich wie der Zeiger einer Uhr von links nach rechts zu drehen.[9] Sie sind die Sinnesorgane des Astralleibes, aber ihr Wahrnehmen ist ein aktives. Das Auge zum Beispiel ist in Ruhe, es läßt das Licht in sich hereinkommen und nimmt es dann wahr. Dagegen nehmen die Lotusblumen erst dann wahr, wenn sie sich bewegen, wenn sie einen Gegenstand umfassen. Die durch das Drehen der Lotusblumen erregten Schwingungen bewirken dann eine Berührung der Astralmaterie, und so entsteht die Wahrnehmung auf dem Astralplan.

Welches sind nun die Kräfte, welche die Lotusblumen ausbilden? Woher kommen diese Kräfte? Wir wissen, daß während des Schlafes die verbrauchten Kräfte des physischen und ätherischen Körpers von dem Astralleibe wieder ersetzt werden; durch seine Regelmäßigkeit kann er im Schlafe Unregelmäßigkeiten des physischen und ätherischen Leibes ausgleichen. Diese Kräfte aber, welche zur Überwindung der Ermüdung verwendet werden, sind es, die die Lotusblumen ausbilden. Ein Mensch, der seine okkulte Entwickelung anfängt, entzieht also dadurch eigentlich seinem physischen und ätherischen Leibe Kräfte. Würden diese Kräfte dauernd dem physischen Leibe entzogen werden, so müßte der Mensch erkranken, ja, es würde sogar eine völlige Erschöpfung eintreten. Will er sich also physisch und moralisch nicht schädigen, so muß er diese Kräfte durch etwas anderes ersetzen.

Man muß eingedenk sein einer allgemeinen Weltregel: Rhythmus ersetzt Kraft! Das ist ein wichtiger okkulter Grundsatz. Heute lebt der Mensch höchst unregelmäßig, namentlich im Vorstellen und Handeln. Ein Mensch, der bloß die zerstreuende Außenwelt auf sich einwirken ließe und mitmachen würde, könnte dieser Gefahr, in die sein physischer Leib durch die okkulte Entwickelung wegen der Kraftentziehung gestürzt wird, nicht entgehen. Deshalb muß der Mensch daran arbeiten, daß Rhythmus in sein Leben hineinkommt. Natürlich kann er es nicht so einrichten, daß ein Tag wie der andere verläuft. Aber eines kann er tun: gewisse Tätigkeiten kann er ganz regelmäßig ausführen, und das muß nun derjenige tun, der eine okkulte Entwickelung durchmacht. So zum Beispiel sollte er jeden Morgen Meditations- und Konzentrationsübungen zu einer von ihm selbst festgesetzten Zeit verrichten. Rhythmus kommt auch durch eine Abendrückschau über den Tag in sein Leben hinein. Kann man dann noch andere Regelmäßigkeiten einführen, so ist dies um so besser, denn so läuft alles sozusagen im

Sinne der Weltgesetze ab. Das ganze Weltensystem verläuft ja rhythmisch. Alles in der Natur ist Rhythmus: der Gang der Sonne, der Verlauf der Jahreszeiten, von Tag und Nacht und so weiter. Die Pflanzen wachsen rhythmisch. Allerdings, je höher wir steigen, desto weniger prägt sich der Rhythmus aus, aber selbst bei den Tieren kann man noch einen gewissen Rhythmus wahrnehmen. Das Tier begattet sich zum Beispiel noch zu regelmäßigen Zeiten. Nur der Mensch kommt in ein unrhythmisches, chaotisches Leben hinein: die Natur hat ihn entlassen.

Dieses chaotische Leben muß er nun ganz bewußt wiederum rhythmisch gestalten, und um das zu erreichen, werden ihm bestimmte Mittel an die Hand gegeben, durch die er diese Harmonie, diesen Rhythmus in seinen physischen und ätherischen Leib hineinbringen kann. Nach und nach werden alsdann diese beiden Körper in solche Schwingungen versetzt, daß sie sich beim Heraustreten des Astralleibes selbst korrigieren. Wenn sie bei Tage auch aus dem Rhythmus herausgetrieben werden, so drängen sie in der Ruhe von selbst wieder in die richtige Bewegung.

Diese Mittel bestehen in den folgenden Zuständen, die neben der Meditation ausgebildet werden müssen:

Gedankenkontrolle. Sie besteht darin, daß man wenigstens für kurze Zeiten des Tages nicht alles mögliche durch die Seele irrlichtelieren läßt, sondern einmal Ruhe in seinem Gedankenlaufe eintreten läßt. Man denkt an einen bestimmten Begriff, stellt diesen Begriff in den Mittelpunkt seines Gedankenlebens und reiht hierauf selbst alle Gedanken logisch so aneinander, daß sie sich an diesen Begriff anlehnen. Und wenn das auch nur eine Minute geschieht, so ist es schon von großer Bedeutung für den Rhythmus des physischen und Ätherleibes.

Initiative des Handelns, das heißt, man muß sich zwingen zu wenn auch unbedeutenden, aber aus eigener Initiative entsprungenen Handlungen, zu selbst auferlegten Pflichten. Die meisten Ursachen des Handelns liegen in Familienverhältnissen, in der Erziehung, im Berufe und so weiter. Bedenken Sie nur, wie wenig eigentlich aus der eigenen Initiative hervorgeht! Nun muß man also kurze Zeit darauf verwenden, Handlungen aus der eigenen Initiative hervorgehen zu lassen. Das brauchen durchaus nicht wichtige Dinge zu sein; ganz unbedeutende Handlungen erfüllen denselben Zweck.

Gelassenheit. Das dritte, um was es sich handelt, kann man nennen Gelassenheit. Da lernt man den Zustand des Hin- und Herschwankens zwischen «himmelhoch jauchzend» und «zu Tode betrübt» regulieren. Wer das nicht will, weil er glaubt, daß dadurch seine Ursprünglichkeit im Handeln oder sein künstlerisches Empfinden verlorengehe, der kann eben keine okkulte Entwickelung durchmachen. Gelassenheit heißt, Herr sein in der höchsten Lust und im tiefsten Schmerz. Ja, man wird für die Freuden und Leiden in der Welt erst dann richtig empfänglich, wenn man sich nicht mehr verliert im Schmerz und in der Lust, wenn man nicht mehr egoistisch darin aufgeht. Die größten Künstler haben gerade durch diese Gelassenheit am meisten erreicht, weil sie sich dadurch die Seele aufgeschlossen haben für subtile und innere wichtige Dinge.

Unbefangenheit. Das vierte ist, was man als Unbefangenheit bezeichnen kann. Das ist diejenige Eigenschaft, die in allen Dingen das Gute sieht. Sie geht überall auf das Positive in den Dingen los. Als Beispiel können wir am besten eine persische Legende anführen, die sich an den Christus Jesus knüpft: Der Christus Jesus sah einmal einen krepierten Hund am Wege liegen. Jesus blieb stehen und betrachtete das Tier, die Umstehenden aber wandten sich voll Abscheu weg ob solchen Anblicks. Da sagte der Christus Jesus: Oh, welch wunderschöne Zähne hat das Tier! – Er sah nicht das Schlechte, das Häßliche, sondern fand selbst an diesem eklen Kadaver noch etwas Schönes, die weißen Zähne. Sind wir in dieser Stimmung, dann suchen wir in allen Dingen die positiven Eigenschaften, das Gute, und wir können es überall finden. Das wirkt in ganz mächtiger Weise auf den physischen und Ätherleib ein.

Glaube. Das nächste ist der Glaube. Glauben drückt im okkulten Sinne etwas anderes aus, als was man in der gewöhnlichen Sprache darunter versteht. Man soll sich niemals, wenn man in okkulter Entwickelung ist, in seinem Urteil durch seine Vergangenheit die Zukunft bestimmen lassen. Bei der okkulten Entwickelung muß man unter Umständen alles außer acht lassen, was man bisher erlebt hat, um jedem neuen Erleben mit neuem Glauben gegenüberstehen zu können. Das muß der Okkultist bewußt durchführen. Wenn einer zum Beispiel kommt und sagt: Der Turm der Kirche steht schief, er hat sich um 45

Grad geneigt – so würde jeder sagen: Das kann nicht sein. – Der Okkultist muß sich aber noch ein Hintertürchen offen lassen. Ja, er muß so weit gehen, daß er jedes in der Welt Erfolgende, was ihm entgegentritt, glauben kann, sonst verlegt er sich den Weg zu neuen Erfahrungen. Man muß sich frei machen für neue Erfahrungen; dadurch werden der physische und der Ätherleib in eine Stimmung versetzt, die sich vergleichen läßt mit der wollüstigen Stimmung eines Tierwesens, das ein anderes ausbrüten will.

Inneres Gleichgewicht. Und dann folgt als nächste Eigenschaft inneres Gleichgewicht. Es bildet sich durch die fünf anderen Eigenschaften nach und nach ganz von selbst heraus. Auf diese sechs Eigenschaften muß der Mensch bedacht sein. Er muß sein Leben in die Hand nehmen und langsam fortschreiten im Sinne des Wortes: Steter Tropfen höhlt den Stein.

Eignet sich nun ein Mensch durch irgendwelche Kunstgriffe höhere Kräfte an, ohne dies zu berücksichtigen, so ist er in einer üblen Lage. Im jetzigen Leben ist das Geistige und Leibliche so durcheinandergemischt, wie etwa in einem Glase eine blaue und eine gelbe Flüssigkeit. Mit der okkulten Entwickelung beginnt nun etwas, was dem Vorgange ähnelt, wenn der Chemiker diese beiden Flüssigkeiten trennt. Ähnlich wird Seelisches und Leibliches geschieden. Damit verliert der Mensch aber die Wohltaten dieser Mischung. Der gewöhnliche Mensch ist dadurch, daß die Seele im physischen Leib steckt, keinen Leidenschaften unterworfen, die allzu grotesk sind. Durch diese Trennung aber kann es nun vorkommen, daß der physische Leib sich selbst überlassen wird mit seinen Eigenschaften, und das kann zu allerlei Exzessen führen. So kann es kommen, daß tatsächlich bei einem Menschen, der in okkulter Entwickelung begriffen ist, gerade wenn er nicht beachtet die moralischen Eigenschaften zu fördern, Dinge zutage treten, die er als gewöhnlicher Mensch längst nicht mehr gezeigt haben würde. Er wird plötzlich lügnerisch, jähzornig, rachsüchtig; alle möglichen Eigenschaften, die vorher gemildert waren, treten kraß heraus. Ja, das kann schon vorkommen, wenn sich jemand ohne moralische Entwickelung zuviel mit den Weisheitslehren der Theosophie beschäftigt.

Wir haben gesehen, daß der Mensch zunächst durch die Stufe

des Schauens durchgeht und dann erst auf die Stufe des geistigen Hörens kommt. Während man nun auf der Stufe des Schauens ist, muß man natürlich zuerst lernen, wie die Bilder sich zu den Gegenständen verhalten. Man würde in das stürmische Meer astraler Erlebnisse hineingedrängt, wenn man sich ihm ohne weiteres überließe. Deshalb braucht man einen Führer, der einem beim Eintritt sagt, wie die Dinge zusammenhängen und wie man sich da zurechtfindet. Darauf gründet sich die Notwendigkeit, daß man sich streng auf den Guru verläßt. Nach dieser Richtung unterscheidet man drei verschiedene Entwickelungen:

Die orientalische, die man auch die *Yoga-Entwickelung* nennt, ist eine solche, in der ein einzelner, auf dem physischen Plan lebender eingeweihter Mensch der Führer, der Guru eines andern ist, und dieser sich vollständig und auch in allen Einzelheiten auf den Guru verläßt. Das erreicht man am besten, wenn man für die Zeit der Entwickelung sein eigenes Selbst ganz ausschaltet und es dem Guru hingibt. Der Guru muß sogar Rat erteilen bei der Initiative des Handelns. Für ein solches restloses Aufgehen des eigenen Selbstes ist die indische Natur geeignet; die europäische Kultur läßt eine derartige Hingabe gar nicht zu.

Die *christliche Entwickelung* setzt an Stelle des einzelnen Guru einen großen Guru, den Christus Jesus selbst, für alle, und das Gefühl der Zusammengehörigkeit zu diesem Christus Jesus, das Eins-Sein mit ihm, kann die Hingabe an einen einzelnen Guru ersetzen. Aber man muß durch einen irdischen Guru erst zu ihm hingeführt werden. Auch da ist man in gewisser Weise abhängig vom Guru auf dem physischen Plane.

Am unabhängigsten ist man bei der *rosenkreuzerischen Schulung*. Der Guru ist da nicht mehr der Führer, er ist der Ratgeber. Er ist derjenige, der einem Anweisungen gibt, was man innerlich tun soll. Zugleich sorgt er auch dafür, daß parallel mit der okkulten Schulung eine entschiedene Entwickelung des Denkens geht, ohne die man eine solche okkulte Schulung nicht durchmachen kann. Das kommt daher, daß das Denken eine Eigenschaft hat, die die anderen Dinge nicht haben. Sind wir zum Beispiel auf dem physischen Plane, dann nehmen wir mit den physischen Sinnen wahr, was sich auf dem physischen Plane befindet, nichts anderes. Auf dem Astralplan gelten die astralen Wahrnehmungen, und das devachanische Hören gilt nur im Devachan; kurz, jeder Plan hat seine eigenen Wahrnehmungen. Eines aber zieht sich durch alle Welten hindurch, und das ist das logische Denken. Die Logik ist dieselbe auf allen drei Planen. So kann man auf dem physischen Plane etwas lernen, was auch für die höchsten Plane Gültigkeit hat, und diese Methode beobachtet die rosenkreuzerische Entwickelung, indem sie auf dem physischen Plan das Denken vorzugsweise schult mit den Mitteln des physischen Planes. Ein eindringliches Denken wird schon gebildet durch das Lernen theosophischer Wahrheiten oder auch durch direkte Denkübungen. Will man den Intellekt noch mehr schulen, dann kann man Bücher studieren, wie «Die Philosophie der Freiheit», «Wahrheit und Wissenschaft», die mit Absicht so geschrieben sind, daß ein durch sie geschultes Denken sich absolut sicher auf den höchsten Planen bewegen kann. Es könnte sogar jemand, der diese Schriften studiert und gar nichts von Theosophie wüßte, sich trotzdem in den höheren Welten auskennen. Aber wie gesagt, auch die theosophischen Lehren wirken in derselben Weise.

Da ist dann der Guru nur noch der Freund des Schülers, der Ratschläge gibt, denn den besten Guru erzieht man sich dann selbst in der eigenen Vernunft. Man braucht natürlich den Guru auch hier, weil er die Ratschläge geben muß, wie man selbst zur freien Entwickelung kommt.

In der europäischen Bevölkerung ist der christliche Weg der geeignete für diejenigen, die mehr das Gefühl ausgebildet haben. Diejenigen, die von der Kirche mehr oder weniger losgekommen sind, die also mehr auf dem Boden der Wissenschaft stehen und wegen der Wissenschaft in Zweifel gekommen sind, gehen am besten den rosenkreuzerischen Weg.

Acht Stufen orientalischer Schulung – Sieben Stufen gnostisch-christlicher Übung[14]

Gestern haben wir damit geschlossen, daß wir die drei Methoden der okkulten Entwickelung in ihren wesentlichen Zügen skizzierten: die orientalische, die christliche und die sogenannte rosenkreuzerische Schulung. Heute nun wollen wir damit beginnen, etwas näher auf die Einzelheiten einzugehen, die das Charakteristische jedes dieser drei Wege ausmachen.

Vorher jedoch möchte ich noch bemerken, daß in keiner okkulten Schule die Sache so aufzufassen ist, als ob das, was gesagt und gefordert wird, irgendwie als ein sittliches Gebot für die ganze Menschheit gelten könnte. Das ist durchaus nicht der Fall; nur für denjenigen, der sich wirklich einer solchen okkulten Entwickelung widmen will, gelten diese Forderungen. Man kann beispielsweise ein sehr guter Christ sein und das, was die christliche Religion für den Laien empfiehlt, ganz erfüllen, ohne eine christliche okkulte Schulung durchzumachen. Wenn zum Beispiel jemand sagt: Man kann doch auch ohne okkulte Schulung ein guter Mensch sein und zu einer Art höherem Leben kommen –, so ist dagegen nichts einzuwenden; das ist selbstverständlich.

Ich sagte Ihnen schon, daß innerhalb der orientalischen Schulung[15] eine strenge Unterwerfung unter den Guru stattfindet. Ich will Ihnen nun die Art der Anweisung, die der Lehrer innerhalb einer orientalischen Schulung gibt, angeben. Man kann begreiflicherweise öffentlich keine Anweisungen geben, sondern nur den Weg charakterisieren. Diejenigen Dinge, die als Anweisungen von dem Lehrer gegeben werden, kann man in acht Gruppen einteilen:

1. Yama	5. Pratyahara
2. Niyama	6. Dharana
3. Asanam	7. Dhyanam
4. Pranayama	8. Samadhi

1. Yama schließt alles ein, was wir die Unterlassungen nennen, welche dem obliegen, der eine Yoga-Schulung durchmachen will; und das wird näher ausgedrückt in den Geboten: «Nicht lügen – Nicht töten – Nicht stehlen – Nicht ausschweifen – Nicht begehren.»

Die Forderung «Nicht töten» ist eine sehr strenge und bezieht sich auf alle Wesen. Kein lebendes Wesen darf getötet oder auch nur beeinträchtigt werden, und je strenger dies befolgt wird, desto weiter führt es. Etwas anderes ist es, ob man dies auch in unserer Kultur durchführen kann. Jedes Töten, auch das einer Wanze, beeinträchtigt die okkulte Entwickelung. Ob es einer aber doch tun muß, das ist eine andere Frage.

«Nicht lügen» ist eine Forderung, die Ihnen schon verständlicher sein wird aus dem, was ich Ihnen über den Astralplan gesagt habe. Auf dem Astralplan ist lügen dasselbe wie töten, ist jede Lüge ein Mord; also fällt es eigentlich in dasselbe Kapitel wie töten.

«Nicht stehlen», auch das muß im strengsten Sinne durchgeführt werden. Der Europäer wird sagen: Wir stehlen nicht. – Aber der orientalische Yogi versteht die Sache nicht so einfach. In den Gebieten, wo zuerst diese Übungen ausgebreitet worden sind von den großen Lehrern der Menschheit, waren die Verhältnisse viel einfacher; da konnte man den Begriff des Stehlens leicht feststellen. Aber ein Yoga-Lehrer wird Ihnen nicht zugeben, daß ein Europäer nicht stiehlt. Wenn ich mir zum Beispiel unberechtigterweise die Arbeitskraft eines anderen aneigne, wenn ich mir einen Vorteil verschaffe, der wohl gesetzlich erlaubt ist, der aber eine Ausbeutung eines anderen bedeutet, so bezeichnet der Yoga-Lehrer das als Stehlen. Bei uns liegen die Dinge in unseren sozialen Verhältnissen so kompliziert, daß viele gegen dies Verbot verstoßen, ohne das allergeringste Bewußtsein davon zu haben. Denken Sie, Sie haben ein Vermögen und Sie hinterlegen das in einer Bank. Sie tun nichts damit, beuten niemanden aus. Nun aber geht der Bankier hin, treibt Spekulationen und beutet so andere Menschen mit Ihrem Gelde aus. Auch da sind Sie im okkulten Sinne verantwortlich, es belastet Ihr Karma. Sie sehen daraus, daß dieses Gebot bei einer okkulten Entwickelung ein tiefes Studium erfordert.

Ebenso kompliziert stellen sich die Verhältnisse beim

«Nicht-Ausschweifen». Ein Rentner zum Beispiel, dessen Kapital ohne sein Wissen in Schnapsbrennereien angelegt ist, macht sich ebenso schuldig wie ein Fabrikant, der Spirituosen verfertigt. Das Nichtwissen ändert nichts am Karma. Es gibt nur eines, was eine gerade Richtung geben kann bei diesen Unterlassungen, das ist: nach Bedürfnislosigkeit streben. Man kann noch so viel besitzen, in demselben Maße, wie man nach Bedürfnislosigkeit strebt, kann man nie jemand anders schädigen.

Besonders schwer ist das «Nichts-Begehren» durchzuführen. Es bedeutet nach voller Bedürfnislosigkeit streben, mit keiner Begierde an etwas in der Welt heranzutreten, sondern nur das zu tun, was die Außenwelt von uns fordert. Ja, ich muß selbst mein Wohlgefühl unterdrücken, wenn ich jemand eine Wohltat erweise; nicht dieses Gefühl, sondern der Anblick des Leidenden muß mich bewegen, zu helfen. Auch sonst, wenn ich zum Beispiel selbst eine Aufwendung machen muß, darf ich nicht denken: Ich will, ich wünsche, ich begehre das, sondern ich muß mir sagen: Das brauchst du zur Unterhaltung deines Leibes oder für die Bedürfnisse deines Geistes, das braucht auch jeder andere; du begehrst es nicht, sondern du denkst nur nach, wie du am besten durch die Welt kommst. – Innerhalb der Yoga-Lehre wird der Begriff Yama, wie gesagt, außerordentlich streng gefaßt und kann nicht ohne weiteres nach Europa verpflanzt werden.

2. *Niyama.* Das bedeutet etwa: die Einhaltung religiöser Gebräuche. In Indien, wo diese Regeln hauptsächlich angewendet werden, ist eine Frage gelöst, die der europäischen Kultur viele Schwierigkeiten bereitet. Man sagt leicht: Ich bin über die Dogmen hinaus, ich halte mich nur an die innere Wahrheit und gebe nichts auf äußerliche Formen. – Je mehr er über religiöse Gebräuche hinauskommen kann, desto erhabener dünkt sich der Europäer. Der Hindu denkt entgegengesetzt und hält fest an den Ritualien seiner Religion; niemand darf daran rühren. Welche Meinung aber man sich darüber bildet, das steht in der Hindureligion jedem ganz frei. Es bestehen uralte heilige Riten, die etwas sehr Tiefes bedeuten. Ein Ungebildeter wird sich davon eine sehr elementare Vorstellung machen, ein Mensch mit größerer Bildung macht sich eine andere, bessere Vorstellung, aber

keiner wird sagen, daß die Vorstellung des andern falsch sei. Der Weise befolgt denselben Brauch wie der weniger Gebildete. Dogmen gibt es nicht, aber Riten. Auf diese Weise können die tief-religiösen Gebräuche vom Weisen und vom Unweisen befolgt werden, beide können sich im Ritus vereinigen. So sind die Riten ein Bindemittel für die Bevölkerung; niemand wird in seiner Meinung beengt dadurch, daß er sich in ein strenges Ritual einfügt.

Die christliche Religion hat das entgegengesetzte Prinzip verfolgt; nicht Gebräuche, sondern Meinungen hat man den Leuten aufgenötigt, und die Folge ist, daß in der neueren Zeit die Formlosigkeit in unserem sozialen Zusammenleben Gesetz geworden ist. Da beginnt das vollständige Außer-acht-Lassen aller Gebräuche, die die Menschen verbinden würden; alle Formen, die sinnbildlich höhere Wahrheiten ausdrücken, werden allmählich abgeschafft. Das ist ein großer Schaden für die gesamte Entwickelung, hauptsächlich für die Entwickelung im orientalischen Sinne.

Viele glauben heute in der europäischen Bevölkerung, über Dogmen hinaus zu sein, aber gerade die Freidenker und Materialisten sind die ärgsten Dogmenfanatiker. Das materialistische Dogma ist noch viel drückender als jedes andere. Die Unfehlbarkeit des Papstes gilt für viele nicht mehr, wohl aber die Unfehlbarkeit des Universitätsprofessors. Auch der Liberalste ist, trotz der gegenteiligen Behauptungen, den Dogmen des Materialismus unterworfen. Welche Dogmen lasten zum Beispiel auf dem Juristen, Mediziner und so weiter. Jeder Universitätsprofessor lehrt sein Dogma. Oder auch: Wie schwer lastet auf einem das Dogma der Unfehlbarkeit der öffentlichen Meinung, der Tageszeitung! Der orientalische Yoga-Lehrer fordert, nicht herauszutreten aus den Formen, die ein Bindeglied sind für Weise und Unweise, denn diese uralten heiligen Formen sind die Bilder der höchsten Wahrheiten. Ohne Formen gibt es keine Kultur; es ist eine Täuschung, wenn man das Gegenteil glaubt. Nehmen wir zum Beispiel an, es gründe jemand eine Kolonie, ganz formlos, ohne Riten, ohne Gebräuche. Für den, der die Dinge durchschaut, ist es klar, daß eine solche Kolonie ohne eine Kirche, ohne Kultus und ohne religiöse Gebräuche eine Zeitlang ganz gut bestehen kann, weil die Leute noch nach den alten Anlagen leben, die sie mitgebracht haben. Aber sobald sie diese Anlagen verlieren, geht die Kolonie zugrunde, denn jede Kultur muß aus der Form herausgeboren werden. Das Innere muß äußerlich durch Formen ausgedrückt werden. Die moderne Kultur hat die Formen verloren; sie muß sie wieder gewinnen. Sie muß wieder lernen, auch äußerlich auszudrücken, was im Innern der Seele lebt. Die Form bedingt auf die Dauer das menschliche Zusammenleben. Das wußten die alten Weisen, und deswegen hielten sie fest an den religiösen Übungen.

3. Asanam bedeutet das Einnehmen einer gewissen Körperstellung bei der Meditation. Das ist für den Orientalen viel wichtiger als für den Europäer, weil der Körper des Europäers für gewisse feine Strömungen nicht mehr so sensitiv ist. Der orientalische Leib ist noch feiner, er empfindet leicht Strömungen, die von Ost nach West, von Nord nach Süd und aus der Höhe in die Tiefe gehen; denn im Weltall fluten geistige Ströme. Aus diesem Grunde werden die Kirchen zum Beispiel in einer bestimmten Richtung gebaut. Deshalb läßt der Yoga-Lehrer den Yogi eine bestimmte Stellung einnehmen; der Schüler muß die Hände und Füße in einer bestimmten Stellung haben, damit die Ströme in gerader Richtung durch den Körper hindurchgehen können. Würde der Hindu seinen Körper nicht in diese Harmonie einfügen, so würde er die Früchte seiner Meditation völlig aufs Spiel setzen.

4. Pranayama ist das Atmen, das Yoga-Atmen. Das ist ein sehr wesentlicher und ausführlicher Bestandteil der orientalischen Yoga-Schulung. Es kommt fast gar nicht in Betracht bei der christlichen Schulung, hingegen wieder mehr bei der Rosenkreuzer-Schulung.

Was bedeutet das Atmen für die okkulte Entwickelung? Die Bedeutung des Atmens liegt schon in dem «Nicht töten», «Nicht das Leben beeinträchtigen». Der okkulte Lehrer sagt: Du tötest fortwährend langsam deine Umgebung durch das Atmen. – Wieso? Wir ziehen den Atem ein, halten ihn an, versorgen unser Blut mit Sauerstoff und stoßen den Atem dann wieder aus. Was geschieht dabei? Wir atmen die mit Sauerstoff erfüllte Luft ein, verbinden sie in uns mit Kohlenstoff und atmen Kohlensäure aus; darin aber kann kein Mensch oder Tier leben.

Sauerstoff atmen wir ein, Kohlensäure, den Giftstoff, atmen wir aus; wir töten also mit jedem Atemzug fortwährend andere Wesen. Stückweise töten wir unsere ganze Umgebung. Wir atmen Lebensluft ein und atmen Luft aus, die wir selbst nicht mehr brauchen können. Der okkulte Lehrer ist darauf bedacht, das zu ändern. Wenn es nur auf die Menschen und auf die Tiere ankäme, so wäre bald aller Sauerstoff aufgebraucht und alles Lebendige ausgestorben. Daß wir die Erde nicht zugrunde richten, das verdanken wir den Pflanzen, denn diese machen genau den entgegengesetzten Prozeß durch. Sie assimilieren die Kohlensäure, trennen den Kohlenstoff vom Sauerstoff und bauen aus dem ersteren ihren Körper auf. Den Sauerstoff geben sie wieder frei, und diesen atmen Mensch und Tier ein. So erneuern die Pflanzen die Lebensluft; alles Leben würde ohne sie schon längst vernichtet sein. Ihnen verdanken wir unser Leben. So ergänzen sich also Pflanze, Tier und Mensch gegenseitig.

Dieser Prozeß wird aber in der Zukunft anders werden, und da derjenige, der in okkulter Entwickelung begriffen ist, mit dem beginnt, was die anderen einmal in der Zukunft durchmachen werden, so muß er sich entwöhnen, durch den Atem zu töten. Das ist Pranayama, die Wissenschaft des Atmens. Unser modernes materialistisches Zeitalter stellt die Gesundheit unter das Zeichen der frischen Luft; die moderne Heilmethode mit Luft ist eine Methode, die aufs Töten ausgeht. Der Yogi dagegen schließt sich in eine Höhle ein und atmet so viel als immer möglich seine eigene Luft, im Gegensatz zum Europäer, der immer das Fenster aufsperren muß. Der Yogi hat die Kunst gelernt, die Luft so wenig wie möglich zu verpesten, weil er gelernt hat, die Luft auszunutzen. Wie macht er das? Dieses Geheimnis war in den europäischen Geheimschulen immer bekannt, man nannte es das Erreichen des Steins der Weisen oder des Steins der Philosophen.

Um die Wende des 18. zum 19. Jahrhundert sickerte manches über okkulte Entwickelung durch. Da wurde viel von dem Stein der Weisen in öffentlichen Schriften geschrieben, aber man merkt, daß die Verfasser selbst nicht viel davon verstanden, wenn auch alles aus richtiger Quelle stammte. In einer Thüringer Staatszeitung erschien im Jahre 1797 ein Artikel über den Stein der Weisen, in dem unter anderm folgendes gesagt wurde: Der Stein der Weisen ist etwas, das man nur kennen muß, denn gesehen hat es jeder Mensch. Es ist etwas, was alle Menschen eine gewisse Zeit hindurch fast jeden Tag in die Hand nehmen, was man überall finden kann, nur wissen die Menschen nicht, daß es der Stein der Weisen ist. – Das ist eine geheimnisvolle Andeutung: überall soll der Stein der Weisen zu finden sein. Aber diese sonderbare Ausdrucksweise ist wörtlich wahr.

Die Sache ist nämlich so: Wenn die Pflanze ihren Leib bildet, nimmt sie die Kohlensäure auf und behält den Kohlenstoff zurück, aus dem sie sich ihren Körper aufbaut. Mensch und Tier essen nun die Pflanze, nehmen dadurch den Kohlenstoff in sich wieder auf und geben ihn im Atem als Kohlensäure wieder ab. So besteht ein Kreislauf des Kohlenstoffes. In der Zukunft wird es anders sein. Da wird der Mensch lernen, sein Selbst immer mehr zu erweitern und das, was er jetzt der Pflanze überläßt, das wird er selbst einmal zustande bringen. Wie der Mensch durch das Mineral- und Pflanzenreich hindurchgeschritten ist, so schreitet er auch wiederum zurück. Er selbst wird Pflanze, nimmt das Pflanzendasein in sich auf und wird den ganzen Prozeß in sich selbst durchmachen: er wird den Kohlenstoff in sich behalten und bewußt damit seinen Körper aufbauen, wie es heute die Pflanze unbewußt tut. Den notwendigen Sauerstoff bereitet er dann sich selbst in seinen Organen, verbindet ihn mit dem Kohlenstoff zur Kohlensäure und lagert dann in sich selbst den Kohlenstoff wieder ab. Damit kann er also an seinem körperlichen Gerüst selbst fortbauen. Das ist eine große perspektivische Idee der Zukunft. Dann tötet er nichts anderes mehr.

Nun ist bekanntlich Kohlenstoff und Diamant derselbe Stoff. Diamant ist kristallisierter, durchsichtiger Kohlenstoff. Also brauchen Sie nicht zu denken, daß der Mensch später als Schwarzer herumlaufen wird, sondern sein Leib wird aus durchsichtigem, und zwar weichem Kohlenstoff bestehen. Dann hat er den Stein der Weisen gefunden. Er verwandelt seinen eigenen Leib in den Stein der Weisen.

Diesen Prozeß muß derjenige, der sich okkult entwickelt, so viel als möglich vorausnehmen, das heißt er muß seinem Atem die Fähigkeit des Tötens nehmen, er muß ihn so gestalten, daß die ausgeatmete Luft wieder brauchbar wird, so daß er sie immer wieder einatmen kann. Und wodurch geschieht das? Dadurch, daß man in den Atmungsprozeß Rhythmus hineinbringt. Dazu gibt der Lehrer Anweisung. Einatmen, Atemanhalten und Ausatmen, darin muß, wenn auch nur für kurze Zeit, Rhythmus liegen. Mit jedem rhythmisch ausgeatmeten Atemzug wird die Luft verbessert, ganz langsam, aber sicher. Man kann fragen: Was macht das aus? – Hier gilt der Satz: Steter Tropfen höhlt den Stein. Jeder Atemzug ist solch ein Tropfen. Der Chemiker kann das noch nicht nachweisen, weil seine Mittel zu grob sind, um die feinen Stoffe wahrzunehmen, aber der Okkultist weiß, daß dadurch in der Tat der Atem lebensfördernd wird und mehr Sauerstoff enthält als unter gewöhnlichen Umständen. Nun wird aber der Atem gleichzeitig noch durch etwas anderes rein gemacht, nämlich durch Meditieren. Auch dadurch wird, wenn auch nur äußerst wenig, dazu beigetragen, daß die Pflanzennatur wieder hereingenommen wird in die menschliche Natur, so daß der Mensch zu dem Nicht-Töten kommt.

5. *Pratyahara.* Das nächste ist das Pratyahara; das bedeutet die Zügelung der Sinneswahrnehmung. Der Mensch, der im heutigen Sinne ein alltägliches Leben führt, empfängt bald da einen Eindruck, bald dort, und so immerfort; er läßt alles auf sich einwirken. Dem Schüler sagt nun der okkultistische Lehrer: Du mußt so und so viele Minuten lang einen Sinneseindruck festhalten und darfst nicht übergehen zu einem anderen als durch eigenen freien Willen.

6. Wenn er das eine Weile durchgeführt hat, muß er dazu kommen können, gegen jeden äußeren Sinneseindruck taub und blind zu werden; er muß überhaupt von jedem Sinneseindruck absehen und in Gedanken nur das festzuhalten suchen, was man als Vorstellung davon zurückbehält. Wenn jemand so nur in Vorstellungen lebt, sein Denken kontrolliert und nur aus freiem Willen eine Vorstellung an die andere reiht, dann ist das der Zustand von *Dharana.*

7. *Dhyanam.* Nun gibt es Vorstellungen, von denen der Europäer nichts wissen will, die gar nicht von Sinneseindrücken herrühren, sondern die der Mensch bilden muß, zum Beispiel mathematische Vorstellungen: ein wirkliches Dreieck gibt es gar nicht in der Außenwelt, das kann man sich bloß denken;

ebenso einen Kreis. Dann gibt es eine Reihe anderer Vorstellungen, die derjenige, der in okkulter Entwickelung ist, sehr üben muß. Das sind symbolische Vorstellungen, die bewußt mit irgendwelchen Dingen zusammenhängen, zum Beispiel das Hexagramm ✡, ein Zeichen, das im Okkultismus erklärt wird; ebenso das Pentagramm ⛤. Der Schüler hält seinen Geist scharf auf solche Dinge gerichtet, die es in der Sinnenwelt nicht gibt. Ebenso ist es mit einer anderen Vorstellung, zum Beispiel die Gattung «Löwe», die man auch nur denken kann. Auch auf solche Vorstellungen muß der Schüler seine Aufmerksamkeit richten. Schließlich gibt es auch moralische Vorstellungen, wie zum Beispiel in «Licht auf den Weg»: «Bevor das Auge sehen kann, muß es der Tränen sich entwöhnen.»[16] Das kann man auch nicht außen erleben, sondern nur in sich erfahren. Dieses Meditieren über Vorstellungen, die kein sinnliches Gegenstück haben, nennt man Dhyanam.

8. Samadhi. Und nun kommt das Schwerste: Samadhi. Man vertieft sich lange, lange in eine Vorstellung, die kein sinnliches Gegenbild hat, man läßt den Geist gewissermaßen darin ruhen und füllt die Seele ganz damit aus. Dann läßt man diese Vorstellung fallen und hat dann nichts mehr im Bewußtsein, aber man darf nicht einschlafen, was beim gewöhnlichen Menschen sofort der Fall sein würde; man muß bewußt bleiben. In diesem Zustande fangen die Geheimnisse der höheren Welten an, sich zu enthüllen. Man beschreibt diesen Zustand in folgender Weise: Es bleibt ein Denken, das keine Gedanken hat; man denkt, denn man ist bewußt, aber man hat keine Gedanken. Dadurch können die geistigen Mächte ihren Inhalt in dieses Denken einströmen lassen. Solange man es selbst ausfüllt, können sie nicht hinein. Je länger man im Bewußtsein die Tätigkeit des Denkens ohne den Inhalt des Denkens festhält, desto mehr offenbart sich die übersinnliche Welt.

Auf diesen acht Gebieten liegen die Anweisungen des Lehrers bei der orientalischen Yoga-Schulung.

Nun werden wir noch, soweit es möglich ist, von der christlichen Schulung sprechen, und es wird sich zeigen, wie sie sich von der Schulung des Orients unterscheidet. Diese christliche Schulung kann erfolgen auf den Rat eines Lehrers hin, der weiß, was zu tun ist, und der immer bei jedem Schritt zurechtrücken kann, was verfehlt ist. Aber der große Guru ist der Christus Jesus selbst. Daher ist notwendig ein strenger Glaube an das wirkliche Vorhandensein und das wirkliche Gelebthaben des Christus Jesus. Ohne diesen Glauben ist ein Sichverbunden-Fühlen mit ihm unmöglich. Weiter ist zu begreifen, daß von diesem großen Guru ein Dokument herrührt, das selbst die Anleitung zur Schulung gibt, und das ist das Johannes-Evangelium. Das kann man auch innerlich erleben, nicht bloß äußerlich daran glauben, und wer es in richtiger Weise in sich aufgenommen hat, für den gibt es keine Notwendigkeit mehr, den Christus Jesus zu beweisen, weil er ihn gefunden hat.

Diese Schulung geht so vor sich, daß man nicht bloß immer und immer wieder das Johannes-Evangelium liest, sondern darüber meditiert. Das Johannes-Evangelium beginnt mit den Worten: «Im Anfang war das Wort, und das Wort war bei Gott und Gott war das Wort . . .» Diese Verse sind, richtig verstanden, ein Meditationsstoff, und sie müssen in einem Dhyanam-ähnlichen Zustand aufgenommen werden. Wer morgens früh, bevor andere Eindrücke in seine Seele eingezogen sind, alles andere aus den Gedanken ausschließt und fünf Minuten lang einzig und allein in diesen Sätzen lebt, und zwar fortgesetzt, jahrelang in absoluter Geduld und Ausdauer, der erlebt, daß diese Worte nicht nur etwas sind, was man verstehen muß; er erlebt, daß sie eine okkulte Kraft haben, ja, er erlebt dadurch eine innere okkulte Umwandlung der Seele. Man wird in gewisser Weise hellsichtig durch diese Worte, so daß man astral alles sehen kann, was im Johannes-Evangelium steht.

Nach Anweisung des Lehrers läßt der Schüler nun sieben Tage lang, nach den fünf ersten Sätzen, das erste Kapitel durch die Seele ziehen. Die nächste Woche ebenso nach der Meditation der fünf ersten Sätze das zweite Kapitel, und so fort bis zum zwölften Kapitel. Man wird schon sehen, was man da Großartiges, Gewaltiges erlebt: wie man eingeführt wird in die Ereignisse von Palästina, wo Christus Jesus gelebt hat, wie sie in der Akasha-Chronik aufgezeichnet sind, und wo man dann tatsächlich alles, was zu jener Zeit geschehen ist, erlebt. Und dann, wenn man am dreizehnten Kapitel angekommen ist, erlebt man die einzelnen Stationen der christlichen Einweihung.

Die erste Station ist die sogenannte *Fußwaschung*. Zuerst muß man verstehen, was diese große Szene bedeutet. Der Christus Jesus neigt sich herunter zu denen, die niedriger sind als er. In der ganzen Welt muß diese Demut gegenüber denen, die unter uns stehen und auf deren Kosten wir uns höher entwickeln, vorhanden sein. Wenn die Pflanze denken könnte, müßte sie dem Stein danken dafür, daß er den Boden hergibt, auf dem sie ein höheres Leben führen kann, und das Tier müßte sich zur Pflanze neigen und sagen: Dir verdanke ich die Möglichkeit, daß ich bin. – Und ebenso der Mensch der ganzen übrigen Natur. Und derjenige, der höher steht in der menschlichen Gesellschaft, muß sich herunterneigen zu den niedriger Stehenden und sagen: Wenn nicht diese fleißigen Hände die niedrige Arbeit für mich verrichten würden, so könnte ich nicht stehen, wo ich stehe. – Und so auch weiter in der Stufenfolge der Menschheit, und so bis hinauf zum Christus Jesus selbst, der sich in Demut zu den Aposteln herunterneigt und sagt: Ihr seid mein Boden, an euch erfülle ich den Satz: Derjenige aber, der sein will der Erste, der muß der Letzte sein, und derjenige, der sein will der Herr, der muß der Diener aller sein. – Die Fußwaschung bedeutet das Gerne-dienen-Wollen, das Sich-Neigen in All-Demut. Das muß die allgemeine Empfindung werden für den okkult sich Entwickelnden.

Hat der Schüler sich mit dieser Demut ganz durchdrungen, dann hat er die erste Station der christlichen Einweihung erlebt. An einem äußeren und einem inneren Symptom erkennt er, daß er so weit ist. Das äußere Symptom dafür ist: er fühlt seine Füße wie von Wasser umspült. Das innere Symptom ist eine astrale Vision, die ganz gewiß auftritt: er sieht sich selbst einer Anzahl Menschen die Füße waschen. Dieses Bild taucht in seinen Träumen auf als astrale Vision, und jeder hat dieselbe Vision. Wenn er dieses erlebt, dann hat er dieses ganze Kapitel wirklich in sich aufgenommen.

Es folgt alsdann als zweites die *Geißelung*. Ist man bis dahin vorgeschritten, dann muß man, während man die Geißelung liest und auf sich wirken läßt, ein anderes Gefühl ausbilden. Man muß lernen, festzustehen bei den Geißelhieben des Lebens. Man sagt sich: Ich werde feststehen in allen Leiden und Schmerzen, in allem, was an mich herantritt. – Das äußere

Symptom dafür ist: Man fühlt gleichsam einen punktweisen Schmerz am ganzen Körper. Das innere Symptom ist: Man sieht sich selbst gegeißelt in der Traumvision.

Die dritte Stufe ist die *Dornenkrönung*. Noch ein anderes Gefühl muß hinzutreten: Man lernt standhaft aushalten, wenn man auch mit Spott und Hohn überschüttet wird wegen des Heiligsten, das man besitzt. Das äußere Symptom dafür ist, daß man einen drückenden Kopfschmerz fühlt. Das innere Symptom ist: Man sieht sich astral mit der Dornenkrone gekrönt.

Dann kann man weitergehen zur vierten Station: der *Kreuzigung*. Ein neues, ganz bestimmtes Gefühl muß hier ausgebildet werden. Es beruht auf der Überwindung dessen, daß einem der eigene Körper das Wichtigste ist; er muß einem so gleichgültig werden wie ein Stück Holz. Wir tragen unsern Leib dann durchs Leben und betrachten ihn objektiv; er ist uns das Holz des Kreuzes geworden. Dabei braucht man ihn nicht zu verachten, so wenig wie irgendein Werkzeug. Die Reife zu dieser Stufe wird angezeigt durch das äußere Symptom: Zur Zeit der Meditation treten genau an den Stellen, die man die Stellen der heiligen Wundmale nennt, rote Punkte stigmaartig hervor, und zwar an den Händen und Füßen und an der rechten Seite in der Höhe des Herzens. Das innere Symptom ist: Der Schüler hat die Vision, selbst am Kreuze zu hängen.

Die fünfte Stufe ist der *mystische Tod*. Er besteht darin, daß der Mensch die Nichtigkeit des Irdischen erlebt, daß er tatsächlich für eine Weile allem Irdischen abstirbt.

Nunmehr können nur noch spärliche Schilderungen der christlichen Einweihung gegeben werden. Der Mensch erlebt als eine astrale Vision, daß überall Finsternis herrscht, daß die irdische Welt versunken ist. Vor dem, was da kommen soll, breitet sich ein schwarzer Schleier wie ein Vorhang aus. Während dieses Zustandes lernt er alles kennen, was in der Welt an Bösem und Schlechtem existiert. Das ist das Hinabsteigen in die Hölle, die Höllenfahrt. Dann erlebt er, daß der Vorhang wie entzweigerissen wird, und jetzt tritt die devachanische Welt hervor. Das ist das Zerreißen des Tempelvorhanges.

Dann folgt die sechste Stufe, die *Grablegung*. So wie bei der vierten Stufe der eigene Körper objektiv wird, so muß man hier das Gefühl ausbilden, daß einem nicht nur der eigene Körper ein Objekt ist, sondern daß man alles andere, was uns auf der Erde umgibt, geradeso als zu sich gehörig empfindet wie den eigenen Körper. Da dehnt sich der eigene Körper über die Haut hinaus. Man ist nicht mehr ein abgesondertes Wesen, man ist vereint mit dem ganzen Erdenplaneten. Die Erde ist unser Körper geworden, man ist in der Erde begraben.

Die siebente Stufe, die *Auferstehung*, kann nicht mit Worten geschildert werden. Man sagt daher im Okkultismus: Der siebente Zustand kann nur noch von demjenigen gedacht werden, dessen Seele ganz frei geworden ist vom Gehirn. Einem solchen könnte man ihn beschreiben. Deshalb kann er hier nur erwähnt werden. Wie er durchlebt wird, dazu gibt der christliche okkulte Lehrer die Anleitung.

Wenn der Mensch diese siebente Stufe durchlebt hat, dann ist das Christentum ein innerliches Erlebnis seiner Seele geworden. Er ist dann ganz vereinigt mit dem Christus Jesus; der Christus Jesus ist in ihm.

Selbsterkenntnis: Rosenkreuzerisch – christliche Seelenübungen[14]

Wir haben gestern die verschiedenen Gebiete charakterisiert, durch die der Schüler der orientalischen und der christlichen Schulung zu höheren Erkenntnissen gelangt; nun will ich Ihnen heute in ähnlicher Weise die Stufen beschreiben, durch welche die rosenkreuzerische Schulung aufsteigt.

Man darf sich nicht vorstellen, daß diese Rosenkreuzer-Schulung den beiden anderen widerspricht. Sie besteht ungefähr seit dem 14. Jahrhundert, und zwar mußte sie damals eingeführt werden, weil die Menschheit noch eine andere Form der Schulung brauchte. In den Kreisen der Eingeweihten sah man voraus, daß Menschen kommen würden, die durch das sich allmählich entwickelnde Wissen im Glauben beirrt werden würden. Deshalb mußte eine Form geschaffen werden für diejenigen, die in den Zwiespalt von Glauben und Wissen geraten. Im Mittelalter waren die größten Gelehrten auch zugleich die gläubigsten und frömmsten Menschen; aber auch noch lange Zeit später war für die in der Naturwissenschaft Fortgeschrittenen durchaus kein Widerspruch denkbar zwischen Glauben und Wissen. Man sagt, durch das Kopernikanische System sei der Glaube erschüttert worden, aber durchaus unberechtigterweise: hatte doch *Kopernikus* sein Buch dem Papst gewidmet! Erst in der allerletzten Zeit ist dieser Zwiespalt nach und nach gekommen. Das sahen die Meister der Weisheit voraus, und daher mußte für diejenigen, die durch die Wissenschaft vom Glauben abgebracht worden waren, ein neuer Weg gefunden werden. Für diejenigen Menschen, die sich viel mit der Wissenschaft befassen, ist es nötig, diesen Rosenkreuzer-Weg zu gehen, um ein Eingeweihter zu werden, denn die Rosenkreuzer-Methode zeigt, daß das höchste Wissen des Weltlichen mit dem höchsten Wissen der übersinnlichen geistigen Wahrheiten durchaus zusammen bestehen kann; und gerade durch die Rosenkreuzer-Methode kann derjenige, der sonst durch eine scheinbare Wissenschaft vom christlichen Glauben abgefallen wäre, diesen erst recht erkennen. Jeder kann durch diese Methode die Wahrheit des Christentums erst recht und mit tieferem Verständnis verstehen. Die Wahrheit ist eine einzige, doch kann man zu ihr auf verschiedenen Wegen gelangen, geradeso wie die verschiedenen Wege am Fuße des Berges auseinandergehen, am Gipfel jedoch alle zusammenlaufen.

Das Wesen der Rosenkreuzer-Schulung kann bezeichnet werden mit den Worten: wahre *Selbsterkenntnis*. Dazu muß man zwei Dinge unterscheiden, und man muß sie als Rosenkreuzer-Schüler nicht bloß theoretisch unterscheiden, sondern auch praktisch, das heißt, sie ins praktische Leben einführen. Es gibt zwei Arten von Selbsterkenntnis. Die niedere Selbsterkenntnis, die der Rosenkreuzer-Schüler Selbstbespiegelung nennt, durch sie soll man das niedere Selbst überwinden; und die höhere, durch Selbstentäußerung geborene Selbsterkenntnis.

Was ist nun niedere Selbsterkenntnis? Das ist die Erkenntnis unseres alltäglichen Selbst, dessen, was wir schon sind, was wir in uns tragen, wie man sagt, ein Hineinschauen in das eigene Seelenleben. Man muß sich aber klarmachen, daß man dadurch nicht zum höheren Selbst kommen kann, denn wenn der Mensch sich selbst anschaut, findet er nur, was er ist; aber gerade darüber soll er ja hinauswachsen, um dieses Selbst des gewöhnlichen Lebens zu überwinden. Aber wie? Die meisten Menschen sind überzeugt, daß ihre Eigenschaften die allerbesten sind, und wer diese nicht auch hat, ist ihnen unsympathisch. Wer über diese Meinung hinaus ist, nicht nur in der Theorie, sondern im Gefühl, der ist schon auf dem Wege zu einer wahren Selbsterkenntnis. Hinaus kommt man über diese Selbstbespiegelung durch eine besondere Methode, die immer angewandt werden kann, wenn man einmal fünf Minuten Zeit findet. Man muß von folgendem Satz ausgehen: Alle Eigenschaften sind einseitig; du mußt erkennen, worin deine Eigenschaften einseitig sind, und mußt sie zu harmonisieren suchen. – Es ist dies ein Satz, der vielleicht nicht in der Theorie, wohl aber in der Praxis der geeignetste ist. Wer fleißig ist, muß sich prüfen, ob er es nicht an einer falschen Stelle ist. Flinkheit ist auch einseitig, ich muß sie ergänzen durch eine sorgfältige Bedachtsamkeit. Jede Eigenschaft hat ihren Gegenpol; den muß man sich aneignen und dann die konträren Eigenschaften zu harmonisieren suchen, zum Beispiel: Eile mit Weile, flink sein und doch bedächtig, bedächtig sein und doch nicht träge. Dann fängt man an, über sich hinauszuarbeiten. Das gehört nicht zur Meditation, das muß man sich daneben erringen.

Dieses Harmonisieren besteht namentlich im Aufmerken auf kleine Züge. Wer zum Beispiel die Eigenschaft hat, andere nicht ausreden zu lassen, der muß sorgfältig darauf achten und einmal sechs Wochen sich vornehmen: Jetzt schweigst du überhaupt dem andern gegenüber, so lange es möglich ist. – Dann gewöhne man sich, nicht zu laut und nicht zu leise zu sprechen. Solche Dinge, die der Mensch gewöhnlich gar nicht bedenkt, gehören zu dieser intimen Selbstentwickelung des Innern, und auf je unbedeutendere Eigenschaften man eingeht, desto besser ist es. Wenn man es gar dazu bringt, sich nicht nur bestimmte moralische, intellektuelle oder Gefühlseigenschaften anzueignen, sondern irgendeine äußere Gewohnheit abzugewöhnen, so ist das insbesondere wirksam. Es handelt sich weniger um eine Erforschung des Inneren im gewöhnlichen Sinne als vielmehr um eine Vervollkommnung der Eigenschaften, die man noch nicht genügend ausgebildet hat, und um eine Ergänzung des Vorhandenen durch eine entgegengesetzte Eigenschaft. Selbsterkenntnis gehört zu den allerschwersten Dingen für den Menschen, und gerade diejenigen, die sich am besten zu kennen glauben, täuschen sich am leichtesten. Sie denken zu viel an ihr eigenes Selbst. Das fortwährende Hinstarren auf sich selbst und das fortwährende Hinsagen des Wortes «ich»: ich denke, ich glaube, ich halte das für richtig – das sollte man sich schon in der Redeweise abgewöhnen. Vor allen Dingen muß man sich die Idee abgewöhnen, als wenn es auf die eigene Meinung mehr ankäme als auf die Meinung anderer Menschen. Nehmen wir zum Beispiel an, es ist einer ein sehr gescheiter Mensch. Wenn er nun seine Gescheitheit in einer Gesellschaft von Menschen anbringt, die auf einer viel tieferen Stufe stehen, so ist sie sehr deplaciert: er bringt sie ja nur um seinetwillen an. Er sollte aber aus dem Geiste der anderen heraus wirken. Insbesondere Agitatoren verletzen diese Regel sehr leicht.

Dazu muß ferner das kommen, was man im okkulten Sinne

Geduld nennt. Die meisten, die etwas erreichen wollen, können nicht warten, weil sie glauben, sie seien schon reif, alles zu empfangen. Diese Geduld fließt aus einer strengen Selbsterziehung. Auch das hängt mit der niederen Selbsterkenntnis zusammen.

Die höhere Selbsterkenntnis beginnt erst dann, wenn wir anfangen zu sagen: In dem, was unser alltägliches Ich ist, liegt gar nicht unser höheres Selbst. In der ganzen Welt draußen ist es, oben bei den Sternen, bei der Sonne und dem Mond, im Stein, im Tier: überall ist dasselbe Wesen, das in uns ist. – Wenn einer sagt: Ich will mein höheres Selbst pflegen und mich zurückziehen, ich will nichts wissen von allem Materiellen, – dann verkennt er vollständig, daß gerade das Selbst überall draußen ist und daß sein eigenes höheres Selbst nur ein kleiner Teil ist von diesem großen Selbst draußen. Gewisse «geistige» Heilweisen machen diesen Fehler, der sehr verhängnisvoll werden kann; sie bringen dem Kranken die Vorstellung bei, es gäbe nichts Materielles, und so gäbe es auch keine Krankheiten. Das beruht auf einer falschen Selbsterkenntnis und ist, wie schon bemerkt, sehr gefährlich. Während sich eine solche Heilweise mit einem christlichen Namen bezeichnet, ist sie eigentlich antichristlich.

Das Christentum ist eine Anschauung, die in allem eine Offenbarung des Göttlichen sieht. In jedem Materiellen haben wir eine Illusion, wenn wir es nicht als einen Ausdruck des Göttlichen ansehen. Verleugnen wir die Außenwelt, so verleugnen wir das Göttliche; negieren wir die Materie, in der sich Gott offenbart hat, dann negieren wir Gott. Es handelt sich nicht darum, in sich hineinzuschauen, sondern wir müssen das große Selbst zu erkennen suchen, das in uns hineinleuchtet. Das niedere Selbst sagt: Ich stehe da und friere. – Das höhere Selbst dagegen sagt: Ich bin auch die Kälte, denn ich lebe als das einige Selbst in der Kälte und mache mich selbst kalt. – Das niedere Selbst sagt: Ich bin da, ich bin im Auge, das die Sonne sieht. – Das höhere Selbst dagegen sagt: Ich bin in der Sonne und sehe im Sonnenstrahl in deine Augen hinein.

Wirklich herausgehen aus sich selbst, heißt Selbstentäußerung. Daher geht die Rosenkreuzer-Schulung darauf aus, das niedere Selbst herauszubringen aus dem Menschen. In der theosophischen Bewegung ist anfangs der allerschlimmste Fehler gemacht worden dadurch, daß man sagte: Man muß absehen vom Äußeren und in sich hineinschauen. – Das ist eine große Illusion. Man findet nur sein niederes Selbst, das vierte Prinzip, das niedere Ich, das sich einbildet, ein Göttliches zu sein, das aber gar kein Göttliches ist. Man muß aus sich heraus, um das Göttliche zu erkennen. «Erkenne dich selbst» heißt zugleich «überwinde dich selbst».

Die Gebiete, um die es sich handelt, sind folgende, und wieder müssen sie Hand in Hand gehen mit den bereits erwähnten sechs Eigenschaften: Gedankenkontrolle, Initiative des Handelns, Gelassenheit, Unbefangenheit oder Positivität, Glaube, inneres Gleichgewicht.

Die Schulung selbst besteht in folgendem:

1. Studium. Ohne Studium kommt der jetzige Europäer nicht dazu, sich selbst zu erkennen. Er muß versuchen, erst die Gedanken der ganzen Menschheit in sich hervorzubringen. Er muß mit dem Weltensystem denken lernen. Er muß sich sagen: Wenn andere das gedacht haben, so muß es doch menschlich sein, und ich will einmal probieren, wie es sich damit leben läßt. – Man braucht darauf ja nicht wie auf ein Dogma zu schwören, aber man muß es kennenlernen durch Studium. Der Schüler muß die Entwickelung der Sonnen und Planeten, der Erde und der Menschheit kennenlernen. Diese Gedanken, die uns für das Studium überliefert werden, reinigen unseren Geist. An den strengen Gedankenlinien ranken wir uns hinauf dazu, selbst streng logische Gedanken zu bilden. Dieses Studium reinigt auch wiederum unsere Gedanken, so daß wir streng logisch denken lernen. Wenn wir zum Beispiel ein sehr schweres Buch studieren, so kommt es weniger darauf an, den Inhalt zu begreifen, als darauf, daß wir auf die Gedankenbahnen des Verfassers eingehen und mitdenken lernen. Deshalb darf man auch kein Buch zu schwer finden; das hieße bloß, man ist zu bequem zu denken. Die besten Bücher sind gerade diejenigen, die man immer und immer wieder zur Hand nehmen muß, die man nicht gleich versteht, die man Satz für Satz studieren muß. Beim Studium kommt es nicht so sehr auf das Was als auf das Wie an. Durch die großen Wahrheiten, wie zum Beispiel die Planetengesetze, schaffen wir uns große Denklinien an, und das ist das Wesentliche an der Sache. Auch darin steckt viel Egoismus, wenn jemand sagt: Ich will mehr moralische Lehren haben und keine über Planetensysteme. – Richtige Weisheit bewirkt ein moralisches Leben.

2. Das zweite, worauf es ankommt, ist das *Erwerben von Imagination oder imaginativer Erkenntnis.* Was ist sie und wie erlangt man sie? Auf folgende Weise gelangt man dazu: Man geht durch die Welt und beobachtet sie streng nach dem Goetheschen Grundsatz: «Alles Vergängliche ist nur ein Gleichnis». Denn Goethe war ein Rosenkreuzer, und er kann uns in das seelische Leben einführen. Jedes Ding muß in mehrfacher Beziehung ein Gleichnis werden. Nehmen wir an, ich gehe an einer Herbstzeitlose vorbei: sie ist durch Form und Farbe für mich ein Sinnbild der Trauer. Eine andere Blume, der Windling, ist ein Sinnbild der Hilfsbedürftigkeit, wieder eine andere Blume, die rot in die Höhe sprießt, kann mir ein Zeichen sein für Munterkeit und so weiter. Ein Tier mit bunten Farben kann ein Gleichnis sein für die Koketterie. Oft liegen in den Namen schon die Gleichnisse ausgedrückt, zum Beispiel Trauerweide, Vergißmeinnicht und so weiter. Je mehr man in dieser Weise nachdenkt, daß die äußeren Dinge Sinnbilder werden für das Moralische, desto leichter kann man zu dieser imaginativen Erkenntnis aufsteigen. Auch bei den Menschen findet man solche Gleichnisse. So kann man zum Beispiel an dem Gang eines Menschen sein Temperament studieren. Beobachten Sie nur einmal den schleppenden, langsamen Schritt des Melancholikers, den festen, bestimmten Schritt des Cholerikers, den leichten, mehr auf den Fußspitzen ruhenden Schritt des Sanguinikers.

Hat man das eine Weile getrieben, dann geht man über zu den Übungen der eigentlichen Imagination. Man hält sich zum Beispiel eine natürliche Pflanze vor, sieht sie recht an, vertieft sich ganz hinein in sie, holt das Innere seiner Seele heraus und legt es sozusagen in die Pflanze hinein, wie es auch in meinem Werk «Wie erlangt man Erkenntnisse der höheren Welten?» beschrieben ist. Das bringt die Imagination herauf. Dadurch gelangt man zum astralen Schauen. Man bemerkt dann tatsächlich nach einiger Zeit, wie eine kleine Flamme aus der Pflanze hervorgeht; es ist die astrale Bedeutung dessen, was wächst. Ein anderes Beispiel: Man legt ein Samenkorn vor sich hin und sieht dann die ganze Pflanze, wie sie in der Wirklichkeit erst später sein wird, vor sich erscheinen. Das sind Übungen für die Imagination; dadurch umgeben sich die Dinge mit dem, was astral darin ist.

3. Das dritte ist das, was man nennt das *Lernen der okkulten Schrift.* Es gibt nämlich eine okkulte Schrift, durch die man tiefer hineindringen kann in die Dinge. Ich will Ihnen ein Beispiel sagen, damit Sie sehen, was ich eigentlich meine: Mit dem Ausgang der alten indischen Kultur hat eine neue Kultur begonnen. Das Zeichen eines solchen Entwickelungsstadiums, wo eine Kultur aufhört und eine andere anfängt, ist der Wirbel. Solche Wirbel gibt es überall in der Welt, der Sternennebel, der Orionnebel zum Beispiel und so weiter. Auch da geht eine Welt zugrunde, und eine neue tritt hervor. Beim Aufgang der indischen Kultur stand die Sonne im Krebs, in der Zeit der persischen Kultur stand die Sonne in den Zwillingen, während der ägyptischen Kultur im Stier, während der griechisch-lateinischen Kultur im Widder. Da nun das astronomische Zeichen des Krebses ♋ = ♋ ist, war dieses das Zeichen für den Aufgang der indischen Kultur.

Ein weiteres Beispiel ist der Buchstabe M. Jeder Buchstabe führt auf einen okkulten Ursprung zurück. So ist M das Zeichen der Weisheit. Es ist entstanden aus der Bildung der Oberlippe  und ist zugleich das Symbol für die Meereswellen ; daher wird die Weisheit durch das Wasser symbolisiert. Diese Zeichen sind Laute, die den Dingen angepaßt sind, und solche Dinge werden in der Rosenkreuzer-Schulung gepflegt.

4. *Rhythmisierung des Lebens und des Atems.* Sie spielt keine so große Rolle wie bei den Orientalen, aber sie gehört auch zur Schulung, und der Rosenkreuzer weiß, daß schon durch das Meditieren die Verbesserung der Atemluft eintritt.

5. Das *Entsprechen von Mikrokosmos und Makrokosmos.* Es ist das der Zusammenhang zwischen der großen und der kleinen Welt oder zwischen dem Menschen und der Welt draußen.

Der Mensch ist allmählich entstanden, seine einzelnen Wesensglieder haben sich im Laufe der Evolution gebildet. Nun gibt es keine Möglichkeit, daß gewisse Organe entstehen in einem Wesen, das zum Beispiel keinen Astralleib hat, so daß also gewisse Organe, die der Mensch hat, nicht auf der Sonne entstehen konnten, auch nicht in der Anlage. Ein solches Organ ist zum Beispiel die Leber. Bei einem Wesen, das nur einen Ätherleib hat, gibt es keine Anlage zur Leber. Zwar ist die Leber nicht ohne den Ätherkörper möglich, sie wird aber erst vom Astralleib geschaffen. Ebenso kann niemals ein Wesen warmes Blut haben, das nicht zu der Zeit entstanden ist, wo es sich zum Ich hinüberbildete. Zwar haben die höheren Tiere auch warmes Blut, aber diese haben sich vom Menschen abgespalten, als er sich eben zum Ich hinüberbildete. So kann man sagen: Die Leber entspricht dem Astralleib, das Blut dem Ich. So entspricht jedes Organ des menschlichen Leibes, auch das kleinste, einem seiner Wesensglieder. Und wenn der Mensch nun seine Aufmerksamkeit objektiv auf sich selbst richtet, wie auf eine Sache, wenn er sich zum Beispiel auf den Punkt an der Nasenwurzel konzentriert und damit ein bestimmtes Wort verbindet, das der okkulte Lehrer ihm gibt, so wird er zu dem, was diesem Punkte entspricht, hingeführt, und er lernt es kennen. So wird der Mensch, der sich auf diesen Punkt unter bestimmter Anleitung konzentriert, die Natur des Ich kennenlernen. Eine andere, sehr viel spätere Übung richtet sich auf das Innere des Auges; dadurch lernt man die innere Natur des Lichtes und der Sonne kennen. Die Natur des Astralen lernt man dadurch kennen, daß man sich mit bestimmten Worten auf die Leber konzentriert.

Das ist die richtige Selbstentwickelung, wenn man durch jedes Organ, auf das man seine Aufmerksamkeit richtet, aus sich herausgeführt wird. Diese Methode ist besonders in neuerer Zeit wirksam geworden, weil die Menschheit so materiell geworden ist. So kommt man durch das Materielle zum Verursacher, zum Schöpferischen des Materiellen.

6. *Das Verweilen oder Sich-Versenken in den Makrokosmos.* Das ist dasselbe, was als Dhyanam beschrieben wurde, die *geistige Kontemplation.* Sie geschieht folgendermaßen: Man versenkt sich in das Organ der Kontemplation, zum Beispiel in das Innere des Auges. Wenn man sich darauf eine Weile konzentriert hat, läßt man die Vorstellung des äußeren Organs fallen, so daß man nur noch an das denkt, worauf das Auge hingewiesen hat: auf das Licht. Dadurch kommt man zum Schöpfer des Organs und hinaus in den Makrokosmos. Dann fühlt man, wie der Körper immer größer wird, so groß wie die ganze Erde, ja,

er wächst sogar über die Erde hinaus und alle Dinge sind in ihm. Der Mensch lebt dann in allen Dingen darinnen.

7. Der *siebente Zustand* entspricht dem orientalischen Samadhi; man nennt ihn hier *Gottseligkeit*, weil man jetzt auch aufhört, an diese letzte Vorstellung zu denken. Aber man behält die Kraft des Denkens: Der Inhalt des Denkens hört auf, aber die Tätigkeit des Denkens bleibt. Dadurch ruht man in der göttlich-geistigen Welt.

Diese Stufen der Rosenkreuzer-Schulung sind mehr innere Stufen und erfordern eine subtile Pflege des höheren Seelenlebens. In unserem materiellen Zeitalter ist die weitverbreitete Oberflächlichkeit ein starkes Hindernis für die nötige Verinnerlichung des gesamten Innenlebens; sie muß überwunden werden. Diese Schulung ist auf den Europäer zugeschnitten, sie erfordert eine gewisse seelische Energie, sie ist aber nicht schwer. Jeder kann sie ausführen, der nur ernstlich will. Doch gilt auch hier der Goethesche Satz: «Zwar ist es leicht, doch ist das Leichte schwer.»[17]

Die alte Yoga-Kultur und der neue Yoga-Willen

Die Michael-Kultur der Zukunft[18]

Sie haben gesehen aus den Darstellungen der letzten Tage, wie zum völligen Verständnis der menschlichen Wesenheit notwendig ist, einzugehen auf die Gliederung des Menschen, vor allen Dingen zu unterscheiden, welch tiefgreifender Unterschied besteht zwischen dem, was wir nennen können menschliche Hauptesorganisation, menschliche Kopforganisation, und dem, was wir nennen können die Organisation des übrigen Menschen. Zwar wissen Sie ja, daß wir auch diesen übrigen Menschen wiederum gliedern, so daß wir im Ganzen auch da eine Dreigliederung[19] bekommen, aber zunächst ist für das Verständnis der bedeutsamen Impulse in der Menschheitsentwickelung, denen wir gegenwärtig und in der nächsten Zukunft gegenüberstehen, die Unterscheidung in Kopfmenschen und in die Organisation des übrigen Menschen wichtig.

Nun, wenn wir geisteswissenschaftlich so über den Menschen sprechen, daß wir sagen: Kopfmensch, übriger Mensch, dann sind uns die Kopfes- oder Hauptesorganisation und die Organisation des übrigen Menschen zunächst mehr Bilder, von der Natur selbst geschaffene Bilder für das Seelische, für das Geistige, dessen Ausdruck, dessen Offenbarung sie sind. Der Mensch steht in der gesamten Erdenmenschheitsentwickelung in einer Weise darinnen, die man eigentlich nur verstehen kann, wenn man das verschiedene Darinnenstehen der Kopfesorganisation und der übrigen Organisation des Menschen betrachtet. Dasjenige, was an die Hauptesorganisation geknüpft ist, was also namentlich als das Vorstellungsleben des Menschen durch das Haupt sich offenbart, das ist ja etwas, was – wenn wir zunächst nur bleiben in der Zeit der nachatlantischen Menschheitsentwickelung – weit zurückgeht in dieser nachatlantischen Menschheitsentwickelung. Wenn wir die Zeit ins Auge fassen, die unmittelbar auf die große atlantische Katastrophe folgte, das ist also im sechsten, siebenten, achten Jahrtausend vor der christlichen Zeitrechnung, dann kommen wir allerdings zurück für die Gegenden, die damals für die zivilisierte Welt in Betracht kommen, zu einer Seelenstimmung der Menschheit, die sich kaum mehr mit der unsrigen vergleichen läßt. Dasjenige, was dazumal der Mensch in seinem Bewußtsein hatte, was des Menschen Auffassung der Welt charakterisierte, das ist schwer mit dem zu vergleichen, was jetzt unsere Sinnesanschauung, unsere Gedankenauffassung der Welt charakterisiert. In meiner «Geheimwissenschaft» habe ich diese Kultur, die in so alte Zeiten zurückreicht, die urindische genannt.[10] Wir können sagen: Bis zu dem Grade war die Menschheitsorganisation, die dazumal vorzugsweise an das Haupt gebunden war, von der unsrigen verschieden, daß eigentlich das Rechnen mit Raum und Zeit, wie es uns eigen ist, dieser alten Bevölkerung gar nicht eigen war. Es war im Überschauen der Welt mehr ein Überblick über unermeßliche Raumesweiten, und es war auch ein Ineinanderschauen der verschiedenen Zeitmomente. Dieses starke Betonen von Raum und Zeit in der Weltauffassung, das war in dieser alten Zeit nicht vorhanden.

Davon finden wir die ersten Anklänge erst gegen das fünfte, vierte Jahrtausend, namentlich in der Zeit, die wir bezeichnen als die urpersische Zeit. Da ist aber auch noch die ganze Stimmung des seelischen Lebens eine solche, die sich schwer mit dem vergleichen läßt, was in unserer Zeit des Menschen Seelen- und Weltenstimmung ist. Da ist vor allen Dingen der Mensch immer darauf aus in dieser alten Zeit, alle Dinge so sich zu interpretieren, daß er Abstimmungen eines Lichten, Hellen und eines Finsteren, Dunklen überall erblickt. Jene Abstraktionen, in denen wir heute leben, die sind jener alten Erdenbevölkerung noch völlig fremd. Es ist noch etwas von einer universellen Gesamtanschauung vorhanden, ein Bewußtsein des Durchdrungenseins alles Anschaubaren vom Lichte und seines Abschattierens in Dunkelheiten. So sah man auch die moralische Weltordnung an. Man empfand einen Menschen, der wohlwollend war, gütig war, als licht, als hell, einen Menschen, der mißtrauisch war, eigensüchtig war, als einen dunklen Menschen. Man sah gewissermaßen noch aurisch um den Menschen herum dasjenige, was seine moralische Individualität war. Und wenn man zu einem Menschen dieser alten urpersischen Zeit gesprochen hätte von dem, was wir heute Naturordnung nennen, da hätte er gar nichts davon verstanden. Naturordnung in unserem Sinne gab es in seiner Licht- und Schattenwelt nicht. Denn für ihn war Licht- und Schattenwelt da, und er nannte zum Beispiel in der Tonwelt auch eine gewisse Nuance des Tönens hell, licht, eine gewisse Nuance des Tönens dunkel, schattig. Für ihn war die Welt eine Licht- und Schattenwelt. Und das, was sich ausdrückte durch dieses Hell-Dunkel, das waren ihm geistige und zugleich Naturgewalten. Es war für ihn kein Unterschied zwischen geistigen und Naturgewalten. So etwas, wie wir heute unterscheiden zwischen Naturnotwendigkeit und menschlicher Freiheit, das wäre ihm als Wahnsinn erschienen, denn für ihn gab es diese Zweiheit nicht, menschliche Willkür und Naturnotwendigkeit. Für ihn war gewissermaßen alles zu umfassen unter einer geistig-physischen Einheit. Soll ich bildlich Ihnen etwas aufzeichnen – die Bedeutung wird es erst erhalten durch das, was folgen wird –, wie der Charakter dieser urpersischen Weltanschauung war, so müßte ich ungefähr solch eine Linie hinzeichnen, wie die Weltenschlange, das Symbol des Alls, die einheitlich die Menschheitsanschauung umfaßte.

Dann, nachdem etwas über zwei Jahrtausende die Seelenstimmung der Menschen so war, trat ja dasjenige auf, dessen Nachklänge wir noch wahrnehmen in der chaldäischen Weltanschauung, in der ägyptischen Weltanschauung und in einer besonderen Form in derjenigen Weltanschauung, deren Abglanz uns im Alten Testamente erhalten ist. Da tritt in einer gewissen Weise schon etwas auf, was näher ist unserer gegenwärtigen Weltanschauung. Da bekommt man schon die Nuance von einer gewissen Naturnotwendigkeit herein in das menschliche Vorstellen. Aber diese Naturnotwendigkeit ist noch weit entfernt von dem, was wir heute die mechanische oder auch nur die vitale Naturordnung nennen. Es fällt noch zusammen für diese Zeit das Naturgeschehen mit dem göttlichen Wollen, mit der Vorsehung. Vorsehung und Naturgeschehen ist noch eines. Der Mensch wußte: Wenn er seine Hand bewegt, so ist es das Göttliche eigentlich in ihm, das ihn durchdringt, das seine Hand bewegt, seinen Arm bewegt. Wenn ein Baum durch den Wind geschüttelt wurde, so war ihm die Anschauung dieses sich schüttelnden Baumes nicht anders als die Anschauung des bewegten Armes. Er sah dieselbe göttliche Macht als Vorsehung in seinen eigenen Bewegungen und in den Bewegungen des Baumes. Aber man unterschied schon den Gott außerhalb und den Gott innerhalb; nur dachte man ihn als einheitlich, den Gott in der Natur, den Gott im Menschen, nur war er derselbe. Und man war sich klar in dieser Zeit, daß allerdings im Menschen etwas ist, womit gewissermaßen die Vorsehung, die außen in der Natur ist, und die Vorsehung, die innen im Menschen ist, einander begegnen.

So empfand man in dieser Zeit den Atmungsprozeß des Menschen. Man sagte, wenn ein Baum sich schüttelt, das ist der Gott außerhalb, und wenn ich meinen Arm bewege, das ist der Gott innerhalb. Wenn ich die Luft einziehe, innerlich verarbeite und wiederum nach außen lasse, dann ist das der Gott von außen, der hereingeht und wiederum hinausgeht. So empfand man dasselbe Göttliche draußen, drinnen, aber in einem Punkt zugleich draußen, drinnen. Man sagte sich: Indem ich Atmungswesen bin, bin ich zugleich ein Wesen der Natur draußen, zu gleicher Zeit ich selbst.

Soll ich ebenso, wie ich die urpersische Weltanschauung Ihnen charakterisiert habe durch die Linie der vorhergehenden Zeichnung, soll ich Ihnen die des dritten Zeitalters charakterisieren, so müßte ich sie durch diese Linie charakterisieren:

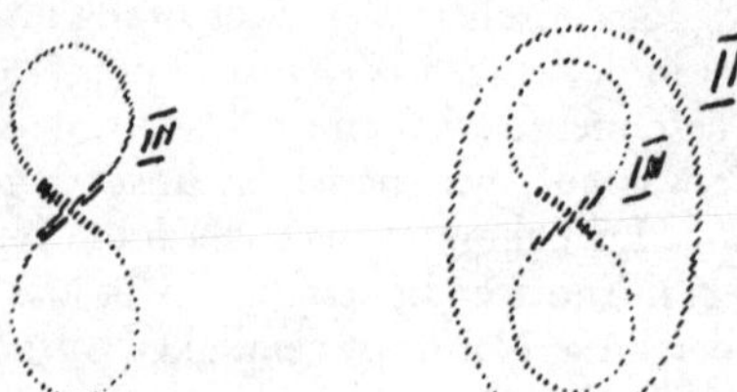

Diese Linie würde darstellen auf der einen Seite draußen das Naturdasein, auf der anderen Seite das Menschendasein, aber in dem einen Punkt, im Atmungsprozesse, sich überkreuzend.

Das wird anders im vierten Zeitalter, in dem griechisch-lateinischen Zeitalter. Da tritt vor die Menschen schroff hin der Gegensatz des Außen und des Innen, des Naturdaseins und des menschlichen Daseins. Da beginnt der Mensch sich im Gegensatz zu fühlen gegen die Natur. Und wenn ich Ihnen wiederum charakteristisch bezeichnen soll, wie jetzt der Mensch beginnt zu fühlen im griechischen Zeitalter, so müßte ich das so zeichnen:

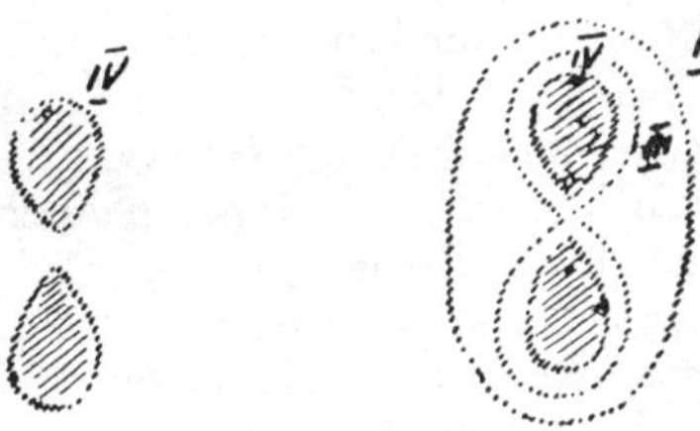

Auf der einen Seite empfindet er das Äußere, auf der andern Seite das Innere, und zwischen beiden ist nicht mehr der überkreuzende Punkt.

Es bleibt gewissermaßen dieses, was der Mensch mit der Natur gemeinsam hat, außerhalb des Bewußtseins. Es fällt schon aus dem Bewußtsein hinaus. In der indischen Yoga-Kultur versucht man es wieder hereinzubekommen. Daher ist die indische Yoga-Kultur ein atavistisches Zurückgehen auf frühere Entwikkelungsstufen der Menschheit, weil man wieder hereinzubekommen sucht ins Bewußtsein den Atmungsprozeß, den man im zweiten Zeitalter naturgemäß als das empfand, worinnen man sich zugleich draußen und zugleich drinnen fühlte. Dieses vierte Zeitalter beginnt ja im achten vorchristlichen Jahrhundert. Und da begannen dann auch jene spätindischen Yoga-Übungen, die wiederum zurückzurufen suchten atavistisch dasjenige, was man früher gehabt hatte, insbesondere auch in der indischen Kultur hatte, was aber verloren gegangen war.

Also dieses Bewußtsein des Atmungsprozesses, das ging verloren. Und wenn man sich fragt: Warum versuchte es die indische Yoga-Kultur wiederum zurückzurufen, was glaubte sie eigentlich dadurch zu erringen?, so muß man sagen: Ja, was dadurch errungen werden sollte, das war ein wirkliches Verständnis der Außenwelt. Denn dadurch, daß der Atmungsprozeß verstanden wurde im dritten Kulturzeitalter, dadurch verstand man innerlich in sich etwas, was zu gleicher Zeit ein Äußerliches war.

Das ist es, was auf einem andern Wege wiederum errungen werden muß. Denn wir leben noch – das vierte Zeitalter hört ja erst auf etwa mit dem Jahre 1413, also überhaupt erst in der Mitte des fünfzehnten Jahrhunderts – unter den Nachwirkungen dieser Kultur, die durchaus in der menschlichen Seelenstimmung ein Zweifaches hat. Wir haben durch unsere Hauptesorganisation eine unvollständige Naturanschauung, das, was wir die Außenwelt nennen, und wir haben durch unsere Innenorganisation, durch die Organisation des übrigen Menschen, ein unvollständiges Wissen von uns selbst. Dazwischen bleibt uns dasjenige aus, fällt uns hinweg, in dem wir zugleich einen Prozeß der Welt und einen Prozeß von uns selbst sehen würden.

Nun handelt es sich darum, daß wiederum errungen werden muß, aber jetzt in bewußter Weise wiederum errungen werden muß dasjenige, was verloren gegangen ist. Das heißt, wir müssen wiederum zum Erfassen von etwas kommen, was im Inneren des Menschen ist, was zu gleicher Zeit der Außenwelt und dem Inneren angehört, was sich wiederum übergreift.

Das muß das Bestreben des fünften nachatlantischen Zeitraums sein. Das Bestreben des fünften nachatlantischen Zeitraums muß sein, wiederum etwas im Mensecheninneren zu finden, wo sich in dem, was wir in uns finden, zu gleicher Zeit ein äußerer Prozeß abspielt.

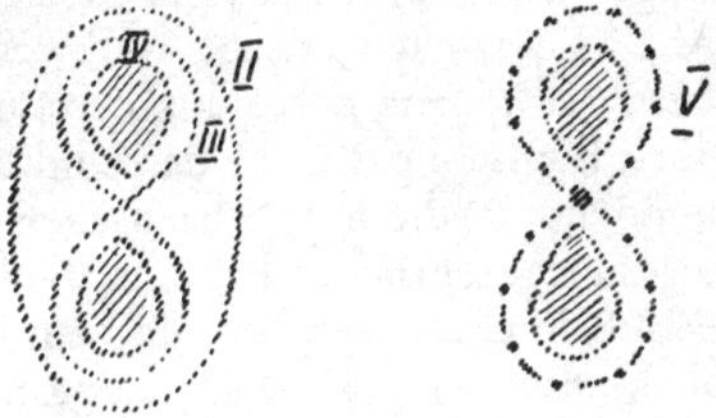

Sie werden sich wohl erinnern, daß ich auf dieses wichtige Faktum bereits hingedeutet habe; daß ich hingedeutet habe in meinem letzten Aufsatz der «Sozialen Zukunft»,[19] wo ich scheinbar die Bedeutung dieser Dinge für das soziale Leben behandelt habe, wo aber deutlich gerade darauf hingedeutet ist, daß etwas gefunden werden muß, wo der Mensch zu gleicher Zeit etwas in sich ergreift, was er erkennt als einen Prozeß der Welt. Wir können als Menschen der Gegenwart dies nicht etwa dadurch erreichen, daß wir zurückgreifen auf die Yoga-Kultur; die ist etwas Vergangenes. Denn, sehen Sie, der Atmungsprozeß selbst hat sich verändert. Das können sie natürlich heute nicht auf der Klinik nachweisen. Aber der Atmungsprozeß des Menschen ist seit dem dritten nachatlantischen Kulturzeitalter ein anderer geworden. Grob gesprochen könnte man sagen: Im dritten nachatlantischen Kulturzeitalter atmete der Mensch noch Seele, jetzt atmet er Luft. Nicht bloß etwa unsere Vorstellungen sind materialistisch geworden, die Realität selber hat ihre Seele verloren.

Ich bitte Sie, in dem, was ich jetzt sage, nicht etwas Unerhebliches zu sehen. Denn denken Sie, was das bedeutet, daß sich die Realität, in der die Menschheit lebt, selber so umgewandelt hat, daß unsere Atemluft etwas anderes ist, als sie etwa vor vier Jahrtausenden war. Nicht etwa bloß das Bewußtsein der Menschheit hat sich verändert, o nein, in der Atmosphäre der Erde war Seele. Die Luft war die Seele. Das ist sie heute nicht mehr, beziehungsweise sie ist es in anderer Art. Die geistigen Wesenheiten elementarer Natur, von denen ich gestern gesprochen habe, die dringen wiederum in Sie ein, die kann man atmen, wenn man heute Yoga-Atmen treibt. Aber dasjenige, was in der normalen Atmung vor drei Jahrtausenden erlangbar war, das kann nicht auf künstliche Weise zurückgebracht werden. Daß das zurückgebracht werden könne, ist die große Illusion der Orientalen. Das, was ich jetzt sage, ist etwas, was durchaus eine Realität beschreibt. Jene Beseelung der Luft, die zu dem Menschen gehört, die ist nicht mehr da. Und deshalb können die Wesen, ich möchte sie die antimichaelischen Wesen nennen, von denen ich gestern gesprochen habe, in die Luft eindringen und durch die Luft in den Menschen, und auf diese Weise gelangen sie in die Menschheit, so wie ich das gestern beschrieben habe. Und wir können sie nur vertreiben, wenn wir an die Stelle des Yogamäßigen das Richtige setzen von heute. Wir müssen uns klar werden darüber, daß dieses Richtige angestrebt werden muß. Dieses Richtige kann nur angestrebt werden, wenn wir uns einer viel feineren Beziehung des Menschen zur Außenwelt bewußt werden, so daß mit Bezug auf unseren Ätherleib etwas stattfindet, das immer mehr und mehr in unser Bewußtsein hereinkommen muß, ähnlich wie der Atmungsprozeß. Wie wir beim Atmungsprozeß frische Sauerstoffluft einatmen und unbrauchbare Kohlenstoffluft ausatmen, so ist ein ähnlicher Prozeß vorhanden in allen unseren Sinneswahrnehmungen. Denken Sie einmal, Sie sehen etwas. Nehmen wir einen radikalen Fall. Nehmen wir an, Sie sehen eine Flamme an, Sie schauen auf eine Flamme hin. Da geschieht etwas, was sich vergleichen läßt, nur viel feiner ist es, mit dem Einatmen. Machen Sie dann das Auge zu – und Sie können ähnliche Dinge mit jedem der Sinne machen –, machen Sie dann das Auge zu, so haben Sie das Nachbild der Flamme, das sich sogar nach und nach verändert, wie Goethe sagt, abklingt. An diesem Prozeß des Aufnehmens des Lichteindruckes und des nachherigen Abklingens ist im wesentlichen außer dem, was rein physiologisch ist, der menschliche Ätherleib sehr beteiligt. Aber in diesem Prozeß steckt etwas sehr, sehr Bedeutsames. Da drinnen ist nunmehr das Seelische, das vor drei Jahrtausenden mit der Luft ein- und ausgeatmet worden ist. Und wir müssen lernen, in einer ähnlichen Weise den Sinnesprozeß in seiner Durchseelung einzusehen, wie man vor drei Jahrtausenden den Atmungsprozeß eingesehen hat.

Das hängt zusammen damit, daß man sagen kann, der Mensch lebte vor drei Jahrtausenden in einer Art Nachtkultur. Jahve gab sich durch seine Propheten kund aus den Träumen der Nacht heraus. Wir aber müssen die Feinheiten unseres Verkehres mit der Welt ausbilden so, daß wir in unserem Aufnehmen der Welt nicht bloß sinnliche Wahrnehmungen haben, sondern Geistiges haben. Wir müssen uns gewiß werden, daß wir mit jedem Lichtstrahl, mit jedem Ton, mit jeder Wärmeempfindung und deren Abklingen in seelischen Wechselverkehr mit der Welt treten, und dieser seelische Wechselverkehr muß für uns etwas Bedeutsames werden. Aber wir können uns auch unterstützen, so daß es so mit uns werde.

Ich habe Ihnen ja dargestellt, daß das Mysterium von Golgatha hereingefallen ist in den vierten nachatlantischen Zeitraum, der etwa, wenn wir genau rechnen wollen, beginnt mit dem Jahre 747 vor Christus, und schließt mit dem Jahre 1413 nach Christus. In das erste Drittel dieses Zeitraumes fällt das Mysterium von Golgatha. Dasjenige aber, wodurch die Menschen zunächst dieses Mysterium von Golgatha begriffen haben, das waren noch die Nachklänge der alten Denkweise, der alten Kultur. Die Art des Begreifens des Mysteriums von Golgatha, die muß eine durchaus neue werden. Denn die alte Art, das Mysterium von Golgatha zu begreifen, ist abgebraucht. Sie ist nicht mehr gewachsen dem Mysterium von Golgatha. Und viele Versuche, die gemacht worden sind, das menschliche Denken fähig zu machen, das Mysterium von Golgatha zu begreifen, haben sich als nicht mehr geeignet erwiesen, heraufzureichen zu dem Mysterium von Golgatha.

Sehen Sie, alle die Dinge, die äußerlich materiell auftreten, sie haben auch ihre geistig-seelische Seite. Und alle die Dinge, die geistig-seelisch auftreten, sie haben auch ihre äußerlich materielle Seite. Daß die Luft der Erde entseelt worden ist, so daß der Mensch nicht mehr die ursprünglich beseelte Luft atmet, das hatte eine bedeutsame geistige Wirkung in der Entwickelung der Menschheit. Denn der Mensch hatte, indem er hereinbekam mit der Atmung die Seele, mit der er selber ursprünglich verwandt war, wie es am Beginne des Alten Testamentes steht: Und der Gott blies dem Menschen den Odem ein als lebendige Seele – er hatte durch dieses Einatmen des Seelischen eine Möglichkeit: er bekam ein Bewußtsein von der Präexistenz des Seelischen, von dem Bestehen der Seele, bevor sie heruntergestiegen ist in den physischen Leib durch die Geburt oder durch die Empfängnis. Und in demselben Maße, in dem der Atmungsprozeß aufhörte, beseelt zu sein, verlor der Mensch das Bewußtsein der Präexistenz des Seelischen. Und schon sogar als Aristoteles auftrat in diesem vierten nachatlantischen Zeitraum, da war keine Möglichkeit mehr vorhanden, mit menschlicher Fassungskraft die seelische Präexistenz zu durchschauen. Keine Möglichkeit war dafür mehr vorhanden.

Wir stehen eben historisch vor dem merkwürdigen Faktum, daß das größte Ereignis hereinbricht in die Erdenentwickelung, das Christus-Ereignis, daß aber die Menschheit erst heranreifen muß, um es zu verstehen. Sie ist noch fähig, mit den alten Resten des Fassungsvermögens, das aus der Urkultur herrührt, aufzufangen die Strahlen des Mysteriums von Golgatha. Dann aber verliert sich diese Fassungskraft, und die Dogmatik entfernt sich immer mehr und mehr vom Verständnis des Mysteriums von Golgatha. Die Kirche verbietet an die Präexistenz zu glauben nicht deshalb, weil die Präexistenz nicht mit dem Mysterium von Golgatha vereinbar wäre, sondern weil die menschliche Fassungskraft durch die Entseelung der Luft aufhörte, das Bewußtsein in die Seele als Kraft hereinzubekommen, das Bewußtsein von der Präexistenz. Aus all dem, was Kopfbewußtsein wurde, verschwindet die Präexistenz. Wenn wir das Beseeltsein unserer Sinnesempfindungen wieder haben werden, dann werden wir wiederum einen Kreuzungspunkt haben, und in diesem Punkt werden wir den menschlichen Willen, der heraufströmt aus der dritten Bewußtseinsschichte, wie ich es Ihnen in diesen Tagen charakterisiert habe, erfassen. Da werden wir zu gleicher Zeit etwas Subjektiv-Objektives haben, wonach Goethe so lechzte. Da werden wir wiederum die Möglichkeit haben, in feiner Art zuerst zu erfassen, wie merkwürdig eigentlich dieser Sinnesprozeß des Menschen im Verhältnis zur Außenwelt ist. Das sind ja alles grobe Vorstellungen, als wenn die Außenwelt auf uns bloß wirkte und wir dann bloß reagierten darauf. All das Zeug, das da geredet wird, das sind ja bloß grobklotzige Vorstellungen. Die Wirklichkeit ist vielmehr diese, daß ein seelischer Prozeß vor sich geht von außen nach innen, der erfaßt wird durch den tief unterbewußten, inneren seelischen Prozeß, so daß die Prozesse sich übergreifen. Von außen wirken die Weltgedanken in uns herein, von innen wirkt der Menschheitswille hinaus. Und es durchkreuzen sich Menschheitswillen und Weltgedanken in diesem Kreuzungspunkte, wie sich im Atem das Objektive mit dem Subjektiven einstmals überkreuzt hat. Wir müssen fühlen lernen, wie durch unsere Augen unser Wille wirkt und wie in der Tat die Aktivität der Sinne leise sich hineinmischt in die Passivität, wodurch sich Weltengedanken mit Menschheitswille kreuzen. Diesen neuen Yoga-Willen, den müssen wir entwickeln. Damit wird uns wiederum etwas Ähnliches vermittelt, wie vor drei Jahrtausenden den Menschen in dem Atmungsprozeß vermittelt wurde. Unsere Auffassung muß eine viel seelischere, eine viel geistigere werden.

Nach solchen Dingen strebte die Goethesche Weltanschauung. Goethe wollte das reine Phänomen erkennen, was er das Urphänomen nannte, wo er nur zusammenstellte dasjenige, was in der Außenwelt auf den Menschen wirkt, wo sich nicht hineinmischt der luziferische Gedanke, der aus dem Kopf des Menschen selbst kommt. Dieser Gedanke sollte nur zur Zusammenstellung der Phänomene dienen. Goethe strebte nicht nach dem Naturgesetz, sondern nach dem Urphänomen. Das ist das Bedeutsame bei ihm. Kommen wir aber zu diesem reinen Phänomen, zu diesem Urphänomen, dann haben wir in der Außenwelt etwas, was uns möglich macht, auch die Entfaltung unseres Willens im Anschauen der Außenwelt zu verspüren, und dann werden wir uns aufschwingen wiederum zu etwas Objektiv-Subjektivem, wie es zum Beispiel die alte hebräische Lehre noch hatte. Wir müssen lernen, nicht immer nur von dem Gegensatz zu sprechen zwischen dem Materiellen und dem Geistigen, sondern wir müssen das Ineinanderspiel des Materiellen und des Geistigen in einer Einheit gerade im sinnlichen Auffassen erkennen. Geradeso wie das, was vor drei Jahrtausenden die Jahve-Kultur war, so wird für uns dasjenige sein, was eintritt, wenn wir die Natur nicht mehr materiell sehen, und auch nicht wie etwa Gustav Theodor Fechner[20] in die Natur etwas Seelisches hineinphantasieren. Wenn wir in der Natur das Seelische mitempfangen lernen mit der Sinnesanschauung, dann werden wir das Christus-Verhältnis zu der äußeren Natur haben. Da wird das Christus-Verhältnis zur äußeren Natur etwas sein wie eine Art geistigen Atmungsprozesses.

Wir können uns dadurch unterstützen, daß wir immer mehr einsehen, aber jetzt einsehen durch den gesunden Menschenverstand: Ja, Präexistenz ist etwas, was unserem Seelendasein zugrunde liegt. Und wir müssen die rein egoistische Vorstellung von der Postexistenz, die eine rein egoistische ist, die nur aus unserem Bedürfnis, nach dem Tode da zu sein, entspringt, wir müssen die egoistische Postexistenzvorstellung ergänzen durch das Wissen von der Präexistenz des Seelischen. Wir müssen uns auf eine andere Art wiederum aufschwingen zu der Anschauung der wirklichen Ewigkeit der Seele. Das ist dasjenige, was man die Michael-Kultur nennen kann. Wenn wir durch die Welt schreiten in dem Bewußtsein, mit jedem Blick, mit jedem Ton, den wir hören, strömt Geistiges, Seelisches wenigstens in uns ein, und zu gleicher Zeit strömen wir in die Welt Seelisches hinaus, dann, dann haben wir das Bewußtsein errungen, das die Menschheit für die Zukunft braucht.

Ich komme noch einmal auf das Bild zurück. Sie sehen eine Flamme. Sie schließen die Augen, haben das Nachbild, das abklingt. Ist das bloß ein subjektiver Prozeß? Der heutige Physiologe sagt so. Es ist nicht wahr. In dem Weltenäther bedeutet das einen objektiven Prozeß, wie in der Luft die Anwesenheit der Kohlensäure, die Sie ausatmen, einen objektiven Prozeß bedeutet. Sie prägen dem Weltenäther ein das Bild, das Sie nur wie ein abklingendes Nachbild empfinden. Das ist nicht bloß subjektiv, das ist ein objektiver Vorgang. Hier haben Sie das Objektive. Hier haben Sie die Möglichkeit, zu erkennen, wie etwas, was sich in Ihnen abspielt, in feiner Art zu gleicher Zeit ein Weltenvorgang ist, wenn Sie sich nur bewußt werden: Sehe ich eine Flamme an, mache die Augen zu, lasse sie abklingen – es klingt ja auch ab, wenn Sie die Augen offen lassen, nur bemerken Sie es dann nicht –, dann ist das etwas, was nicht bloß in mir vorgeht, das ist etwas, was in der Welt vorgeht. Das ist aber nicht bloß bei der Flamme so. Trete ich einem Menschen gegenüber und sage: Dieser Mensch hat das oder jenes gesagt, was wahr oder nicht wahr sein kann, – so ist das eine Beurteilung, eine moralische oder eine intellektuelle Handlung im Innern.

Das klingt ebenso ab wie die Flamme. Das ist ein objektiver Weltenvorgang. Wenn Sie über Ihren Nebenmenschen Gutes denken: es klingt ab, ist im Weltenäther als ein objektiver Vorgang; wenn Sie Böses denken: es klingt ab als ein objektiver Vorgang. Sie können nicht etwa in Ihrem Kämmerchen abschließen dasjenige, was Sie über die Welt wahrnehmen oder urteilen. Sie machen es zwar scheinbar für Ihre Auffassung in sich, aber es ist zu gleicher Zeit ein objektiver Weltenvorgang. Wie sich das dritte Zeitalter bewußt war, daß der Atmungsprozeß zu gleicher Zeit etwas ist, was im Menschen vorgeht und was ein objektiver Prozeß ist, so muß die Menschheit sich in der Zukunft bewußt werden, daß das Seelische, von dem ich gesprochen habe, zu gleicher Zeit ein objektiver Weltenvorgang ist.

Diese Wandlung des Bewußtseins, das ist etwas, was fordert, daß größere Stärke in der menschlichen Seelenstimmung Platz greife, als sie heute der Mensch gewöhnt ist. Das ist das Einlassen der Michael-Kultur: das Sich-Durchdringen mit diesem Bewußtsein. Wir müssen gewissermaßen, wenn wir das Licht als den allgemeinen Repräsentanten der Sinneswahrnehmung hinstellen, uns dazu aufschwingen, das Licht beseelt zu denken, so wie es selbstverständlich war für den Menschen des zweiten, des dritten vorchristlichen Jahrtausends, die Luft beseelt zu denken, weil sie das auch war. Wir müssen uns gründlich abgewöhnen, dasjenige in dem Licht zu sehen, was das materialistische Zeitalter gewöhnt ist, in dem Lichte zu sehen. Wir müssen uns gründlich abgewöhnen zu glauben, daß von der Sonne ausstrahlen bloß jene Schwingungen, von denen uns unsere Physik und das allgemeine Menschheitsbewußtsein heute redet. Wir müssen uns klar werden darüber, daß da Seele durch den Weltenraum dringt auf den Schwingen des Lichtes. Und zu gleicher Zeit müssen wir einsehen, daß das so nicht war in der Zeit, die unserem Zeitalter vorangegangen ist. In der Zeit, die unserem Zeitalter vorangegangen ist, ist dasselbe an die Menschheit durch die Luft herangekommen, was jetzt an uns herankommt durch das Licht. Sehen Sie, das ist ein objektiver Unterschied in dem Erdenprozeß. Und wenn wir im Großen denken, so können wir sagen: Luftseelenprozeß, Lichtseelenprozeß. Und das ist etwa dasjenige, was wir in der Entwickelung der Erde beobachten können. Und mitten hinein fällt, den Übergang des einen in das andere bedeutend, das Mysterium von Golgatha.

Mysterium von Golgatha

Luftseelenprozeß	Lichtseelenprozeß

Es genügt nicht für die Gegenwart und für die Zukunft der Menschheit, daß man in Abstraktionen von dem Geistigen fabelt, daß man in irgendeinen nebulosen Pantheismus oder dergleichen verfällt, sondern es handelt sich darum, daß man dasjenige, was die heutige Menschheit eigentlich nur empfindet wie einen materiellen Prozeß, daß man das anfängt auch in seiner Beseeltheit zu erkennen.

Es handelt sich darum, daß man anfangen lerne zu sprechen: Es gab eine Zeit vor dem Mysterium von Golgatha, da hatte die Erde eine Atmosphäre. In dieser Atmosphäre war die Seele, die zum Seelischen des Menschen gehörte. Jetzt hat die Erde eine Atmosphäre, die ist entleert des Seelischen, das zum Seelischen des Menschen gehört. Dafür ist in das Licht, das uns vom Morgen bis zum Abend umfaßt, eingezogen dasselbe Seelische, das vorher in der Luft war. Daß der Christus sich mit der Erde verbunden hat, das gab die Möglichkeit dazu. So daß Luft und Licht auch geistig-seelisch etwas anderes geworden sind im Laufe der Erdenentwickelung.

Es ist eine kindsköpfige Darstellung, wenn man Luft und Licht in gleicher Weise rein materiell beschreibt für die Jahrtausende, in denen sich die Erdenentwickelung abgespielt hat. Luft und Licht sind innerlich etwas anderes geworden. Wir leben in einer anderen Atmosphäre, in einem anderen Lichtkreis, als unsere Seelen in früheren Erdenverkörperungen gelebt haben. Erkennen lernen dasjenige, was äußerlich materiell ist, als Geistig-Seelisches, darauf kommt es an. Das wird nicht eine wirkliche Geisteswissenschaft geben, wenn die Leute auf der einen Seite das rein materielle Dasein beschreiben, so wie man es heute gewohnt ist, und dann – ja, so wie eine Dekoration – nebenher sagen: Aber in diesem Materiellen ist überall auch Geistiges! Ja, in dieser Beziehung sind die Menschen ganz merkwürdig, in dieser Beziehung wollen sie heute durchaus sich auf das Abstrakte zurückziehen. Dasjenige aber, was notwendig ist, das ist: in der Zukunft nicht in abstrakter Weise ein Materielles und ein Geistiges zu unterscheiden, sondern in dem Materiellen selber das Geistige zu suchen, daß man es zugleich beschreiben könne als das Geistige, und in dem Geistigen den Übergang ins Materielle, die Wirkungsweise im Materiellen zu erkennen. Dann erst werden wir auch wirklich wiederum, wenn wir das haben, eine Erkenntnis des Menschen selbst erringen. «Blut ist ein ganz besonderer Saft»,[21] aber das, wovon man heute redet in der Physiologie, das ist kein ganz besonderer Saft, das ist halt ein Saft, dessen chemische Zusammensetzung man versucht ebenso anzugeben, wie irgendeine andere Stoffzusammensetzung. Das ist ja nichts Besonderes. Aber wenn man den Ausgangspunkt erst gewinnt, die Metamorphose von Luft und Licht seelisch richtig einsehen zu können, dann wird man allmählich aufsteigen können, auch den Menschen selber wiederum in allen seinen einzelnen Gliedern geist-seelisch zu begreifen, dann wird man nicht abstrakten Stoff und abstrakten Geist haben, sondern Geist, Seele und Leib ineinanderwirkend. Das wird Michael-Kultur sein.

Das ist etwas, was unsere Zeit fordert. Das ist etwas, das mit allen Fasern des seelischen Lebens von den Menschen, die heute die Zeit verstehen wollen, aufgefaßt werden sollte. Es ist seit langer Zeit immer Widerstand geleistet worden gegen alles dasjenige, was als ein Ungewohntes in die menschliche Weltanschauung hereingetragen werden mußte. Ich habe ja öfter das niedliche Beispiel, das an etwas Grobklotziges sich gewendet hat, angeführt: 1835 – also wir sind noch nicht ein Jahrhundert drüber hinaus – ist das gelehrte Medizinal-Kollegium in Bayern gefragt worden, als man die erste Eisenbahn von Fürth nach Nürnberg bauen wollte, ob es hygienisch ist, solch eine Eisenbahn zu bauen? Da sagte das Medizinal-Kollegium – das Dokument ist vorhanden[27], es ist kein Märchen –, man solle keine Eisenbahn bauen, denn die Leute würden nervös werden, die in dieser Weise sich über den Erdboden bewegen würden. – Aber dann setzte man noch hinzu: Wenn es schon solche Menschen geben würde, die durchaus wollten Eisenbahnen fordern, dann müsse man links und rechts hohe Bretterwände aufführen, damit diejenigen, an denen die Eisenbahnen vorbeifahren, nicht Gehirnerschütterung kriegen. – Ja, sehen Sie: Eines ist ein solches Urteil, das man fällt, ein anderes ist der Entwickelungsgang der Menschheit. Wir lächeln heute über ein solches Dokument, wie es das bayerische Medizinal-Kollegium 1835 geliefert hat.[26] Aber nun, nicht wahr, so ohne weiteres haben wir kein Recht zu lachen: trifft uns heute etwas ähnliches, verhalten wir uns wieder geradeso. Denn so absolut unrecht können wir auch nicht wiederum dem bayerischen Medizinal-Kollegium geben. Wenn man den Nervenzustand der gegenwärtigen Menschheit vergleicht mit dem Nervenzustande derjenigen Menschheit, die vor zwei Jahrhunderten da war, so sind die Leute nervös geworden. Vielleicht hat das Medizinal-Kollegium bloß etwas übertrieben, aber nervös geworden sind die Leute. Nur handelt es sich bei der Fortentwickelung der Menschheit nicht um solche Dinge, sondern darum, daß gewisse Impulse, die herein wollen, wirklich hereinkommen in die Erdenentwickelung, daß sie nicht zurückgewiesen werden. Und es ist schon etwas gegen die Bequemlichkeit der Menschen, was da herein will von Zeit zu Zeit in die menschliche Kulturentwickelung, und man muß ablesen dasjenige, was Pflicht ist in bezug auf die menschliche Kulturentwickelung aus der Objektivität, nicht aus der menschlichen Bequemlichkeit heraus, nicht einmal aus der besseren menschlichen Bequemlichkeit heraus. Und ich schließe heute aus dem Grunde mit diesen Worten, weil ja es ganz zweifellos ist, von allen Seiten kündigt es sich an, daß ein gewisser, schon recht stark anschwellender Kampf gerade zwischen dem anthroposophischen Erkennen und den verschiedenen Bekenntnissen eintreten wird. Die Bekenntnisse, die in altgewohnten Geleisen bleiben wollen, die sich nicht aufschwingen wollen zu einer Neuerkenntnis des Mysteriums von Golgatha, sie werden die starke Kampfposition, die sie bereits eingenommen haben, immer mehr verstärken, und es wäre sehr, sehr leichtsinnig, wenn wir uns nicht bewußt würden, daß dieser Kampf losgeht.

Nun, sehen Sie, ich bin durchaus gar nicht erpicht auf einen solchen Kampf, insbesondere nicht auf den Kampf mit der katholischen Kirche, der, wie es scheint, von der anderen Seite jetzt in solcher Heftigkeit aufgedrängt wird. Derjenige, der auch die tieferen historischen Impulse der heutigen Bekenntnisse schließlich gut kennt, der wird sehr unwillig das Alt-Ehrwürdige bekämpfen. Aber wenn der Kampf aufgedrängt wird, dann ist er eben nicht zu vermeiden. Und das heutige Priestertum ist durchaus nicht geneigt, irgendwie hereinkommen zu lassen dasjenige, was hereinkommen muß: das Geisteswissenschaftliche. Man kann auch voraussehen, daß der notwendige Kampf gegen so etwas, wie ich es Ihnen neulich vorgelesen habe, ja eigentlich grotesk ist: daß also gesagt wird, man solle sich unterrichten über anthroposophisch orientierte Geisteswissenschaft aus den mir gegnerischen Schriften, denn meine eigenen Schriften seien ja durch den Papst verboten für die Katholiken. Das ist gar nicht lächerlich, das ist eine tiefernste Sache! Ein Kampf, der in dieser Weise grotesk auftritt, der fähig ist, solches Urteil in die Welt zu senden, ein solcher Kampf ist nicht leichthin zu nehmen. Und insbesondere ist er dann nicht leichthin zu nehmen, wenn man ihn gar nicht gern eingeht. Denn sehen Sie, nehmen wir das Beispiel der katholischen Kirche. Mit der evangelischen ist es ja nicht anders, die katholische ist nur mächtiger, da haben wir die altehrwürdigen Einrichtungen. Man braucht nur dasjenige, was den Priester umhüllt, wenn er Messe liest, jedes einzelne Stück des Meßgewandes, man braucht nur jeden einzelnen Akt der Messe zu verstehen, dann hat man uraltheilige, ehrwürdige Einrichtungen, Einrichtungen, die sogar älter sind als das Christentum, denn das Meßopfer ist nur im christlichen Sinne umgewandelter, uralter Mysterienkultus. Darinnen steckt das heutige Priestertum, das sich solcher Kampfmittel bedient! Wenn man also auf der einen Seite die allertiefste Verehrung hat sowohl für Kultus wie für Symbolik desjenigen, was da ist, und auf der anderen Seite sieht, mit welch schlechten Mitteln verteidigt wird dasjenige, was da ist, und mit welch schlechten Mitteln angegriffen wird dasjenige, was in die Menschheitsentwickelung herein will, dann sieht man erst, welcher Ernst heute notwendig ist, um zu diesen Dingen Stellung zu nehmen. Es ist ganz wahrhaftig etwas, was wohl studiert, was wohl durchdrungen werden muß. Und dasjenige, was von dieser Seite angekündigt ist, es ist erst im Anfange. Und es ist nicht an der Zeit, nicht richtig, dem gegenüber zu schlafen, sondern durchaus die Augen dafür zu schärfen! Nicht wahr, wir konnten uns lange, durch zwei Jahrzehnte hindurch, durch die ja nahezu die anthroposophische Bewegung in Mitteleuropa getrieben wird, das sektiererisch Schläfrige gönnen, das so schwer in unseren eigenen Kreisen zu bekämpfen war, und das noch so tief im Gemüte der Menschen drinnensteckt, die in der anthroposophischen Bewegung drinnenstehen. Aber die Zeit ist vorüber, wo wir uns gönnen könnten, schläfriges Sektierertum zu treiben. Das ist tief wahr, was ich öfter hier betont habe, daß wir nötig haben, die weltgeschichtliche Bedeutung der anthroposophischen Bewegung wirklich ins Auge zu fassen und über Kleinigkeiten hinwegzusehen, aber auch die kleinen Impulse ernst und groß zu nehmen.

Innere Entwickelung[22]

In einer großen Reihe von Vorträgen ist hier von den Vorstellungen über die Welt des Übersinnlichen und ihren Zusammenhang mit der Welt des Sinnlichen gesprochen worden. Es ist nur natürlich, daß immer wieder und wieder die Frage auftaucht: Woher stammen die Erkenntnisse von der übersinnlichen Welt? Mit dieser Frage, oder mit andern Worten, mit der Frage nach der inneren Entwickelung des Menschen wollen wir uns heute beschäftigen.

Innere Entwickelung des Menschen ist hier in dem Sinne gemeint, daß sie das Hinaufsteigen des Menschen zu Fähigkeiten bedeutet, die er sich erwerben muß, wenn er jene übersinnlichen Erkenntnisse zu den seinen machen will. Nun mißverstehen Sie nicht dasjenige, was dieser Vortrag will. Dieser Vortrag ist weit davon entfernt, Regeln oder Gesetze aufzustellen, die etwas mit allgemeiner menschlicher Sittlichkeit oder mit Forderungen, die der allgemeinen Zeitreligion angehören, zu tun haben. Ich muß das ausdrücklich aus dem Grunde bemerken, weil ja immer wieder und wieder in unserer Zeit des Nivellements, wo man so gar keinen Unterschied gelten lassen will zwischen Mensch und Mensch, das Mißverständnis auftaucht, als ob derjenige, der von Okkultismus spricht, irgendwelche allgemeine menschliche Forderungen, sittliche Grundsätze oder dergleichen, die für jeden ohne Unterschied gelten, aufstellte. Das ist nicht der Fall. Auch ist der Vortrag, um den es sich heute handelt, keineswegs ein solcher, den man verwechseln darf mit einem Vortrag über allgemeine Grundsätze der theosophischen Bewegung. Der Okkultismus ist nicht dasselbe wie Theosophie. Die Theosophische Gesellschaft hat nicht allein und gewiß nicht ausschließlich die Aufgabe, den Okkultismus zu pflegen. Es könnte sogar möglich sein, daß derjenige, der sich dieser Theosophischen Gesellschaft anschließt, den Okkultismus ganz und gar verpönt.[4]

Unter denjenigen Dingen, die in der Theosophischen Gesellschaft gepflegt werden, zu denen auch eine allgemeine Ethik gehört, ist eben auch der Okkultismus, welcher die Kenntnis derjenigen Gesetze unseres Daseins in sich schließt, die sich der gewöhnlichen Sinnesbeobachtung im alltäglichen menschlichen Erfahrungsbereiche entziehen. Keineswegs sind aber die Gesetze solche, die nichts zu tun haben mit dieser alltäglichen Erfahrung. Okkult heißt: verborgen, geheimnisvoll. Es muß aber wieder und wieder betont werden, daß der Okkultismus etwas ist, wozu gewisse Vorbedingungen wirklich nötig sind. Genau so unverständlich wie die höhere Mathematik für den gewöhnlichen Bauern ist, der noch nie etwas davon gehört hat, ist es der Okkultismus für viele Leute unserer Zeit.

Der Okkultismus hört aber auf, okkult zu sein, wenn man sich seiner bemächtigt hat. Ich habe also damit das Feld des heutigen Vortrags streng begrenzt. Niemand kann also einwenden – und das muß nach den jahrtausendalten Erfahrungen und vielfach gepflogenen Versuchen ausdrücklich betont werden –, die Forderungen, die der Okkultismus aufstellt, können nicht erfüllt werden, sie widersprechen einer allgemeinen Menschenkultur. Von niemandem wird die Erfüllung derselben verlangt. Wenn aber jemand zu mir kommt und die Überzeugungen, die der Okkultismus verschafft, vermittelt haben will, sich aber weigert, sich mit dem Okkultismus zu befassen, so befindet er sich in genau derselben Lage wie der Schulknabe, der eine Glasstange elektrisch machen will, sich aber weigert, sie zu reiben. Sie wird eben ohne Reibung nicht elektrisch werden. So ungefähr ist es auch mit dem, der gegen die Praktiken des Okkultismus etwas einzuwenden hätte.

Niemand wird aufgefordert, Okkultist zu werden, jeder muß freiwillig zum Okkultismus kommen. Derjenige, welcher den Einwand macht, daß wir den Okkultismus nicht brauchen, der braucht sich nicht mit ihm zu befassen. Es ist kein Appell an die allgemeine Menschheit, den der Okkultismus in jetziger Zeit stellt. In unserer gegenwärtigen Kultur ist es außerdem außerordentlich schwierig, sich den Forderungen eines Lebens zu unterwerfen, das die übersinnliche Welt erschließt.

Zwei Vorbedingungen fehlen in unserer Kultur ganz und gar. Die erste Forderung ist die Isolation, das, was man in der Geheimwissenschaft die höhere menschliche Einsamkeit nennt, die zweite ist die Überwindung eines in unserer Zeit in bezug auf die innersten seelischen Eigenschaften aufs höchste gestiegenen, der Menschheit zum großen Teil unbewußten Egoismus.

Der Mangel an diesen beiden Vorbedingungen macht den Entwickelungsgang des inneren Lebens geradezu zu einer Unmöglichkeit. Isolation oder geistige Einsamkeit ist heute deshalb so schwer möglich, weil das Leben immer mehr und mehr zerstreut, zersplittert, kurz: äußere Sinnlichkeit fordert. In keiner Kultur haben die Menschen jemals so im Äußerlichen gelebt wie gerade in unserer. Und nun bitte ich, wieder alles, was ich sage, nicht als Kritik zu nehmen, sondern lediglich als Charakteristik.

Selbstverständlich weiß derjenige, der so spricht, wie ich heute spreche, ganz genau, daß das nicht anders sein kann, daß gerade die großen Vorzüge und bedeutenden Errungenschaften unserer Zeit auf diesen Eigenschaften beruhen. Aber deshalb ist unsere Zeit so bar jeder übersinnlichen Erkenntnis und bar jedes Einflusses übersinnlicher Erkenntnisse auf unsere Kultur. In andern Kulturen – und es gibt solche – ist der Mensch in der Lage, sein inneres Leben mehr zu pflegen und sich von Einwirkungen des äußeren Lebens zurückzuziehen. Innerhalb solcher Kulturen gedeiht dann das, was man im höheren Sinne inneres Leben nennt. In den morgenländischen Kulturen gibt es das, was man Yoga nennt, und diejenigen, welche nach den Regeln dieser Lehre leben, heißt man Yogi. Ein Yogi ist demnach derjenige, welcher die höhere geistige Wissenschaft anstrebt, aber erst, nachdem er sich einen Meister des Übersinnlichen gesucht hat. Keiner wird sie anders suchen als unter der Anleitung eines Meisters, eines Guru. Wenn er diesen gefunden hat, so muß er einen großen Teil des Tages regelmäßig, nicht unregelmäßig, dazu verwenden, ganz und gar in seiner Seele zu leben. Alle Kräfte, die der Yogi zu entwickeln hat, liegen schon in seiner Seele, sie liegen so sicher, so wahr darin wie die Elektrizität in der Glasstange, aus der sie durch Reiben hervorgelockt wird. Wahr ist es, daß kein Mensch aus sich selbst weiß, wie man diese Kräfte hervorruft, wie ja auch kein Mensch von selbst darauf kommt, daß man die Glasstange durch Reiben elektrisch machen kann. Man muß die durch Jahrtausende hindurch gemachten Beobachtungen und die dadurch herausgebildeten geheimwissenschaftlichen Methoden benützen, um die Kräfte der Seele hervorzurufen. Und das ist sehr schwer in unserer Zeit, die von jedem Menschen durch den Daseinskampf fordert, daß er sich zersplittert. Er kommt nicht zu der großen inneren Sammlung, nicht einmal zu einem Begriff von der Sammlung, den man da im Yoga hatte. Kein Bewußtsein ist da von der tiefen Einsamkeit, die der Yogi suchen muß. Er muß, wenn auch nur für kurze Zeit, so doch mit ungeheurer Regelmäßigkeit jeden Tag dieselbe Sache rhythmisch wiederholen, mit völliger Abgeschiedenheit von alledem, worin man sonst lebt. Es ist notwendig und absolut unerläßlich, daß alles Leben, das uns sonst umgibt, vor dem Yogi erstirbt, daß seine Sinne unempfänglich werden gegenüber allen Eindrücken der Außenwelt. Blind und taub muß sich der Yogi machen können gegenüber der Umwelt für die Zeit, die er sich selbst vorschreibt. So in sich gesammelt muß er sein können – und er muß sich die Praxis in dieser Sammlung erwerben –, daß man eine Kanone neben ihm abschießen könnte, ohne daß er darin, seine Aufmerksamkeit auf das innere Leben zu richten, gestört werden würde. Frei muß er auch werden von allen Gedächtniseindrücken, von allen Erinnerungen an das Alltagsleben.

Nun bedenken Sie, wie außerordentlich schwer diese Vorbedingungen in unserer Kultur herzustellen sind, wie wenig man einen Begriff von solcher Isolation, von solcher geistigen Einsamkeit hat. Dies alles muß man nämlich unter einer Voraussetzung erreichen, nämlich unter der, nie in irgendeiner Weise die Harmonie, das völlige Gleichgewicht gegenüber der Außenwelt zu verlieren. Und das ist außerordentlich leicht möglich bei einer so tiefen Versenkung in sein Inneres. Derjenige, der sich tiefer und tiefer in sein Inneres einlebt, muß gleichzeitig die Harmonie mit der Außenwelt um so klarer herstellen. Nichts, was an Entfremdung, an Entfernung vom äußeren praktischen Leben anklingt, darf bei ihm auftreten, sonst gerät er auf eine schiefe Bahn, sonst wird man vielleicht sein höheres Leben bis zu einem gewissen Grade nicht von Wahnsinn unterscheiden können. Es ist wirklich eine Art Wahnsinn, wenn das innere Leben seine Beziehungen zum äußeren verliert. Denken Sie sich einmal – um Ihnen das an einem Beispiel klarzumachen –, Sie wären klug in bezug auf unsere irdischen Verhältnisse, Sie hätten alle Erfahrung und Weisheit, die auf Erden gesammelt werden kann. Sie schlafen abends ein, wachen aber morgens nicht auf der Erde, sondern auf dem Mars auf. Auf dem Mars sind nun aber ganz andere Verhältnisse als auf der Erde. Alle Wissenschaft, die Sie auf der Erde gesammelt haben, nützt Ihnen da ganz und gar nichts. Keine Harmonie ist mehr da zwischen dem, was in Ihrem Inneren lebt, und dem, was außer Ihnen vorgeht. Daher würden Sie wahrscheinlich in einer Stunde schon, weil Sie sich in den neuen Verhältnissen nicht zurechtfinden können, in ein Mars-Irrenhaus gesteckt werden. Auf eine solche Bahn kann derjenige leicht gelenkt werden, der in der Entwickelung seines Innenlebens den Zusammenhang mit der Außenwelt verliert. Daß dies nicht geschieht, darauf hat man streng zu achten. Alles das sind große Schwierigkeiten in unserer Kultur.

Das andere Hindernis ist eine Art Egoismus in bezug auf innere seelische Eigenschaften, von denen sich die gegenwärtige Menschheit gewöhnlich keine Rechenschaft gibt. Das hängt eng mit der geistigen Entwickelung des Menschen zusammen. Es gehört nämlich zu den Vorbedingungen der geistigen Entwikkelung, daß man sie nicht aus Egoismus sucht. Wer sie aus Egoismus sucht, kann nicht weit kommen. Nun ist aber unsere Zeit bis ins Innere der Menschenseele hinein egoistisch. Man erlebt immer wieder und wieder, daß man zu hören bekommt: Ja, was helfen mir alle Lehren, die im Okkultismus verbreitet werden, wenn ich sie nicht selbst erleben kann? – Wer von dieser Voraussetzung ausgeht und auch nicht von ihr abkommt, kann schwerlich zu einer wirklich höheren Entwickelung kommen, denn zur höheren Entwickelung gehört das intimste Bewußtsein menschlicher Gemeinschaft, so daß es gleichgültig ist, ob ich selbst oder ein anderer diese oder jene Erfahrung mache. Ich muß daher dem, der höhere Entwickelung hat als ich, unbegrenzte Liebe und volles Vertrauen entgegenbringen. Erst muß ich mich zu diesem Bewußtsein durchringen, zu dem Bewußtsein unendlichen Vertrauens gegenüber meinem Mitmenschen, wenn er sagt, das und das habe ich erlebt. Solches Vertrauen muß Bedingung des Gemeinschaftslebens sein, und wo auch immer solche okkulten Fähigkeiten in ausgedehnterem Maße herangezogen werden, da ist dieses Vertrauen in grenzenloser Weise vorhanden, da hat man das Bewußtsein, daß der Mensch eine Persönlichkeit ist, in der eine höhere Individualität lebt. Die Grundlage für mich ist also zunächst das Vertrauen und der Glaube, weil wir nicht bloß immer in uns unser höheres Selbst suchen, sondern auch in unseren Mitmenschen. Jeder, der um uns herum lebt, ist seinem innern Wesenskern nach in voller, ungeteilter Einheit mit uns.

Solange es auf mein niederes Selbst ankommt, so lange bin ich von andern Menschen getrennt. Dann aber, wenn es sich um mein höheres Selbst handelt – und nur dieses kann in die übersinnliche Welt hinaufsteigen –, dann bin ich nicht mehr von den Mitmenschen getrennt, dann bin ich ein einheitliches Wesen mit meinen Mitmenschen, dann ist derjenige, der zu mir von den höheren Wahrheiten spricht: ich selbst. Ich muß diesen Unterschied zwischen ihm und mir ganz fallenlassen, ich muß das Gefühl ganz überwinden, daß er etwas vor mir voraus hat. Versuchen Sie sich in dieses Gefühl ganz und gar hineinzuleben, so daß es bis in die intimsten Fäserchen der menschlichen Seele dringt und jeder Egoismus schwindet, und der andere, der weiter ist als Sie, wirklich so vor Ihnen steht wie Ihr eigenes Selbst, dann haben Sie eine der Vorbedingungen begriffen, die dazu gehören, höheres geistiges Leben zu erwecken.

Sie können es gerade da, wo Anleitung zum okkulten Leben – oftmals sehr verkehrt und irrtümlich – gegeben wird, hören: Das höhere Selbst lebt im Menschen, er braucht nur sein Inneres sprechen zu lassen und es wird sich die höchste Wahrheit offenbaren. – Nichts ist einerseits richtiger und andererseits unfruchtbarer, als was da behauptet wird. Der Mensch versuche einmal, seinen inneren Menschen sprechen zu lassen, und er wird sehen, daß in der Regel, auch wenn er sich noch so sehr einbildet, daß sein höheres Selbst zum Vorschein kommt, sein niederes Selbst spricht. Das höhere Selbst finden wir zunächst nicht in uns. Wir müssen es zuerst außer uns suchen. Bei dem, der weiter ist, können wir ein Stück lernen, da wir es da gleichsam anschaulich haben. Niemals können wir von unserem eigenen egoistischen Ich etwas für unser höheres Selbst profitieren. Wo der steht, der weiter ist als ich, da werde ich einst in Zukunft stehen. Der Anlage nach trage ich wirklich den Samen für das, was er ist, in mir. Aber erst müssen sie erhellt sein, die Wege zum Olymp hinauf, damit ich ihnen nachwandeln kann.

Ein Gefühl, Sie mögen es glauben oder nicht – jeder praktische Okkultist, der Erfahrung hat, wird es Ihnen bestätigen –, *ein* Gefühl ist die Grundbedingung für alle okkulte Entwickelung, welches in den verschiedenen Religionen erwähnt wird. Die christliche Religion bezeichnet es mit dem bekannten Satze, den man als Okkultist ganz und gar verstehen muß: «Wenn ihr nicht werdet wie die Kindlein, so könnt ihr nicht in das Reich der Himmel kommen.» Derjenige versteht den Satz allein, der im höchsten Sinne des Wortes verehren gelernt hat. Nehmen Sie einmal an, Sie hätten in frühester Jugend eine verehrungswürdige Person schildern gehört, eine Persönlichkeit, von der in Ihnen die höchste Vorstellung in einer Richtung erweckt worden ist, und es soll Ihnen die Gelegenheit geboten werden, diese Persönlichkeit näher kennenzulernen. Eine heilige Scheu vor dieser Persönlichkeit lebt in Ihnen an dem Tage, der Ihnen den Augenblick bringen soll, wo Sie dieselbe zum ersten Male leibhaftig sehen. Da können Sie, vor der Türe dieser Persönlichkeit stehend, das Gefühl haben, sich zu scheuen, die Klinke zu berühren und die Tür aufzumachen. Wenn Sie so hinaufschauen zu solch verehrungswürdiger Persönlichkeit, dann haben Sie ungefähr das Gefühl begriffen, das auch das Christentum meint, wenn es sagt, daß man werden soll wie die Kindlein, um teilzunehmen am Reiche der Himmel. Es kommt wirklich nicht so sehr darauf an, ob derjenige, an welchen das Gefühl gerichtet ist, es auch in vollem Maße verdient, sondern es kommt darauf an, daß wir die Fähigkeit haben, so recht tief aus unserem Inneren heraus verehrungsvoll zu etwas aufzuschauen. Das ist das Bedeutungsvolle bei der Verehrung, daß man selbst zu dem hinaufgezogen wird, zu dem man aufblickt.

Das *Gefühl der Verehrung ist die erhebende Kraft*, die magnetische Kraft, die uns zu den höheren Sphären des übersinnlichen Lebens hinaufzieht. Das ist das Gesetz der okkulten Welt, das sich jeder, der höheres Leben sucht, wie mit goldenen Lettern in seine Seele hineinschreiben muß. Von dieser Grundstimmung des Gemütes aus muß die Entwickelung beginnen. Ohne dieses Gefühl ist überhaupt nichts zu erreichen. Sodann muß derjenige, der innere Entwickelung sucht, sich darüber klar sein, daß er Ungeheueres in bezug auf den Menschen tut. Was er sucht, ist nichts mehr und nichts weniger als eine *Neugeburt*, und zwar in buchstäblichem Sinne. Die höhere Seele des Menschen soll geboren werden. Und so wie der Mensch bei seiner ersten Geburt geboren worden ist aus den tiefen inneren Gründen des Daseins, wie er hervorgetreten ist zum Lichte der Sonne, so tritt derjenige, der innere Entwickelung sucht, von dem Lichte der Sonne, von dem, was er in der Sinnenwelt erleben kann, zu einem höheren geistigen Licht heraus. Es wird in ihm etwas geboren, das in dem gewöhnlichen Menschen, der dabei die Mutter darstellt, ebenso tief ruht wie das Kind in der Mutter, bevor es geboren wird.

Wer sich der vollen Tragweite dieser Tatsache nicht bewußt ist, der weiß nicht, was okkulte Entwickelung heißt. Die höhere Seele, die zunächst tief, tief in der ganzen Menschennatur steckt und mit ihr verwoben ist, wird herausgeholt. Wenn der Mensch im alltäglichen Leben vor uns steht, sind niedere und höhere Natur miteinander verquickt, und das ist ein Glück für das alltägliche Leben.

Mancher, der unter uns lebt, würde, wenn er seiner niederen Natur folgte, vielleicht bösartige, schlimme Eigenschaften zutage fördern, aber in ihm lebt, vermischt mit dieser niederen Natur, die höhere, welche jene im Zaume hält. Die Vermischung ist vergleichsweise so, wie wenn wir in einem Glase eine gelbe und eine blaue Flüssigkeit mengen, was eine grüne Flüssigkeit gibt, in der wir Gelb und Blau nicht mehr unterscheiden können. So ist auch im Menschen die niedere Natur mit der höheren vermischt, und beide sind nicht mehr voneinander zu unterscheiden. Wie Sie dann aus der grünen Flüssigkeit die blaue durch chemische Mittel herausziehen können, so daß nur das Gelbe zurückbleibt und das einheitliche Grün in eine vollständige Zweiheit, in Blau und Gelb getrennt wird, so trennen Sie bei der okkulten Entwickelung die niedere von der höheren Natur. Sie ziehen die niedere Natur aus dem Körper heraus wie den Degen aus der Scheide, die dann für sich allein bleibt. Diese niedere Natur kommt so heraus, daß sie fast schauerlich erscheint. Als sie noch vermischt war mit der höheren Natur, war davon nichts zu bemerken. Jetzt aber, wo sie getrennt ist, treten alle bösartigen, schlimmen Eigenschaften hervor. Menschen, die vorher als wohlwollend erschienen waren, werden oft zanksüchtig und neidisch. Diese Eigenschaften saßen früher schon in ihrer niederen Natur, wurden aber von der höheren beherrscht. Das können Sie bei vielen Leuten beobachten, die auf abnormen Wegen geführt werden. Ganz besonders leicht wird der Mensch zum Lügner, wenn er in die übersinnliche Welt eingeführt wird. Er verliert leicht die Fähigkeit, Wahres von Falschem zu unterscheiden. Es gehört notwendig zur okkulten Schulung, daß parallel mit derselben die strengste Schulung des Charakters einhergeht. Das, was die Geschichte der Heiligen als deren Versuchungen erzählt, ist nicht Legende, sondern buchstäbliche Wahrheit.

Derjenige, welcher sich auf irgendeinem Wege in die höhere Welt hinaufentwickeln will, ist dieser Versuchung leicht ausgesetzt, wenn er nicht die Kraft und die Gewalt der Charakterstärke und eine höchste Moralität in sich entwickelt hat, um alles, was an ihn herantritt, niederhalten zu können. Nicht allein, daß Begierde und Leidenschaften wachsen, das ist nicht einmal so sehr der Fall, sondern – und das erscheint zunächst wunderbar – auch die Gelegenheiten nehmen zu. Wie durch ein Wunder wird derjenige, der in die höhere Welt hinaufsteigt, von Gelegenheiten zum Schlimmen und Bösen umlauert, die ihm vorher verborgen gewesen sind. In jeder Tatsache des Lebens lauert ihm ein Dämon auf, der ihn auf Abwege zu führen sucht. Was er früher nicht gesehen hat, sieht er jetzt. Es zaubert ihm gleichsam die Spaltung seiner Natur überall aus den geheimen Stätten des Lebens solche Gelegenheiten vor. Deshalb wird von der sogenannten weißen Magie, von derjenigen Schule okkulter Entwickelung, die den Menschen in die höheren Welten führt auf gute, echte und wahre Weise, eine ganz bestimmte Charakterbildung als unerläßlich gefordert. Jeder praktische Okkultist wird Ihnen sagen, daß niemand durch diejenige enge Pforte zu schreiten wagen sollte – so nennt man den Eingang zur okkulten Entwickelung –, ohne diese Eigenschaften fort und fort zu üben. Sie sind eine notwendige Vorschule zum okkulten Leben.

Das erste, was der Mensch entwickeln muß, ist, auf allen seinen Wegen durch das Leben das *Unbedeutende von dem Bedeutenden*, das Vergängliche von dem Unvergänglichen *zu trennen.* Diese Forderung ist leicht zu stellen, aber oft schwer durchzuführen. Es ist, wie Goethe sagt, zwar leicht, doch ist das Leichte schwer. Sehen Sie sich zum Beispiel eine Pflanze oder ein Ding an. Sie lernen erkennen, daß jedes Ding eine bedeutende und eine unbedeutende Seite hat und der Mensch meistens an dem Unbedeutenden sein Interesse findet, an der Beziehung der Sache zu ihm oder an einer untergeordneten Eigenschaft. Derjenige, der Okkultist werden will, muß sich allmählich angewöhnen, in jedem Ding eine Wesenheit zu sehen und zu suchen. Er muß, wenn er zum Beispiel eine Uhr sieht, ein Interesse daran haben, welches die Gesetze der Uhr sind. Er muß sie bis ins kleinste hinein zergliedern können und ein Gefühl dafür entwickeln, welches die Gesetze der Uhr sind. Nehmen Sie ferner an, ein Mineraloge betrachtet einen Bergkristall. Er wird schon durch eine äußere Betrachtung zu einer bedeutenden Kenntnis des Kristalls kommen. Der Okkultist aber muß einen Stein in die Hand nehmen und lebendig fühlen können, was etwa in dem folgenden Monolog angedeutet ist: In gewisser Beziehung stehst du unterhalb der Menschheit, aber in gewisser Beziehung stehst du, der Bergkristall, weit über der Menschheit. Unter der Menschheit stehst du, weil du dir von den Menschen keine Bilder durch Vorstellung machen kannst, weil du nicht empfindest. Du kannst nicht vorstellen, nicht denken und lebst nicht, aber etwas hast du vor der Menschheit voraus, du bist in dir selbst keusch, hast kein Verlangen, keine Wünsche und Begierden. Jeder Mensch, jedes lebendige Wesen hat Wünsche, Verlangen, Begierden; du hast sie nicht. Du bist vollkommen und wunschlos, zufrieden mit dem, was dir geworden ist, ein Vorbild für den Menschen, mit dem er dann noch seine andern Eigenschaften verbinden muß.

Kann der Okkultist das recht tief fühlen, so hat er das Bedeutende ergriffen, das ihm der Stein sagen kann. So kann der Mensch aus jedem Ding etwas Bedeutungsvolles schöpfen. Wenn ihm das dann zur Gewohnheit geworden ist, daß er das Bedeutende von dem Unbedeutenden sondert, dann hat er sich ein weiteres der Gefühle angeeignet, die der Okkultist haben muß. Sodann muß er sein eigenes Leben mit dem Bedeutenden verbinden. Darin irren die Menschen besonders in unserer Zeit sehr leicht. Die Menschen glauben sehr leicht, daß der Platz, an dem sie stehen, ihnen nicht gebühre. Wie häufig sind Menschen geneigt zu sagen: Mein Los hat mich an einen Platz gestellt, an den ich nicht passe. Ich bin, sagen wir zum Beispiel Postbeamter. Wenn ich an einen andern Platz gestellt wäre, so könnte ich den Leuten hohe Ideen vermitteln, große Lehren geben und so weiter. – Der Fehler bei diesen Menschen ist der, daß sie ihr Leben nicht an das Bedeutende ihres Berufes anknüpfen. Sehen Sie in mir etwas Bedeutendes, weil ich zu den Menschen hier reden kann, so sehen Sie das Bedeutende in Ihrem eigenen Leben und Beruf nicht. Wenn die Postbriefträger die Briefe nicht wegtrügen, so würde der ganze Briefverkehr stocken, viele Arbeit, die von andern bereits geleistet ist, wäre umsonst.

Daher ist jeder an seinem Posten von außerordentlicher Wichtigkeit für das Ganze, und keiner ist höher als der andere. Christus hat das am schönsten in geradezu herrlicher Weise anzudeuten versucht im dreizehnten Kapitel des Evangeliums Johanni in den Worten: «Der Knecht ist nicht größer denn sein Herr, noch der Apostel größer denn der, der ihn gesandt hat.» Diese Worte wurden gesprochen, nachdem der Meister den Aposteln die Füße gewaschen hatte. Damit wollte er sagen: Was wäre ich ohne meine Apostel? Sie müssen da sein, damit ich da sein kann in der Welt, und ich habe ihnen den Tribut zu bringen, daß ich mich vor ihnen erniedrige und ihnen die Füße wasche. – Da ist einer der bedeutendsten Hinweise für das Gefühl, das der Okkultist für das Bedeutende haben muß. Nicht darf man das äußerlich Bedeutende mit dem innerlich Bedeutenden verwechseln, darauf ist streng zu achten.

Dann müssen wir eine Reihe von Eigenschaften entwickeln. Dazu gehört in erster Linie, daß wir Herr unserer Gedanken werden, namentlich der Gedankenfolge. Man nennt das *Kontrolle der Gedanken*. Überlegen Sie sich einmal, wie in der Seele des Menschen die Gedanken hin- und herschwirren, wie sie drinnen herumirrlichtelieren: da tritt ein Eindruck auf, dort ein anderer, und jeder einzelne verändert den Gedanken. Es ist nicht wahr, daß wir den Gedanken in der Hand haben, vielmehr beherrschen uns die Gedanken ganz und gar. Wir müssen aber so weit kommen, daß wir während einer gewissen Zeit des Tages uns in einen bestimmten Gedanken versenken und uns sagen: Kein anderer Gedanke darf in unsere Seele einziehen und uns beherrschen. – Damit führen wir selbst die Zügel des Gedankenlebens für einige Zeit.

Das zweite ist, daß wir uns in ähnlicher Weise zu unseren

Handlungen verhalten, also *Kontrolle der Handlungen* üben. Dabei ist notwendig, daß wir wenigstens dazu gelangen, ab und zu solche Handlungen zu begehen, zu denen wir durch nichts, was von außen kommt, veranlaßt sind. Alles dasjenige, wozu wir durch unseren Stand, unseren Beruf, unsere Stellung veranlaßt sind, das führt uns nicht tiefer in das höhere Leben hinein. Das höhere Leben hängt von solchen Intimitäten ab, zum Beispiel daß wir den Entschluß fassen, ein Erstes zu tun, etwas, was unserer ureigensten Initiative entspringt, und wenn es auch nur eine ganz unbedeutende Tatsache wäre. Alle andern Handlungen tragen zum höheren Leben nichts bei.

Das Folgende, das dritte, was es zu erstreben gilt, ist die *Ertragsamkeit*. Die Menschen schwanken zwischen Freude und Schmerz hin und her, sind in diesem Zeitpunkte himmelhoch jauchzend, im andern zu Tode betrübt. So lassen sich die Menschen auf den Wellen des Lebens, der Freude und des Schmerzes schaukeln. Sie müssen aber den Gleichmut, die Gelassenheit erlangen. Das größte Leid, die größten Freuden dürfen sie nicht aus der Fassung bringen, sie müssen feststehen, ertragsam werden.

Das vierte ist das *Verständnis für ein jegliches Wesen*. Durch nichts wird schöner ausgedrückt, was es heißt, ein jegliches Wesen zu verstehen, als durch eine Legende, die uns über den Christus Jesus erhalten geblieben ist, nicht im Evangelium, sondern in einer persischen Erzählung. Jesus ging mit seinen Jüngern über Feld, und sie fanden auf dem Wege einen verwesenden Hund. Greulich war das Tier anzusehen. Jesus blieb stehen und warf bewundernde Blicke auf dasselbe, indem er sagte: «Wie schöne Zähne hat doch das Tier.» Jesus hat aus dem Scheußlichen das eine Schöne herausgefunden. Streben Sie, dem Herrlichen überall so beizukommen, an jedem Ding draußen in der Wirklichkeit, dann werden Sie sehen, daß jedes Ding etwas hat, zu dem man ja sagen kann. Machen Sie es wie Christus, der an dem toten Hunde die schönen Zähne bewunderte. Das ist die Richtung, die zur großen Toleranz und zum Verständnis für jegliches Ding und für jedes Wesen führt.

Die fünfte Eigenschaft ist die volle *Unbefangenheit* gegenüber allem Neuen, das uns entgegentritt. Die meisten Menschen beurteilen das Neue, das ihnen entgegentritt, nach dem

Alten, was ihnen schon bekannt ist. Wenn jemand kommt, um ihnen etwas zu sagen, so erwidern sie gleich: Darüber bin ich anderer Meinung. – Wir dürfen aber einer Mitteilung, die uns zukommt, nicht gleich unsere Meinung gegenüberstellen, wir müssen vielmehr auf dem Ausguck stehen, um herauszufinden, wo wir etwas Neues lernen können. Und lernen können wir selbst von einem kleinen Kinde. Selbst wenn einer der weiseste Mensch wäre, so muß er geneigt sein, mit seinem Urteil zurückzuhalten und andern zuzuhören. Dieses Zuhörenkönnen müssen wir entwickeln, denn es befähigt uns, den Dingen die größtmöglichste Unbefangenheit entgegenzubringen. Im Okkultismus nennt man dies «Glaube», und das ist die Kraft, die Eindrücke, die das Neue auf uns macht, nicht durch das, was wir demselben entgegenhalten, abzuschwächen.

Die sechste Eigenschaft ist das, was jeder von selbst erhält, wenn er die angeführten Eigenschaften entwickelt hat. Das ist die *innere Harmonie*. Die innere Harmonie hat der Mensch, der die andern Eigenschaften hat. Dann ist es auch notwendig, daß der Mensch, der die okkulte Entwickelung sucht, das Freiheitsgefühl im höchsten Maße ausgebildet hat, das Freiheitsgefühl, durch das er in sich selbst das Zentrum seines Wesens suchen und auf eigenen Füßen stehen kann, daß er nicht jeden zu fragen braucht, was er zu tun hat, sondern daß er aufrecht steht und frei handelt. Das ist auch etwas, was man sich aneignen muß.

Hat der Mensch diese Eigenschaften in sich entwickelt, dann ist er über alle Gefahr erhaben, die die Spaltung seiner Natur in ihm bewirken könnte, dann können die Eigenschaften seiner niederen Natur nicht mehr auf ihn wirken, dann kann er vom Wege nicht mehr abirren. Daher müssen diese Eigenschaften mit großer Genauigkeit herausgebildet werden. Dann kommt das okkulte Leben, dessen Ausdruck eine gewisse Rhythmisierung des Lebens bedingt.

Der Ausdruck: Rhythmisierung des Lebens drückt die dazu entwickelte Fähigkeit aus. Wenn Sie die Natur betrachten, so finden Sie in ihr einen gewissen Rhythmus. Sie werden es für selbstverständlich halten, daß das Veilchen alljährlich zur selben Zeit im Frühling blüht, daß die Saat auf dem Felde, die Traube zur selben Zeit am Weinstock reif wird. Diese rhythmische Aufeinanderfolge der Erscheinungen findet sich überall draußen in der Natur. Überall ist Rhythmus, überall Wiederholung in regelmäßiger Folge. Wenn Sie hinaufgehen zu den Wesen, die höher entwickelt sind, sehen Sie immer mehr und mehr diese rhythmische Folge abnehmen. Sie sehen auch beim Tier, noch in höherem Grade, alle Eigenschaften rhythmisch geordnet. Zu bestimmter Zeit des Jahres bekommt das Tier ganz bestimmte Funktionen und Fähigkeiten. Je höher sich das Wesen entwickelt, je mehr das Leben in die eigenen Hände des Wesens gegeben wird, desto mehr hört dieser Rhythmus auf. Sie müssen wissen, daß des Menschen Leib nur eines der Glieder seiner Wesenheit ist. Dann kommt der Ätherleib, dann der Astralleib und endlich die höheren Glieder, die jenen zugrunde liegen.

Der physische Leib ist in hohem Maße dem Rhythmus unterworfen, dem die ganze äußere Natur unterworfen ist. Wie das Pflanzen- und Tierleben in seiner äußeren Form rhythmisch abläuft, so verläuft auch das Leben des physischen Körpers. Das Herz schlägt rhythmisch, die Lunge atmet rhythmisch und so weiter. Alles dies verläuft so rhythmisch, weil es geordnet ist von höheren Gewalten, von der Weisheit der Welt, von dem, was die Schriften den Heiligen Geist nennen. Die höheren Leiber, und namentlich der Astralleib,[9] sind, ich möchte sagen, in gewisser Weise von diesen höheren geistigen Mächten verlassen und haben ihren Rhythmus verloren. Oder können Sie es leugnen, daß Ihre Betätigung in bezug auf Wünsche, Begierden und Leidenschaften unregelmäßig ist, daß sie gar keinen Vergleich aushält mit der Regelmäßigkeit, die im physischen Leibe waltet? Wer den Rhythmus lernt, der in der physischen Natur liegt, der findet darin immer mehr das Vorbild für die Geistigkeit. Wenn Sie das Herz betrachten, dieses wunderbare Organ mit dem regelmäßigen Schlag und seiner eingepflanzten Weisheit, und vergleichen es mit den Begierden und Leidenschaften des Astralleibes, die alle möglichen Aktionen gegen das Herz loslassen, dann werden Sie erkennen, wie nachteilig die Leidenschaft auf den regelmäßigen Gang desselben wirkt. Ebenso rhythmisch aber, wie die Verrichtungen des physischen Leibes sind, müssen die Funktionen des Astralleibes werden.

Ich will hier etwas anführen, was den meisten der heutigen

Menschen grotesk erscheinen wird, und zwar in bezug auf das Fasten. Das Bewußtsein von der Bedeutung des Fastens ist uns ganz und gar verlorengegangen. Von dem Gesichtspunkt der Rhythmisierung unseres Astralleibes ist das Fasten aber etwas außerordentlich Sinnvolles. Was heißt Fasten? Es heißt, die Eßbegierde zügeln und den Astralleib in bezug auf die Eßbegierde ausschalten. Der, welcher fastet, schaltet den Astralleib aus und entwickelt keine Eßlust. Das ist so, wie wenn Sie eine Kraft ausschalten in einer Maschine. Der Astralleib ist dann untätig, und die ganze Rhythmik des physischen Leibes und die ihm eingepflanzte Weisheit wirken hinauf in den Astralleib und rhythmisieren denselben. Wie das Siegel von einem Petschaft, so drückt sich die Harmonie des physischen Leibes dem Astralleibe ein, und sie würde sich viel nachhaltiger übertragen, wenn er nicht immer unregelmäßig gemacht würde durch die Begierden, Leidenschaften und Wünsche, auch durch geistige Begierden und Wünsche.

Was dem heutigen Menschen notwendiger ist, als das in früherer Zeit der Fall war, das ist, Rhythmus in sein ganzes höheres Leben hineinzubringen. Ebenso wie dem physischen Leibe Rhythmus von Gott eingepflanzt ist, so muß der Mensch seinen Astralkörper rhythmisch machen. Der Mensch muß sich seinen Tag vorschreiben, ihn für den Astralleib so einteilen, wie der Geist der Natur ihn für die niederen Reiche einteilt. Morgens früh, zu ganz bestimmter Zeit, muß man eine geistige Verrichtung machen, zu einer andern Zeit, die wieder streng festgehalten werden muß, eine andere, am Abend wieder eine andere. Diese geistigen Übungen dürfen nicht willkürlich gewählt werden, sondern müssen zur Weiterbildung des höheren Lebens geeignet sein. Das ist eine Art, das Leben in die Hand zu nehmen und in der Hand zu behalten. Setze dir also für morgens eine Stunde fest, wo du dich konzentrierst. Diese Stunde mußt du einhalten. Da mußt du eine Art Windstille herstellen, damit der große okkulte Meister in dir aufwachen kann. Da mußt du meditieren über einen großen Gedankeninhalt, der nichts mit der Außenwelt zu tun hat, und diesen Gedankeninhalt ganz in dir aufleben lassen. Es genügt eine kurze Zeit, vielleicht eine Viertelstunde, es genügen selbst fünf Minuten, wenn man nicht mehr Zeit hat. Es ist aber wert- und zwecklos, wenn man diese

Übungen unregelmäßig macht. Macht man sie regelmäßig, so daß die Tätigkeit des Astralleibes regelmäßig wie eine Uhr wird, dann haben sie Wert. Der Astralleib bekommt ein ganz anderes Aussehen, wenn Sie diese Übungen regelmäßig machen. Setzen Sie sich also des Morgens hin und machen Sie diese Übungen, so werden sich die Kräfte, die ich Ihnen schilderte, entwickeln. Es muß aber, wie gesagt, regelmäßig geschehen, denn der Astralleib erwartet um dieselbe Zeit, daß dasselbe mit ihm vorgenommen wird, und er gerät in Unordnung, wenn es nicht geschieht. Es muß wenigstens die Gesinnung zur Ordnung vorhanden sein. Wenn Sie in dieser Weise Ihr Leben rhythmisieren, dann müssen Sie die Erfolge in nicht allzulanger Zeit gewahren, nämlich das geistige Leben, das zunächst vor dem Menschen verborgen ist, wird in gewissem Grade offenbar.

Das Menschenleben wechselt in der Regel zwischen vier Zuständen. Der erste Zustand ist die Wahrnehmung der Außenwelt. Sie schauen mit den Sinnen herum und nehmen die Außenwelt wahr. Der zweite Zustand ist derjenige, den wir Phantasie, Vorstellungsleben nennen können, der etwas Verwandtes mit dem Traumleben hat, sogar dazugehört. Da wurzelt der Mensch nicht in der Umgebung, sondern ist losgelöst von derselben, da hat er keine Wirklichkeiten vor sich, höchstens Reminiszenzen. Der dritte Zustand ist der traumlose Schlaf. Da hat der Mensch gar kein Bewußtsein von dem Ich, und der vierte Zustand ist derjenige, in welchem der Mensch in der Erinnerung lebt. Das ist etwas anderes als Wahrnehmung, das ist schon Abgezogenes, Geistiges. Hätte der Mensch keine Erinnerung, so könnte er überhaupt keine geistige Entwickelung erhalten.

Inneres Leben fängt an sich zu entwickeln durch innere Beschaulichkeit und Meditation. Da macht der Mensch dann über kurz oder lang die Wahrnehmung, daß er nicht mehr in chaotischer Weise träumt, sondern daß er in höchst bedeutsamer Weise träumt und daß sich ihm im Traume merkwürdige Dinge enthüllen, die er nach und nach anfängt als Offenbarung geistiger Wahrheiten zu erkennen. Es kann natürlich leicht der triviale Einwand erhoben werden: Das ist eben alles geträumt, was geht uns das an? – Wenn aber jemand im Traume den lenkbaren

Luftballon entdeckte und ihn dann ausführte, dann hätte dieser Traum eben die Wahrheit enthüllt. So kann also eine Idee noch in anderer als der gewöhnlichen Weise erfaßt werden, und die Wahrheit derselben muß sich dann in der Verwirklichung finden. Wir müssen also von deren innerer Wahrheit von außen her überzeugt werden.

Die nächste Stufe im geistigen Leben ist die, wo wir die Wahrheit durch unsere eigenen Eigenschaften erfassen und unsere Träume mit Bewußtsein lenken. Wenn wir anfangen, den Traum in regelmäßiger Weise zu lenken, so sind wir auf den Stufen, wo uns die Wahrheit durchsichtig wird. Man nennt die erste Stufe die materielle Erkenntnis, wozu der Gegenstand daliegen muß. Die andere Stufe ist die imaginative Erkenntnis. Diese entwickelt man durch Meditation, durch Gestaltung des Lebens in rhythmischer Weise. Mühsam ist es, sie zu erringen. Ist sie aber erreicht, dann kommt auch die Zeit, wo kein Unterschied mehr ist zwischen Wahrnehmung im gewöhnlichen Leben und Wahrnehmung im Übersinnlichen. Wenn wir zwischen Dingen des gewöhnlichen Lebens sind, also in der sinnlichen Welt, und ändern unseren geistigen Zustand, so erleben wir dann fortwährend die geistige, die übersinnliche Welt, wenn wir uns genügend in dieser Weise trainiert haben. Das ist der Fall, sobald wir imstande sind, wirklich blind und taub zu werden gegenüber der Sinnenwelt, uns an nichts zu erinnern aus dem Alltagsleben, und dennoch ein geistiges Leben in uns haben. Dann beginnt unser Traumleben eine bewußte Form anzunehmen. Und wenn wir imstande sind, von diesem etwas hineinzugießen in unser Alltagsleben, dann kommt auch das, was uns die seelischen Eigenschaften der um uns herum sich befindenden Wesen wahrnehmbar macht. Wir sehen dann nicht mehr das Äußere der Dinge allein, sondern wir sehen dann auch das Innere, den verborgenen Wesenskern der Dinge, der Pflanzen, der Tiere und der Menschen. Ich weiß, daß die meisten sagen werden: Das sind im Grunde genommen andere Dinge. – Das ist ganz richtig; es sind immer ganz andere Dinge als die, welche der Mensch sieht, der solche Sinne nicht hat. Das dritte ist der Zustand, der sonst ganz leer ist, der aber anfängt belebt zu werden, wenn die Kontinuität des Bewußtseins eintritt. Die Kontinuität kommt ganz von selbst, der Mensch schläft dann nicht mehr bewußtlos. Während der Zeit, wo er sonst schläft, erlebt er dann die übersinnliche Welt.

Worin besteht sonst der Schlaf? Der physische Leib liegt im Bette, und der Astralleib lebt in der übersinnlichen Welt. In dieser übersinnlichen Welt gehen Sie spazieren. In der Regel kann der Mensch mit heutiger Disposition sich nicht weit vom Körper entfernen. Wenn man nun durch Regeln, die die Geisteswissenschaft gibt, für diesen während des Schlafes herumziehenden Astralleib Organe entwickelt hat, wie der physische Leib Organe hat, so fängt er an, während des Schlafes sich bewußt zu werden. Der physische Leib wäre blind und taub, wenn er keine Augen und Ohren hätte, und der Astralleib, der in der Nacht spazierengeht, ist aus demselben Grunde blind und taub, weil er noch keine Augen und Ohren hat. Diese werden ihm aber entwickelt durch die Meditation, sie ist das Mittel zur Heranbildung der Organe. Diese Meditation muß dann in regelmäßiger Weise geleitet werden. Sie wird so geleitet, daß der Leib des Menschen die Mutter und der Geist des Menschen der Vater ist. Der Leib des Menschen, wie er physisch vor uns steht, ist in jedem Glied, das er uns darbietet, ein Geheimnis, und zwar so, daß jedes Glied in bestimmter, aber verborgener Weise zu einer Partie des Astralleibes gehört. Das sind die Dinge, die der Okkultist kennt. Er weiß zum Beispiel, wozu der Punkt zwischen den Augenbrauen gehört im physischen Leibe. Er gehört zu einem bestimmten Organe im astralen Organismus, und indem Ihnen der Geheimwissenschaftler angibt, in welcher Weise Sie Gedanken, Gefühle und Empfindungen hinlenken müssen zu dem Punkte zwischen den Augenbrauen, dadurch daß Sie irgend etwas, was im physischen Leibe ausgebildet ist, in Zusammenhang bringen mit dem Entsprechenden im Astralleibe, bekommen Sie eine gewisse Empfindung im Astralleibe. Es muß aber regelmäßig geschehen, und man muß wissen, wie. Dann fängt der Astralleib an, sich zu gliedern. Aus einem Klumpen wird er zum Organismus, in dem sich die Organe ausbilden. Die astralen Sinnesorgane habe ich in der Zeitschrift «Lucifer-Gnosis»[2] beschrieben. Man nennt sie auch Lotusblumen[9]. Durch bestimmte Formeln werden diese Lotusblumen[9] ausgebildet. Wenn sie ausgebildet sind, dann ist der Mensch fähig, die geistige Welt wahrzunehmen. Dies ist dann dieselbe Welt, welche er betritt, wenn er durch die Pforte des Todes schreitet. Zuschanden gemacht ist dann der Ausspruch Hamlets, daß von jenem unbekannten Land noch kein Wanderer zurückgekommen ist.

Sie können also von der sinnlichen Welt in die übersinnliche Welt hineingehen, besser gesagt, hineinschlüpfen, und sowohl da als dort leben. Das ist kein Leben in einem Wolkenkukkucksheim, sondern ein Leben in demjenigen Gebiet, welches uns erst das Leben in unserem Gebiete erklärlich und verständlich macht. So wie ein gewöhnlicher Mensch, der die Gesetze der Elektrizität nicht studiert hat, in eine elektrisch betriebene Fabrik hineingeht, das wunderbare Getriebe sieht und es nicht versteht, so versteht auch der gewöhnliche Mensch nicht das Getriebe der geistigen Welt. Der Unverstand des Fabrikbesuchers besteht so lange, als er die Gesetze der Elektrizität nicht kennt. So ist der Mensch auch im Gebiete des Geistigen unverständig, solange er nicht die Gesetze des Geistigen kennt. Es gibt nichts in unserer Welt, das nicht auf Schritt und Tritt von der geistigen Welt abhängig wäre. Alles, was uns hier umgibt, ist äußerer Ausdruck der geistigen Welt. Es gibt keinen Stoff. Jeder Stoff ist verdichteter Geist, und wer in die geistige Welt hineinsieht, dem vergeistigt sich die ganze stofflich sinnliche Welt, die Welt überhaupt. Wie das Eis vor der Sonne zu Wasser schmilzt, so schmilzt vor der Seele, die in die geistige Welt hineinsieht, alles Sinnliche zu einem Geistigen, so offenbart sich allmählich der Urgrund der Welt vor dem geistigen Auge und dem geistigen Ohre.

In Wahrheit ist das Leben, das der Mensch auf diese Art kennenlernt, das geistige Leben, das der Mensch im Inneren schon fortwährend führt, von dem er aber nichts weiß, weil er sich selbst nicht kennt, bevor er die Organe für die höhere Welt sich entwickelt hat. Denken Sie sich einmal, Sie wären Mensch mit den Eigenschaften, die Sie jetzt haben, hätten aber keine Sinnesorgane. Sie wüßten nichts von der Welt um Sie herum, Sie hätten kein Verständnis für den physischen Leib, und doch gehörten Sie der physischen Welt an. So gehört die Seele des Menschen der geistigen Welt an, weiß es aber nicht, weil sie nicht hört und nicht sieht. Wie unser Körper aus den Kräften und Stoffen der physischen Welt genommen ist, so ist unsere Seele aus den Kräften und Stoffen der geistigen Welt genommen. Wir erkennen uns nicht in uns, sondern erst in unserer Umgebung. So wahr Sie nicht Herz und Gehirn sehen können, ohne daß sie es durch Ihre Sinnesorgane an andern wahrnehmen – selbst mit Hilfe der Röntgenstrahlen können nur Ihre Augen das Herz sehen –, so wahr ist es, daß Sie Ihre eigene Seele nicht sehen oder hören können, ohne daß Sie sie durch geistige Sinnesorgane in der Umwelt erkennen. Sie können sich nur durch Ihre Umwelt erkennen. Es gibt in Wahrheit keine Innenerkenntnis, keine Selbstbeschauung, es gibt nur eine Erkenntnis, eine Offenbarung durch Organe sowohl des physischen als des geistigen Lebens um uns herum. Wir gehören den Welten um uns her an, der physischen, der seelischen und der geistigen Welt. Wir lernen aus der physischen, wenn wir physische Organe haben, und aus der geistigen Welt, aus allen Seelen, wenn wir geistige, seelische Organe haben. Es gibt keine andere Erkenntnis als Welterkenntnis.

Müßig ist es und leere Beschaulichkeit, wenn der Mensch in sich brütet und glaubt, durch bloße Selbstschau irgend etwas erreichen zu können. Den Gott in sich findet der Mensch, wenn er die göttlichen Organe in sich erweckt und dann in seiner Umwelt sein höheres, göttliches Selbst findet, wie er sein niederes Selbst auch nur durch seine Augen und Ohren in der Umwelt finden kann. Wir selbst werden uns klar als physische Wesen durch den Umgang mit der Sinnenwelt, und wir werden uns klar in geistiger Beziehung dadurch, daß wir geistige Sinne in uns entwickeln. Entwickelung des Inneren heißt, sich erschließen für das göttliche Leben in der Außenwelt um uns herum.

Jetzt werden Sie verstehen, warum es notwendig ist, daß zunächst derjenige, der so, wie ich es beschrieben habe, in die höhere Welt aufsteigt, eine unendliche Festigung seines Charakters zuerst erfährt. Wie die Sinnenwelt ist, kann der Mensch zunächst durch sich selbst erfahren, weil seine Sinne schon erschlossen sind, weil ein gütiger göttlicher Geist, der gesehen und gehört hat in der physischen Welt, in grauester Vorzeit neben dem Menschen gestanden hat, bevor er gesehen und gehört hat, und ihm die Augen und Ohren erschlossen hat. Von eben solchen Wesen muß der Mensch heute lernen, geistig zu sehen, von Wesen, die schon können, was er lernen muß. Wir müssen einen Guru haben, der uns sagt, wie wir unsere Organe entwickeln sollen, der uns sagt, was er gemacht hat, daß die Organe sich entwickelt haben. Der, welcher anleiten will, muß sich eine Grundeigenschaft angeeignet haben: die unbedingte Wahrhaftigkeit, und dies ist auch eine Hauptforderung, die an den Schüler gestellt werden muß. Niemand darf zum Okkultisten ausgebildet werden, es sei denn, daß er zu dieser Grundeigenschaft der unbedingten Wahrhaftigkeit vorher ausgebildet wird.

Gegenüber den sinnlichen Erfahrungen kann man prüfen, was gesagt wird. Wenn ich Ihnen aber aus der geistigen Welt etwas erzähle, so müssen Sie Vertrauen haben, weil Sie noch nicht so weit sind, daß Sie es prüfen können. Der, welcher Guru sein will, muß so wahrhaftig geworden sein, daß es ihm unmöglich ist, es leichtzunehmen mit solchen Behauptungen bezüglich der geistigen Welt und des geistigen Lebens. Die Sinnenwelt korrigiert sofort die Irrtümer, welche wir in bezug auf diese Sinnenwelt machen, in der geistigen Welt aber müssen wir jene Richtschnur in uns selbst haben, wir müssen streng trainiert sein, so daß wir nicht gezwungen sind, die Kontrolle durch die Außenwelt zu machen, sondern sie in uns selbst haben. Diese Kontrolle können wir uns nur erwerben, indem wir die strengste Wahrhaftigkeit schon hier in der Welt uns aneignen. Deshalb hatte auch die Theosophische Gesellschaft[4], als sie begann, einige elementare Lehren des Okkultismus vor die Welt hinauszutragen, den Grundsatz anzunehmen: Kein Gesetz über der Wahrheit. – Wenige verstehen diesen Grundsatz. Die meisten sind damit zufrieden, wenn sie sich sagen können, ich habe das Bewußtsein, daß es wahr ist, und wenn es falsch ist, so sagen sie, ich habe mich geirrt. Der Okkultist darf nicht auf seine subjektive Ehrlichkeit pochen. Da ist er auf falscher Fährte. Er muß immer mit den Tatsachen in der Außenwelt übereinstimmen und eine Erfahrung, die dagegen spricht, muß er als Irrtum, als Fehler ansehen. Dafür-Können und Nichtsdafür-Können hört für den Okkultisten auf. Er muß mit den Tatsachen des Lebens in absolutem Einklang stehen. Man muß anfangen, sich im strengsten Sinne für jede Behauptung, die man aufstellt, verantwortlich zu fühlen. Dann erzieht man sich zu der unbedingten Sicherheit, die derjenige für sich und andere haben muß, der ein geistiger Führer sein will.

So sehen Sie, daß ich Ihnen heute – wir werden über dieses Thema noch einmal sprechen müssen, um die höheren Partien noch hinzuzufügen – eine Reihe Eigenschaften und Verfahrungsarten angeben mußte, die Ihnen zu intim erscheinen werden, um mit andern darüber zu sprechen, die jede Seele mit sich selbst abmachen muß, die Ihnen vielleicht ungeeignet erscheinen, das gewaltige Ziel zu erreichen, das erreicht werden soll, nämlich das Eintreten in die übersinnliche Welt. Diesen Eintritt wird derjenige unbedingt erreichen, welcher den Weg beschreitet, den ich charakterisiert habe.

Wann? Darüber hat einer der vorzüglichsten Teilnehmer in der theosophischen Bewegung, unser längstverstorbenes Mitglied Subba Row [23], sich zutreffend ausgesprochen. Er antwortete auf die Frage, wie lange es dauert: Sieben Jahre, vielleicht auch siebenmal sieben Jahre, vielleicht auch sieben Inkarnationen, vielleicht auch bloß sieben Stunden. – Es hängt ganz von dem ab, was der Mensch ins Leben mitbringt. Es kann ein Mensch vor uns stehen, der scheinbar ganz dumm ist, der aber ein jetzt verborgenes höheres Leben mitgebracht hat, das nur herausgeholt werden muß. Heute sind die meisten Menschen in okkulter Beziehung weiter, als es scheint, und es würde dies vielen auch bekannt sein, wenn unsere materiellen Verhältnisse und unsere materielle Zeit sie nicht so sehr in das innere Leben der Seele zurückschlüge. Ein großer Prozentsatz der Menschen von heute war früher schon weiter. Es hängt von verschiedenen Dingen ab, ob das, was im Menschen ist, herauskommt. Man kann aber einigen Hilfe geben. Denken Sie sich, ein Mensch steht vor mir. In seiner früheren Inkarnation war er eine hochentwickelte Individualität, hat aber jetzt ein unentwickeltes Gehirn. Ein unentwikkeltes Gehirn kann manchmal große geistige Fähigkeiten verdekken. Wenn man ihm aber die gewöhnlichen profanen Fähigkeiten beibringt, so ist es möglich, daß auch das innere Geistige herauskommt. Nun hängt es aber nicht bloß hiervon ab, sondern auch von der Umgebung, in welcher der Mensch lebt.

In ganz bedeutsamer Weise ist der Mensch ein Spiegelbild seiner Umgebung. Nehmen Sie an, ein Mensch ist eine hochentwickelte Persönlichkeit, lebt aber in einer Umgebung, die nur gewisse Vorurteile in ihm erweckt und ausbildet, die dann so energisch wirken, daß die höhere Veranlagung nicht aus ihm herauskommen kann. Wenn ein solcher Mensch nicht jemanden findet, der sie aus ihm herausholt, dann bleibt sie eben in ihm verborgen.

Nur wenige Andeutungen konnte ich Ihnen hierüber machen; wir werden aber nach Weihnachten[24] nochmals über die weiteren und tieferen Dinge sprechen. Die eine Vorstellung, die ich erwecken wollte, ist die, daß das höhere Leben nicht tumultuarisch ausgebildet wird, sondern ganz intim, in tiefster Seele, und daß der große Tag, an dem die Seele erwacht und in das höhere Leben eintritt, tatsächlich kommt wie der Dieb in der Nacht. Die Entwickelung zum höheren Leben führt den Menschen in eine neue Welt hinein, und wenn er eingetreten ist in diese neue Welt, dann sieht er sozusagen die andere Seite des Daseins, dann eröffnet sich ihm das, was vorher für ihn verborgen war. Vielleicht kann es nicht jeder, vielleicht können es nur wenige, so soll sich jeder sagen. Aber das soll ihn nicht abhalten, zunächst wenigstens denjenigen Weg zu betreten, der jedem offensteht, nämlich von den höheren Welten zu hören. In Gemeinschaft zu leben, ist der Mensch berufen, und wer sich absondert, kann zu keinem geistigen Leben kommen. Eine Absonderung im höheren Sinne aber ist es, wenn ich sage: Das glaube ich nicht, das hat keinen Bezug auf mich, das mag für das andere Leben Geltung haben; für den Okkultisten gilt das nicht. Ein Grundsatz ist es für den Okkultisten, die andern Menschen in Wirklichkeit als die Offenbarung seines eigenen höheren Selbstes anzusehen, weil man dann weiß, daß man die andern in sich finden muß.

Ein feiner Unterschied besteht zwischen den beiden Sätzen «die andern in sich finden» und «sich in den andern zu finden». Das heißt aber im höheren Sinne: Das bist du. – Und im höchsten Sinne heißt es: In der Welt sich selbst erkennen und verstehen das Wort des Dichters, welches ich vor einigen Wochen in anderem Zusammenhange anführen durfte: «Einem gelang es, er hob den Schleier der Göttin zu Sais. – Aber was sah er? Er sah – Wunder des Wunders – sich selbst.» Nicht im egoistischen Innern, sondern selbstlos in der Welt sich finden, ist wahre Selbsterkenntnis.

Praktische Ausbildung des Denkens[25]

Es könnte sonderbar erscheinen, wenn gerade Anthroposophie sich berufen fühlt, über praktische Ausbildung des Denkens zu sprechen, denn von den Außenstehenden wird sehr häufig die Meinung vertreten, Anthroposophie sei etwas im eminentesten Sinne Unpraktisches, sie habe mit dem Leben nichts zu tun. Solche Anschauung kann nur bestehen, wenn man die Dinge äußerlich, oberflächlich betrachtet. In Wahrheit aber soll das in Betracht Kommende ein Leitfaden sein fürs alleralltäglichste Leben; es soll sich in jedem Augenblick umwandeln können in Empfindung und Gefühl und es uns möglich machen, dem Leben sicher gegenüberzutreten und darin festzustehen.

Es bilden sich die Leute, die sich praktisch nennen, ein, nach den allerpraktischsten Grundsätzen zu handeln. Geht man der Sache aber näher, so wird man finden, daß das sogenannte «praktische Denken» oft überhaupt kein Denken ist, sondern ein Fortwursteln in anerzogenen Urteilen und Denkgewohnheiten. Wenn Sie absolut objektiv das Denken der Praktiker beobachten und das, was man gewöhnlich Denkpraxis nennt, prüfen, so werden Sie finden, daß da zum Teil sehr wenig wirkliche Praxis dahintersteckt, sondern was man Praxis nennt, besteht darin, daß man gelernt hat: wie hat der Lehrmeister gedacht, wie hat derjenige gedacht, der dieses oder jenes vorher fabriziert hat, und wie richtet man sich nach dem? – Und wer anders denkt, den hält man für einen unpraktischen Menschen; denn das Denken stimmt ja nicht überein mit dem, was einem nun einmal anerzogen ist.

Wenn aber wirklich einmal etwas Praktisches erfunden wurde, so wurde das zunächst keineswegs von einem Praktiker gemacht. Betrachten wir zum Beispiel unsere heutige Briefmarke. Es wäre doch das Allernächstliegende, zu meinen, daß diese von einem Praktiker des Postwesens erfunden worden wäre. Dem ist aber nicht so. Anfang des letzten Jahrhunderts, da war es noch eine sehr umständliche Sache, einen Brief aufzugeben.

Wollte jemand einen Brief fortschicken, so mußte er an die betreffende Stelle gehen, wo die Briefe aufgegeben werden konnten, und es mußten hier verschiedene Bücher nachgeschlagen werden, und allerlei Umständlichkeiten waren damit verknüpft. Daß man ein solches einheitliches Porto haben kann, wie man es heute gewohnt ist, das ist kaum etwas über sechzig Jahre her. Und unsere heutige Briefmarke, die das ermöglicht, ist nicht erfunden worden von einem praktischen Postmenschen, sondern von einem Menschen, der der Post ferne stand, von dem Engländer Hill.[26]

Und als die Briefmarke erfunden war, da sagte der betreffende Minister im englischen Parlament, der für das Postwesen damals in Betracht kam: Ja, erstens kann man nicht annehmen, daß wirklich durch diese Vereinfachung der Verkehr sich so ungeheuer vermehrt, wie dies dieser unpraktische Hill sich ausmalt, und zweitens, angenommen selbst es wäre so, dann würde das Postgebäude in London ja nicht ausreichen für diesen Verkehr. Diesem großen Praktiker ist es aber nicht im entferntesten eingefallen, daß das Postgebäude sich nach dem Verkehr und nicht der Verkehr sich nach dem Postgebäude richten müsse. Nun hat sich in verhältnismäßig denkbar kürzester Zeit das durchgesetzt, was damals von einem «Unpraktiker» gegenüber einem «Praktiker» erkämpft werden mußte: ganz selbstverständlich ist es heute, daß der Brief mit der Briefmarke befördert wird.

Ähnlich verhält es sich bei der Eisenbahn. Als im Jahre 1835 die erste Eisenbahn in Deutschland von Nürnberg nach Fürth gebaut werden sollte, wurde von dem bayerischen Medizinalkollegium, das darüber gehört wurde, ein Sachverständigen-Gutachten[27] dahin abgegeben, daß es nicht ratsam sei, Eisenbahnen zu bauen; sollte es aber doch beabsichtigt werden, so müsse wenigstens rechts und links der Eisenbahn eine hohe Bretterwand hergestellt werden, damit vorübergehende Menschen nicht etwa Nerven- und Gehirnerschütterungen erlitten.

Als die Bahnlinie Potsdam–Berlin gebaut werden sollte, sagte Generalpostmeister Nagler[28]: Ich lasse täglich zwei Postwagen nach Potsdam fahren, und die sind nicht besetzt; wenn die Leute ihr Geld absolut zum Fenster hinauswerfen wollen, dann sollen sie es doch gleich unmittelbar tun. – Die realen

Tatsachen des Lebens gehen eben über die «Praktiker» hinweg, über diejenigen, die da glauben, sie seien Praktiker. Man muß unterscheiden, was wahres Denken ist, von der sogenannten Denkpraxis, die nur ein Urteilen nach anerzogenen Denkgewohnheiten ist.

Eine kleine Erfahrung, die ich selbst einmal gemacht habe, will ich Ihnen erzählen und sie an die Spitze unserer heutigen Betrachtung stellen: Während meiner Studienzeit kam einmal ein junger Kollege zu mir voll Freude, wie man sie gerade bei Leuten, die eine recht pfiffige Idee gehabt haben, bemerkt, und sagte: Ich muß jetzt gerade zum Professor Radinger gehen – der damals an der Hochschule den Maschinenbau vertrat –, denn ich habe eine großartige Erfindung gemacht: Ich habe erfunden, wie man mit Aufwendung von ganz wenig Dampfkraft, die man einmal aufwendet, durch Umsetzen eine ungeheure Arbeitsmenge leisten kann mittels einer Maschine. – Mehr konnte er mir nicht sagen, er hatte es sehr eilig, zu dem Professor zu gehen. Nun traf er aber den betreffenden Professor nicht, und er kam zurück und setzte mir die ganze Sache auseinander. Die Geschichte hatte mir gleich etwas nach Perpetuum mobile gerochen – aber, nicht wahr, warum sollte auch so etwas nicht schließlich einmal möglich sein? – Doch nachdem er mir alles erklärt hatte, mußte ich ihm sagen: Ja, sieh einmal, die Sache ist zwar recht scharfsinnig ausgedacht, aber im Praktischen ist das ein Verhältnis, das sich genau vergleichen läßt damit, daß sich jemand in einen Eisenbahnwagen hineinstellt, furchtbar stark anschiebt und meint, der Wagen führe dann fort. So ist das Prinzip des Denkens bei deiner Erfindung. – Er hat es dann auch eingesehen und ist nicht wieder zu dem Professor gegangen.

So kann man sich gewissermaßen einkapseln mit seinem Denken. An ganz besonderen, seltenen Fällen zeigt sich dieses Einkapseln auch deutlich; aber im Leben kapseln sich viele Menschen so ein, und es zeigt sich nicht immer so auffällig wie in unserem Beispiel. Derjenige aber, der die Sache etwas intimer beobachten kann, weiß, daß so eine große Anzahl menschlicher Denkprozesse verläuft: er sieht oft, wie sozusagen die Menschen im Wagen stehen und von innen schieben und nun meinen, daß sie es sind, die den Wagen vorwärtsbringen. Vieles von dem, was im Leben vor sich geht, würde ganz anders vor sich gehen, wenn die Menschen nicht solche im Wagen stehende Schieber wären.

Wirkliche Praxis des Denkens setzt voraus, daß man die richtige Gesinnung, das richtige Gefühl zum Denken gewinnt. Wie kann man eine richtige Stellung zum Denken gewinnen? Niemand kann das richtige Gefühl zum Denken haben, der glaubt, daß das Denken etwas sei, das sich nur innerhalb des Menschen, in seinem Kopf oder in seiner Seele abspiele. Wer diesen Gedanken hat, der wird fortwährend von einem falschen Gefühl davon abgelenkt werden, eine richtige Denkpraxis zu suchen, die nötigen Anforderungen an sein Denken zu stellen. Wer das richtige Gefühl erlangen will gegenüber dem Denken, der muß sich sagen: Wenn ich mir Gedanken machen kann über die Dinge, wenn ich durch Gedanken etwas ergründen kann über die Dinge, so müssen die Gedanken erst darinnen sein in den Dingen. Die Dinge müssen nach den Gedanken aufgebaut sein, nur dann kann ich die Gedanken auch herausholen aus den Dingen.

Der Mensch muß sich vorstellen, daß es mit den Dingen draußen in der Welt so ist wie mit einer Uhr. Der Vergleich des menschlichen Organismus mit einer Uhr wird sehr häufig gebraucht; aber die Leute vergessen dabei meist das Wichtigste, daß auch ein Uhrmacher vorhanden ist. Man muß sich klar darüber sein, daß nicht von selber zusammengelaufen sind die Räder und sich zusammengefügt haben und machen, daß die Uhr geht, sondern daß es einmal einen Uhrmacher zuvor gegeben hat, der diese Uhr zusammengefügt hat. Den Uhrmacher darf man nicht vergessen. Durch Gedanken ist die Uhr zustande gekommen, die Gedanken sind gleichsam ausgeflossen in die Uhr, in das Ding. Auch alles, was Naturwerke, Naturgeschehnisse sind, muß man sich so vorstellen. Bei dem, was Menschenwerk ist, da läßt sich das schnell veranschaulichen, bei Naturwerken dagegen, da kann das der Mensch nicht so leicht bemerken, und doch sind auch sie geistige Wirksamkeiten, und dahinter stehen spirituelle Wesenheiten. Und wenn der Mensch denkt über die Dinge, so denkt er nur über das nach, was zuerst in sie hineingelegt worden ist. Der Glaube, daß die Welt durch Denken hervorgebracht worden ist und sich noch fortwährend so hervorbringt, der erst macht die eigentliche innere Denkpraxis fruchtbar.

Es ist immer der Unglaube gegenüber dem Geistigen in der Welt, der selbst auf wissenschaftlichem Boden die schlimmste Unpraxis des Denkens hervorbringt. Zum Beispiel, wenn jemand sagt: Unser Planetensystem ist so entstanden, daß zuerst ein Urnebel da war, der fing an zu rotieren, ballte sich zusammen zu einem Zentralkörper, von ihm spalteten sich ab Ringe und Kugeln, und so entstand mechanisch das ganze Planetensystem –, so macht der, der das sagt, einen großen Denkfehler. Schön niedlich bringt man das heute den Menschen bei. In einem niedlichen Experiment zeigt man es heute in jeder Schule: In ein Glas Wasser bringt man einen Tropfen Fett, schiebt eine Nadel durch diesen Fetttropfen und bringt das Ganze in Rotation. Da sondern sich dann vom großen Tropfen kleine Tröpfchen ab, und man hat da ein Planetensystem im kleinen und dem Schüler – so meint man – anschaulich gezeigt, wie rein mechanisch sich das bilden kann. Unpraktisches Denken nur kann an diesen niedlichen Versuch solche Folgerungen anknüpfen, denn der Betreffende, der das überträgt auf das große Weltensystem, der vergißt nur meist etwas, was sonst vielleicht ganz gut ist zu vergessen, er vergißt sich selbst, er vergißt, daß er selbst ja die Sache in Rotation gebracht hat. Wäre er nicht dagewesen und hätte das Ganze gemacht, so wäre niemals die Teilung des Fetttropfens in die Tröpfchen entstanden. Wenn der Mensch das auch beobachtete und auf das Planetensystem übertrüge, dann erst wäre vollständiges Denken aufgewendet. Solche Denkfehler spielen heute, besonders auch in dem, was man heute Wissenschaft nennt, eine ungeheuer große Rolle. Diese Dinge sind viel wichtiger, als man gewöhnlich denkt.

Wenn man von wirklicher Denkpraxis reden will, muß man wissen, daß Gedanken nur aus einer Welt herauszuholen sind, in der auch wirklich schon Gedanken darinnen sind. Wie man Wasser nur aus einem Glase schöpfen kann, in dem Wasser wirklich darinnen ist, so kann man Gedanken nur aus Dingen schöpfen, in denen sie darinnen sind. Die Welt ist nach Gedanken aufgebaut; nur deshalb kann man Gedanken auch herausholen aus ihr. Wenn das nicht wäre, dann könnte überhaupt keine Denkpraxis zustande kommen. Dann aber, wenn der

Mensch zu Ende empfindet, was hier ausgesprochen worden ist, dann wird er über alles abstrakte Denken leicht hinwegzubringen sein. Wenn der Mensch das volle Vertrauen hat, daß hinter den Dingen Gedanken stehen, daß die realen Tatsachen des Lebens nach Gedanken verlaufen, dann, wenn er diese Empfindung hat, dann wird er leicht sich bekehren zu einer Denkpraxis, die auf Wirklichkeit, Realität gebaut ist.

Wir wollen nun etwas von jener Denkpraxis hinstellen, die insbesondere für diejenigen, die auf anthroposophischem Boden stehen, wichtig ist. Wer davon durchdrungen ist, daß die Welt der Tatsachen in Gedanken verläuft, der wird die Wichtigkeit der Ausbildung richtigen Denkens einsehen. Nehmen wir nun an, es sagt sich jemand: Ich will mein Denken so befruchten, daß es wirklich im Leben sich immer zurechtfindet –, so muß er sich an das halten, was jetzt gesagt werden soll. Und was nun angegeben wird, das ist so aufzufassen, daß es tatsächlich praktische Grundsätze sind und daß es, wenn man immer wieder und wieder danach trachtet, sein Denken danach einzurichten, gewisse Wirkungen hat, daß das Denken dann praktisch wird, wenn es vielleicht auch anfangs nicht so ausschaut. Ja, es stellen sich für das Denken noch ganz andere Erfahrungen ein, wenn man solche Grundsätze durchführt.

Nehmen wir an, jemand versucht folgendes: Er beobachtet heute sorgfältig einen Vorgang in der Welt, der ihm zugänglich ist, den er möglichst genau beobachten kann, sagen wir zum Beispiel die Witterung. Er beobachtet die Wolkenfiguration am Abend, die Art, wie die Sonne untergegangen ist und so weiter, und er bildet sich nun genau das Bild ein von dem, was er beobachtet hat. Er versucht die Vorstellung, dieses Bild eine Zeitlang festzuhalten in allen Einzelheiten; er hält soviel wie möglich von dieser Vorstellung fest und sucht sie sich zu bewahren bis morgen. Morgen beobachtet er ungefähr um dieselbe Zeit, oder aber auch zu einer anderen Zeit, wiederum die Witterungsverhältnisse, und er versucht, sich wiederum ein genaues Bild von den Verhältnissen zu machen.

Wenn er auf diese Weise sich genaue Bilder von aufeinanderfolgenden Zuständen macht, so wird es für ihn außerordentlich deutlich werden, wie er sein Denken allmählich innerlich bereichert und intensiv macht, denn dasjenige, was das Denken unpraktisch macht, das ist, daß der Mensch gewöhnlich zu sehr geneigt ist, in den aufeinanderfolgenden Vorgängen in der Welt das, was die Einzelheiten sind, wegzulassen und nur ganz allgemeine, verschwommene Vorstellungen zu behalten. Das Wertvolle, das Wesentliche, was das Denken befruchtet, ist, gerade in aufeinanderfolgenden Vorgängen sich genaue Bilder zu formen und sich dann zu sagen: gestern war die Sache so, heute ist sie so –, und dabei die beiden Bilder, die in der wirklichen Welt auseinanderliegen, sich möglichst bildlich auch vor die Seele zu rücken.

Es ist dies zunächst nichts anderes als ein spezieller Ausdruck für das Vertrauen in die Gedanken der Realität. Der Mensch soll nicht etwa sofort irgendwelche Schlüsse ziehen und aus dem, was er heute beobachtete, schließen, was nun morgen für Witterung sein wird. Das würde sein Denken korrumpieren. Er soll vielmehr das Vertrauen haben, daß draußen in der Realität die Dinge ihren Zusammenhang haben, daß das Morgige mit dem Heutigen irgendwie zusammenhängt. Er soll nicht spekulieren darüber, sondern das, was zeitlich aufeinanderfolgt, nur zuerst in möglichst genauen Vorstellungsbildern in sich selbst nachdenken und dann diese Bilder zunächst nebeneinanderstehen und sie ineinander übergehen lassen. Dies ist ein ganz bestimmter Denkgrundsatz, den man ausführen muß, wenn man wirklich sachgemäßes Denken entwickeln will. Es ist gut, diesen Grundsatz gerade an solchen Dingen durchzuführen, die man noch nicht versteht, bei denen man noch nicht eingedrungen ist in den inneren Zusammenhang. Deshalb soll man gerade bei solchen Vorgängen, von denen man noch nichts versteht, wie zum Beispiel die Witterung, das Vertrauen haben, daß sie, die draußen zusammenhängen, auch in uns Zusammenhänge bewirken; und das soll mit Enthaltung vom Denken geschehen, nur in Bildern. Man muß sich sagen: Ich weiß noch nicht den Zusammenhang, aber ich werde diese Dinge in mir werden lassen, und sie werden in mir etwas bewirken, wenn ich gerade die Enthaltung vom Spekulieren übe. – Sie werden leicht glauben können, daß, wenn der Mensch so, mit Enthaltung vom Denken, sich möglichst genaue Bildvorstellungen macht von aufeinanderfolgenden Vorgängen, daß da etwas vorgehen kann in den unsichtbaren Gliedern des Menschen.

Der Mensch hat den astralischen Leib als Träger des Vorstellungslebens. Dieser astralische Leib ist, solange der Mensch spekuliert, der Sklave des Ich. Aber er geht nicht in dieser bewußten Tätigkeit auf, er steht auch in einer gewissen Beziehung zum ganzen Kosmos.

In demselben Maße nun, in dem wir uns enthalten, unsere Denkwillkür wirken zu lassen, in dem wir ganz enthaltsam bloß Bildvorstellungen von aufeinanderfolgenden Ereignissen uns machen, in demselben Maße wirken die inneren Gedanken der Welt in uns und prägen sich unserem Astralleib ein, ohne daß wir es wissen. Wie wir uns fügen in den Gang der Welt durch Beobachtung der Vorgänge in der Welt und die Bilder möglichst ungetrübt in unsere Gedanken aufnehmen und in uns wirken lassen, in demselben Maße werden wir in den Gliedern, die unserem Bewußtsein entzogen sind, immer gescheiter. Wenn wir es dann einmal können, bei solchen Vorgängen, die in einem inneren Zusammenhang stehen, das neue Bild in das andere übergehen zu lassen, wie sich dieser Übergang in der Natur vollzogen hat, dann werden wir nach einiger Zeit sehen, daß unser Denken so etwas bekommen hat wie eine gewisse Geschmeidigkeit.

So sollen wir vorgehen bei Dingen, die wir noch nicht verstehen; aber Dingen gegenüber, die wir verstehen, sollen wir uns etwas anders verhalten, zum Beispiel Vorgängen unseres alltäglichen Lebens gegenüber, die sich um uns abspielen. Es habe zum Beispiel irgend jemand, vielleicht der Nachbar, dieses oder jenes getan. Wir denken nach: Warum hat er das getan? – Wir denken uns, er habe es vielleicht heute getan als Vorbereitung für etwas, das er morgen tun wolle. Nun sagen wir nichts weiter, sondern wir stellen uns genau vor, was er getan hat, und versuchen nun, uns ein Bild auszumalen von dem, was er morgen tun werde. Wir stellen uns vor: Das wird er morgen tun – und warten ab, was er wirklich tun werde. Es kann sein, daß wir morgen bemerken, er tut wirklich das, was wir uns ausgemalt haben. Es kann auch sein, daß er etwas anderes tut. Wir werden sehen, was geschieht, und suchen unsere Gedanken danach zu verbessern.

So suchen wir uns in der Gegenwart Ereignisse, die wir in Gedanken in die Zukunft hinein verfolgen, und warten ab, was sich ereignet. Wir können das machen mit dem, was Menschen tun, und mit anderen Dingen. Wo wir eben etwas verstehen, da suchen wir uns ein Bild zu machen von dem, was nach unserer Meinung geschehen wird. Tritt das Erwartete ein, so war unser Denken richtig; und es ist gut. Geschieht etwas anderes, als was wir erwartet haben, dann versuchen wir darüber nachzudenken, worin wir den Fehler gemacht haben, und versuchen so, unsere falschen Gedanken zu korrigieren durch ruhiges Beobachten und Prüfen, woran der Fehler lag, woraus es entspringt, daß es so gekommen ist. Haben wir das Richtige getroffen, dann wollen wir uns aber ganz besonders sorgfältig davor hüten, zu prunken mit unserer Prophetie: Ja, das habe ich gestern schon gewußt, daß es so kommt!

Das war wiederum ein Grundsatz, aus dem Vertrauen entspringend, daß eine innere Notwendigkeit in den Dingen und Ereignissen selbst liegt, daß in den Tatsachen selbst etwas liegt, das die Dinge vorwärtstreibt. Und was da drinnen arbeitet von heute auf morgen, das sind Gedankenkräfte. Vertiefen wir uns in die Dinge, dann werden wir dieser Gedankenkräfte uns bewußt. Diese Gedankenkräfte machen wir in unserem Bewußtsein gegenwärtig durch solche Übungen, und dann stimmen wir überein mit ihnen, wenn sich das erfüllt, was wir vorausgesehen haben; dann stehen wir mit der realen Denktätigkeit der Sache in einem inneren Zusammenhang. So gewöhnen wir uns daran, nicht willkürlich, sondern aus der inneren Notwendigkeit, der Natur der Dinge heraus, zu denken.

Aber auch nach anderer Richtung können wir unsere Denkpraxis schulen. Irgendein Ereignis, das heute geschieht, steht auch in Beziehung zu dem, was gestern geschehen ist, zum Beispiel irgendein Junge ist ungezogen gewesen; welches können die Ursachen sein? Wir verfolgen die Ereignisse zurück von heute auf gestern, wir konstruieren uns die Ursachen, die wir nicht wissen. Wir sagen uns: Ich glaube, weil heute dies geschieht, so hat sich das gestern oder vorgestern durch dieses oder jenes vorbereitet.

Man unterrichtet sich dann darüber, was wirklich geschehen ist, und erkennt dadurch, ob man richtig gedacht hat. Hat man die richtige Ursache gefunden, so ist es gut; hat man sich eine falsche Vorstellung gemacht, so versuche man, sich die Fehler klarzumachen und zu finden, wie der Gedankenprozeß sich entwickelt hat und wie er in Wirklichkeit abgelaufen ist.

Diese Grundsätze auszuführen, ist das Bedeutsame: daß wir wirklich Zeit finden, die Dinge so zu betrachten, als ob wir in den Dingen drin wären mit unserem Denken, daß wir uns hineinversenken in die Dinge, in die innere Gedankentätigkeit der Dinge. Wenn wir das tun, dann merken wir nach und nach, wie wir förmlich zusammenwachsen mit den Dingen, wie wir gar nicht mehr das Gefühl haben, daß die Dinge draußen sind und wir drinnen und über sie nachdenken, sondern ein Gefühl bekommen, wie wenn unser Denken sich in den Dingen drinnen bewegte. Wenn der Mensch das in hohem Grade erreicht hat, so kann ihm manches klarwerden.

Ein Mensch, der in hohem Grade erreicht hatte, was so zu erreichen ist, ein solcher Denker, der immer in den Dingen drinnenstand mit seinen Gedanken, das war Goethe. Der Psychologe Heinroth hat 1822 in seinem «Lehrbuch der Anthropologie» gesagt, daß Goethes Denken ein gegenständliches Denken sei. Goethe selbst hat sich über diese Bemerkung gefreut. Sie sollte besagen, solches Denken sondere sich nicht ab von den Dingen; es bleibe in den Dingen drinnen, es bewege sich innerhalb der Notwendigkeit der Dinge. Goethes Denken war zugleich ein Anschauen, sein Anschauen zugleich ein Denken.

Goethe hat es sehr weit gebracht in solchem entwickelten Denken. So ist es mehr als einmal vorgekommen: Goethe hatte irgend etwas vor, ging zum Fenster und sagte zu dem, der gerade da war: In drei Stunden wird es regnen –; und es geschah so. Er konnte aus dem kleinen Ausschnitt des Himmels, den er durchs Fenster sah, sagen, was in den nächsten Stunden vorgehen werde in den Witterungsverhältnissen. Sein treues, in den Dingen bleibendes Denken hatte es ihm möglich gemacht, zu spüren, was sich da vorbereitete aus dem vorhergehenden als das spätere Ereignis.

Wirklich viel mehr kann man erreichen durch ein praktisches Denken, als man gewöhnlich meint. – Wenn man das hat, was nun geschildert wurde, an Grundsätzen für das Denken, dann wird man bemerken, daß nun wirklich das Denken praktisch wird, daß der Blick sich erweitert und man die Dinge der Welt ganz anders ergreift als ohne dies. Der Mensch wird nach und nach sich ganz anders stellen zu den Dingen und auch zu den Menschen. Es ist ein wirklicher Prozeß, der in ihm vorgeht, der sein ganzes Verhalten verändert. Es kann von ungeheurer Wichtigkeit sein, daß der Mensch tatsächlich versucht, so mit den Dingen durch sein Denken zusammenzuwachsen; denn es ist ein im eminentesten Sinne praktischer Grundsatz für das Denken, solche Übungen zu machen.

Eine andere Sache ist eine Übung, die insbesondere diejenigen Leute machen sollten, denen gewöhnlich im rechten Moment nicht das Rechte einfällt. Dasjenige, was solche Menschen machen sollten, das besteht darin, daß sie vor allen Dingen versuchen sollen, nicht bloß so zu denken, daß sie sich in jedem Augenblick dem hingeben, was der Weltenlauf so mit sich bringt, was die Dinge so mit sich bringen. Es ist ja das Allerhäufigste, daß, wenn der Mensch einmal eine halbe Stunde sich hinlegen kann, um sich auszuruhen, daß er dann seine Gedanken spielen läßt. Dann spinnt sich das so aus ins Hundertste und Tausendste. Oder es beschäftigt ihn vielleicht diese oder jene Sorge im Leben – flugs ist sie in sein Bewußtsein eingeschlichen und er ist ganz in Anspruch genommen von ihr. Macht der Mensch dieses, so wird er niemals dazu kommen, im richtigen Moment den richtigen Einfall zu haben. Will er das erreichen, so muß er sich folgendermaßen verhalten. Hat er eine halbe Stunde Zeit sich auszuruhen, so muß er sich sagen: Ich will, so oft ich Zeit habe, über etwas nachdenken, was ich mir selbst auswähle, was ich nur durch meine Willkür in mein Bewußtsein hereinbringe. Ich will jetzt zum Beispiel über irgend etwas, was ich vielleicht früher erlebt habe, vielleicht bei einem Spaziergang vor zwei Jahren, nachdenken, ich will die damaligen Erlebnisse ganz willkürlich in mein Denken hereinbringen und will darüber – sei es vielleicht nur fünf Minuten – nachdenken. Alles übrige, fort damit für diese fünf Minuten! Selbst wähle ich mir das, worüber ich nachdenken will. Die Wahl braucht nicht einmal so schwierig zu sein, wie ich gerade gesagt habe. Darauf kommt es gar nicht an, daß man zunächst durch schwierige Übungen in seinen Denkprozeß hineinwirkt, sondern daß man sich herausreißt aus dem, in was man hineingezogen wird durch das Leben. Es muß nur etwas sein, was herausfällt aus dem, wohinein man gesponnen wird durch den gewöhnlichen Tagesverlauf. Und wenn man an Einfallslosigkeit leidet, wenn einem gerade nichts anderes einfällt, so kann man sich zu Hilfe kommen, indem man ein Buch aufschlägt und über das nachdenkt, was man gerade liest auf den ersten Blick. Oder auch, man sagt sich: Ich werde heute einmal über das nachdenken, was ich sah, als ich zu bestimmer Zeit vormittags ins Geschäft gegangen bin und das ich sonst würde unberücksichtigt gelassen haben. Es muß eben etwas sein, was aus dem gewöhnlichen Tageslauf herausfällt, worüber man sonst nicht nachgedacht hätte.

Macht man solche Übungen systematisch immer und immer wieder, dann tritt das ein, daß man Einfälle kriegt zur rechten Zeit, daß einem zur richtigen Zeit das einfällt, was einem einfallen soll. Das Denken wird dadurch in Beweglichkeit kommen, und das ist ungeheuer bedeutungsvoll für den Menschen im praktischen Leben.

Eine andere Übung ist besonders geeignet, auf das Gedächtnis zu wirken. Man versucht zunächst, sich in der groben Art, wie man sich gewöhnlich an Dinge erinnert, an irgendein Ereignis, sagen wir von gestern, zu erinnern. Gewöhnlich sind die Erinnerungen der Menschen ja grau in grau; in der Regel ist man ja zufrieden, wenn einem nur der Name des Menschen einfällt, dem man gestern begegnet ist. Aber damit dürfen wir nicht zufrieden sein, wenn wir unser Gedächtnis ausbilden wollen. Das müssen wir uns klarmachen. Wir müssen systematisch folgendes treiben, wir müssen uns sagen: Ich will mich ganz genau erinnern an den Menschen, den ich gestern gesehen habe, auch an welcher Hausecke ich ihn gesehen habe; was noch um ihn herum war. Das Bild will ich mir genau ausmalen; auch seinen Rock, seine Weste will ich mir bildlich genau vorstellen. – Da werden die meisten Menschen bemerken, daß sie das gar nicht können, daß ihnen das gar nicht möglich ist. Sie werden bemerken, wieviel ihnen fehlt, um eine wirkliche bildhafte Vorstellung zu bekommen von dem, was ihnen gestern begègnet ist und was sie gestern erlebt haben.

Wir müssen nun zunächst ausgehen von den weitaus meisten Fällen, in denen der Mensch nicht in der Lage ist, sich das wieder in Erinnerung zu rufen, was er gestern erlebt hat. Die Beobachtung der Menschen ist eine wirklich im höchsten Maße ungenaue. – Ein Versuch eines Universitätsprofessors mit seinen

Hörern hat gezeigt, daß von dreißig Anwesenden nur zwei den Vorgang richtig, die anderen achtundzwanzig dagegen falsch beobachtet hatten. – Ein gutes Gedächtnis ist nun aber das Kind einer treuen Beobachtung. Zur Entwickelung des Gedächtnisses kommt es also gerade darauf an, daß man genau beobachte. Ein gutes Gedächtnis erringt man durch treue Beobachtung, auf einem gewissen seelischen Umwege wird das treue Gedächtnis als Kind einer guten Beobachtung geboren.

Wenn man nun aber das nicht kann, zunächst sich genau erinnern an das, was man gestern erlebt hat, was tut man da? Zunächst versuche man, sich möglichst genau zu erinnern, und wo man sich nicht erinnert, da versuche man nun tatsächlich sich etwas Falsches vorzustellen, nur etwas Ganzes soll es sein. Nehmen wir an, Sie hätten ganz vergessen, ob jemand, der Ihnen begegnet ist, einen braunen oder einen schwarzen Rock angehabt hat, so stellen Sie sich vielleicht vor, er habe einen braunen Rock und braune Beinkleider angehabt; er habe solche und solche Knöpfe an der Weste gehabt, die Halsbinde war gelb – und da war jene Situation, die Wand war gelb, links ist ein großer, rechts ein kleiner Mensch vorbeigegangen und so weiter.

Das, woran man sich erinnert, das stellt man sich hinein in das Bild; nur das, woran man sich nicht erinnern kann, das ergänzt man, um nur im Geiste ein vollständiges Bild zu gewinnen. Das Bild ist ja dann zunächst falsch, aber dadurch, daß Sie sich bemühen, ein vollständiges Bild zu bekommen, dadurch werden Sie angeleitet, von jetzt ab genauer zu beobachten. Und das setzen Sie fort, solche Übungen zu machen. Und wenn Sie das fünfzigmal gemacht haben, so werden Sie das einundfünfzigste Mal ganz genau wissen, wie derjenige, der Ihnen begegnet ist, ausgesehen hat, was er angehabt hat; Sie werden sich genau an alles erinnern, bis auf die Westenknöpfe. Sie werden dann nichts mehr übersehen, und es prägt sich Ihnen jede Einzelheit ein. Sie haben so zuerst Ihren Beobachtungssinn geschärft durch die Übungen und dann eine Aufbesserung in der Treue Ihres Gedächtnisses als das Kind des Beobachtungssinnes hinzubekommen.

Besonders gut ist, darauf zu sehen, nicht bloß Namen und einzelne Hauptzüge dessen zu behalten, an was man sich erinnern will, sondern möglichst bildhafte Vorstellungen zu erhalten suchen, die sich auf alle Einzelheiten erstrecken; und wenn man sich an etwas nicht erinnern kann, so sucht man das Bild zunächst zu ergänzen, es zu einem Ganzen zu konstruieren. – Dann werden wir bald sehen – wie auf Umwegen scheint es –, daß unser Gedächtnis nach und nach treu wird.

So sehen wir, wie man tatsächlich – wie Handgriffe – angeben kann dasjenige, wodurch der Mensch sein Denken immer praktischer und praktischer machen kann. Besonders wichtig ist noch das Folgende: Der Mensch hat eine gewisse Sehnsucht, wenn er sich etwas überlegt, zu einem Resultat zu kommen. Er überlegt sich, wie er dieses oder jenes machen soll, und er kommt zu diesem oder jenem Resultat. Das ist ein sehr begreiflicher Trieb. Das ist aber nicht dasjenige, was einen zum praktischen Denken führt. Jedes Überhasten im Denken bringt nicht vorwärts, sondern bringt zurück. Man muß Geduld haben in diesen Dingen.

Du sollst zum Beispiel dieses oder jenes ausführen: Du kannst das nun so oder so machen, es liegen verschiedene Möglichkeiten vor. Nun habe man die Geduld und versuche sich vorzustellen, was da werden würde, wenn man es so ausführte, und versuche sich auch vorzustellen, wie es anders aussehen würde. Nun wird es ja immer Gründe geben, warum man das eine oder das andere vorziehen möchte, aber nun enthalte man sich, sofort einen Entschluß zu fassen, sondern bemühe sich, zwei Möglichkeiten auszumalen und sich dann zu sagen: So, jetzt Schluß, jetzt höre ich auf, über die Sache nachzudenken.

Es wird Menschen geben, die werden zapplig werden dabei; und es ist dann schwierig, die Zappligkeit zu überwinden, aber es ist ungeheuer nützlich, sie zu überwinden und sich zu sagen: Es geht so und es geht so, und nun denke ich eine Weile nicht daran. Wenn man kann, so hebe man die Sache, das Handeln bis zum nächsten Tage auf und halte sich dann die zwei Möglichkeiten wieder vor, und man wird finden, daß die Dinge sich mittlerweile verändert haben, daß wir am nächsten Tage anders, gründlicher wenigstens uns entscheiden, als wir am Vortage uns entschieden hätten. Die Dinge haben eine innere Notwendigkeit in sich, und wenn wir nicht ungeduldig willkürlich handeln, sondern diese innere Notwendigkeit arbeiten lassen in uns – und sie wird in uns arbeiten –, so wird sie unser Denken bereichert erscheinen lassen am nächsten Tage und uns eine richtigere Entscheidung ermöglichen. Das ist ungeheuer nützlich!

Man wird zum Beispiel um Rat gefragt über dieses oder jenes, man hat irgend etwas zu entscheiden. Da habe man die Geduld, nicht gleich hineinzuplatzen mit seinen Entscheidungen, sondern sich zunächst verschiedene Möglichkeiten vorzulegen und bei sich selbst keine Entscheidung darüber zu treffen, sondern ruhig die Möglichkeiten walten zu lassen. Man sagt ja auch im Volksmunde, man müsse eine Sache beschlafen, ehe man sie entscheide. Das Beschlafen allein tut es aber nicht. Es ist notwendig, zwei oder besser mehrere Möglichkeiten zu bedenken, die dann in einem fortarbeiten, wenn man sozusagen nicht mit seinem bewußten Ich dabei ist, und dann später wieder auf die Sache zurückzukommen. Man wird sehen, daß man auf diese Weise innere Denkkräfte rege macht und das Denken dadurch immer sachgemäßer und praktischer wird.

Und was der Mensch auch immer ist in der Welt, ob er am Schraubstock oder hinter dem Pflug steht oder ob er einer der sogenannten bevorzugten Berufsklassen angehört –, über die alleralltäglichsten Dinge wird er ein praktischer Denker werden, wenn er diese Dinge übt. So übend, greift und sieht er die Dinge in der Welt ganz anders an. Und so innerlich sich diese Übungen zuerst auch ansehen, sie taugen gerade für die Außenwelt, sie tragen gerade für die Außenwelt die denkbar größte Bedeutung in sich; sie haben wichtige Folgen.

Ich will Ihnen an einem Beispiel zeigen, wie notwendig es ist, wirklich praktisch über die Dinge zu denken: Irgend jemand ist auf einer Leiter hinaufgestiegen auf einen Baum und hat da irgend etwas gemacht; er fällt herunter, schlägt auf und ist tot. Nun, nicht wahr, es ist ein naheliegender Gedanke, daß der sich da durch den Fall totgeschlagen hat. Man wird sagen, daß der Fall die Ursache, der Tod die Wirkung war. Da scheinen Ursache und Wirkung zusammenzuhängen. Darinnen können nun greuliche Verwechslungen vorliegen. – Es kann den da oben ein Herzschlag getroffen haben, so daß er infolge des Herzschlages heruntergefallen ist. Es ist genau dasselbe eingetroffen, wie wenn er lebendig heruntergefallen wäre, er hat dieselben Dinge durchgemacht, die wirklich seine Todesursache hätten sein können. – So kann man Ursache und Wirkung vollständig verwechseln. Hier in diesem Beispiel ist es auffällig; oft aber ist es nicht so auffällig, was man verfehlt hat. Solche Denkfehler kommen ungeheuer häufig vor, ja es muß gesagt werden, daß in der Wissenschaft heute tagtäglich solche Urteile gefällt werden, wo wirklich in einer solchen Art Ursache und Wirkung verwechselt werden. Das begreifen die Menschen nur nicht, weil sie sich nicht die Denkmöglichkeit vorhalten.

Ein Beispiel soll noch gegeben werden, das Ihnen ganz anschaulich machen kann, wie solche Denkfehler zustande kommen, und das Ihnen zeigt, daß sie einem Menschen, der solche Übungen gemacht hat, wie sie heute angegeben wurden, nicht mehr passieren werden. Nehmen Sie folgendes an: Ein Gelehrter sagt sich, daß der Mensch, wie er heute ist, vom Affen abstammt; also: das, was ich in den Affen kennenlerne, die Kräfte im Affen, die vervollkommnen sich, und daraus wird dann der Mensch. – Nun, um jetzt die Gedankenbedeutung der Sache darzutun, wollen wir einmal folgende Voraussetzung machen: Denken wir einmal, der Mensch, der diesen Schluß anstellen soll, der wäre durch irgendeinen Umstand ganz allein auf die Erde versetzt. Außer ihm wären nur diejenigen Affen da, von denen seine Theorie sagt, daß Menschen aus ihnen entstehen können. Er studiert nun diese Affen ganz genau, er bildet sich bis in die Einzelheiten einen Begriff von dem, was da ist in den Affen. Nun soll er versuchen, aus dem Begriff des Affen den Begriff des Menschen entstehen zu lassen, wenn er noch nie einen Menschen gesehen hat. Er wird sehen, daß er das nie zustande bringt: Sein Begriff «Affe» verwandelt sich nie in den Begriff des Menschen.

Wenn er richtige Denkgewohnheiten hätte, so müßte er sich sagen: Also, mein Begriff, der wandelt sich in mir nicht so um, daß aus dem Affenbegriff der Menschenbegriff wird, also kann dasjenige, was ich sehe im Affen, nicht zum Menschen werden, denn sonst müßte mein Begriff auch übergehen. Es muß also noch etwas hinzukommen, was ich nicht sehen kann. – Dieser Mensch also müßte hinter dem sinnlichen Affen etwas Übersinnliches sehen, was er nicht wahrnehmen kann, was dann erst zum Menschen übergehen könnte.

Wir wollen auf die Unmöglichkeit der Sache nicht eingehen, sondern nur den Denkfehler zeigen, der hinter jener Theorie liegt. Wenn der Mensch richtig denken würde, so würde er darauf geführt werden, daß er nicht so denken darf, wenn er nicht etwas Übersinnliches voraussetzen will. Wenn Sie über die Sache nachdenken, so werden Sie schon sehen, daß hier von einer ganzen Reihe von Menschen ein überwältigender Denkfehler gemacht worden ist. Solche Fehler werden nicht mehr gemacht werden von dem, der in der angegebenen Weise sein Denken schult.

Ein großer Teil unserer ganzen heutigen Literatur, besonders auch der naturwissenschaftlichen, wird für den, der wirklich richtig zu denken vermag, durch solche krummen, verkehrten Gedanken eine Quelle von Wirkungen bis zu physischen Schmerzen, wenn er sich durch sie hindurchlesen muß. – Es soll dadurch absolut nichts gesagt werden gegen die ungeheure Summe von Beobachtungen, die durch diese Naturwissenschaft und ihre objektiven Methoden gewonnen worden ist.

Nun kommen wir auf ein Kapitel, das zusammenhängt mit der Kurzsichtigkeit des Denkens. Es ist wirklich so, daß der Mensch gewöhnlich nicht weiß, daß sein Denken gar nicht sehr sachgemäß, sondern zum größten Teil nur eine Folge von Denkgewohnheiten ist. So werden denn auch die Urteile für den, der die Welt und das Leben durchschaut, sich ganz anders gestalten als für den, der diese nicht oder nur wenig durchschaut, zum Beispiel einen materialistischen Denker. – Durch Gründe so jemanden zu überzeugen, wenn sie auch noch so gediegen und noch so gut sind, das geht nicht leicht. Denjenigen, der das Leben wenig kennt, durch Gründe zu überzeugen suchen, ist oft vergebliche Mühe, weil er ja gar nicht die Gründe einsieht, aus denen dieses oder jenes behauptet werden kann. Wenn er sich angewöhnt hat, in allem zum Beispiel nur Materie zu sehen, so haftet er eben an dieser Denkgewohnheit.

Es sind heute im allgemeinen nicht die Gründe, die jemanden zu Behauptungen führen, sondern hinter den Gründen sind es die Denkgewohnheiten, die er sich angeeignet hat und die sein ganzes Fühlen und Empfinden beeinflussen. Wenn er Gründe vorbringt, da stellt sich nur vor sein Fühlen und Empfinden die Maske des gewohnten Denkens. So ist oft nicht nur der Wunsch der Vater des Gedankens, sondern es sind alle Gefühle und Denkgewohnheiten die Eltern der Gedanken. Derjenige, der das Leben kennt, weiß, wie wenig durch logische Gründe jemand zu überzeugen ist im Leben. Da entscheidet viel Tieferes in der Seele als die logischen Gründe.

Wenn wir zum Beispiel unsere anthroposophische Bewegung haben, so hat es gewiß seine guten Gründe, daß wir sie haben und daß sie arbeitet in ihren Zweigen. Jeder merkt dadurch, daß er eine Zeitlang mitarbeitet an der Bewegung, daß er sich ein anderes Denken, Fühlen und Empfinden angeeignet hat. Denn durch das Arbeiten in den Zweigen beschäftigt man sich nicht bloß damit, die logischen Gründe zu finden für etwas, sondern ein umfassenderes Fühlen und Empfinden eignet man sich an.

Wie spottete unter Umständen vor ein paar Jahren ein Mensch, der zum ersten Male einen geisteswissenschaftlichen Vortrag hörte – und heute, wieviel Dinge sind ihm nun durchaus klar und durchsichtig, die er vielleicht vor einiger Zeit noch für etwas höchst Absurdes gehalten hätte! Wir wandeln, indem wir an der anthroposophischen Bewegung mitarbeiten, nicht bloß unsere Gedanken um, sondern wir lernen, unsere ganze Seele in eine weitere Perspektive hineinzubringen. Wir müssen uns klar darüber sein, daß die Färbung unserer Gedanken aus viel tieferen Untergründen herauskommt, als man gewöhnlich meint. Es sind gewisse Empfindungen, gewisse Gefühle, die dem Menschen eine Meinung aufdrängen. Die logischen Gründe sind oft nur eine Verbrämung, sind nur die Masken für Gefühle, Empfindungen und Denkgewohnheiten.

Sich dahin zu bringen, daß einem die logischen Gründe etwas bedeuten, dazu gehört, daß man die Logik selbst lieben lernt. Erst wenn man die Objektivität, das Sachgemäße lieben lernt, werden die logischen Gründe entscheidend werden. Man lernt allmählich, sozusagen unabhängig von der Vorliebe für diesen oder jenen Gedanken, objektiv denken, und dann erweitert sich der Blick, und man wird praktisch; nicht so «praktisch», daß man nur in ausgefahrenen Bahnen weiter urteilen kann, sondern so, daß man aus den Dingen heraus denken lernt.

Wirkliche Praxis ist ein Kind des sachgemäßen Denkens, des aus den Dingen herausfließenden Denkens. Wir lernen erst, uns von den Dingen anregen zu lassen, wenn wir solche Übungen machen; und zwar an gesunden Dingen müssen solche Übungen gemacht werden. Das sind solche Dinge, an denen die menschliche Kultur möglichst wenig Anteil hat, die am wenigsten verkehrt sind: an Naturobjekten. Und an Naturobjekten so üben, wie wir das heute beschrieben haben, das macht uns zu praktischen Denkern. Das ist wirklich praktisch. Die alleralltäglichste Beschäftigung wird praktisch angegriffen werden, wenn wir das Grundelement schulen: das Denken. Indem wir die menschliche Seele so üben, wie das ausgeführt worden ist, bildet sich praktische Denkorientierung.

Es muß die Frucht der geisteswissenschaftlichen Bewegung sein, daß sie wirklich Praktiker ins Leben stellt. Es ist nicht so wichtig, daß der Mensch dieses oder jenes für wahr halten kann, sondern daß er es dahin bringe, die Dinge richtig zu überschauen. Viel wichtiger ist die Art und Weise, wie Anthroposophie eindringt in unsere Seele und uns anleitet zur Tätigkeit unserer Seele und unseren Blick erweitert, als daß wir bloß über die sinnlichen Dinge hinaus- und ins Geistige hineintheoretisieren. Darin ist die Anthroposophie etwas wahrhaft Praktisches.

Das ist eine wichtige Mission der anthroposophischen Bewegung, daß durch sie des Menschen Denken in Bewegung gebracht wird, so geschult wird, daß er denkt, daß der Geist hinter den Dingen steht. Wenn die anthroposophische Bewegung diese Gesinnung entfacht, dann wird sie eine Kultur begründen, aus der nie ein solches Denken hervorgehen wird, daß die Leute von innen den Wagen anschieben wollen. Das fließt ganz von selbst in die Seele hinein. Wenn die Seele gelernt hat, über die großen Tatsachen des Lebens zu denken, dann denkt sie auch über den Suppenlöffel richtig. Und nicht nur in bezug auf das, was den Suppenlöffel betrifft, werden die Menschen praktischer werden, sie werden auch lernen, einen Nagel praktischer einzuschlagen, ein Bild praktischer aufzuhängen, als sie das sonst getan hätten. Das ist von großer Bedeutung, daß wir das seelisch-geistige Leben als ein Ganzes betrachten lernen und daß wir durch solche Anschauung alles praktischer und praktischer gestalten lernen.

Okkulte Wissenschaft und okkulte Entwickelung – Einweihung[29]

Zunächst haben wir von dem Gebiet des menschlichen Strebens zu sprechen, welches in seiner wahren Gestalt in keiner menschlichen Sprache beschrieben werden kann, sondern in seiner ursprünglichen Form nur in der Sprache des Gedankens, das ist das Gebiet der okkulten Wissenschaft.

Durch seine menschlichen Fähigkeiten strebt der Mensch nach okkulter Erkenntnis und kann sie auch erlangen. Aber okkulte Erkenntnis hat eine größere Bedeutung für die Welt als die, welche sie nur innerhalb der menschlichen Seele hat. In der Welt, die uns umgibt, können wir verschiedene Substanzen und Stoffe unterscheiden, durch die ihre verschiedenen Phänomene und Offenbarungen ausgedrückt werden. In jenem Urprinzip, welches kaum ausgedrückt werden kann in menschlicher Sprache, wurzeln alle Kreaturen und alle Dinge der Erde und alle Welten. Aber in der physischen Welt drücken sich die einzelnen Differenzierungen dieses ersten Prinzips aus in den Substanzen der Erde, des Wassers, der Luft, des Feuers, des Äthers und so weiter.

Eine der subtilsten Substanzen, die dem menschlichen Streben noch zugänglich ist, wird Akasha[9] genannt. Und die Offenbarungen von Wesenheiten und Phänomenen in der Akasha-Substanz sind die subtilsten von allen, die dem Menschen zugänglich sind. Das, was der Mensch sich erwirbt in okkulter Erkenntnis, wohnt nicht nur in seiner Seele, sondern es wird auch eingeprägt in die Akasha-Substanz der Welt. Wenn wir einen Gedanken der okkulten Wissenschaft lebendig in unserer Seele machen, wird er sofort in die Akasha-Substanz eingeschrieben, und es ist von Bedeutung für die allgemeine Entwickelung der Welt, daß solche Einprägungen in die Akasha-Substanz gemacht werden, denn diese Einprägungen, die gemacht werden können von der Menschheit und welche wir beschreiben als okkulte Wissenschaft, können von keiner anderen Wesenheit in der ganzen Welt in die Akasha-Substanz eingeschrieben werden als nur vom Menschen.

Es ist wichtig für uns, daß wir ein Charakteristikum der Akasha-Substanz beachten, nämlich, daß der Mensch zwischen Tod und neuer Geburt in der geistigen Welt in der Akasha-Substanz lebt, genauso, wie wir zum Beispiel hier auf der Erde innerhalb der Atmosphäre leben.

Wenn ein Seher mit den Mitteln, die ihm zur Verfügung stehen, in Beziehung treten sollte mit menschlichen Seelen, die zwischen Tod und neuer Geburt leben, so würde er folgendes bemerken können. Ein Mensch, der in dem gegenwärtigen Entwicklungszyklus hier auf Erden – früher war dies anders – nie in der Lage ist, geisteswissenschaftliche Gedanken und Ideen in sich rege zu machen, ein solcher kann nicht beobachtet oder gesehen werden, wenn er auch zugegen ist, von einer menschlichen Seele, die zwischen Tod und neuer Geburt lebt. Wenn ein Mensch, der hier auf der Erde lebt, einen geisteswissenschaftlichen Gedanken, eine Idee in sich rege macht, so daß sie in die Akasha-Substanz eingeschrieben werden können, dann wird er sichtbar den anderen Seelen, die zwischen Tod und neuer Geburt leben. Ein Seher, der sich in Geduld vorbereitet hat für die Gabe des Sehertums, kann, wenn er in Beziehung tritt zu Seelen, die durch die Pforte des Todes gegangen sind, tief erschütternde Eindrücke bekommen. Ich will Ihnen ein genaues Beispiel geben von einem solchen Fall.

Ein Seher fand einen Mann, der durch die Pforte des Todes gegangen war und der seine Frau, die er sehr liebte, und seine Kinder, die er nicht minder liebte, zurückgelassen hatte. Dieser Mann und seine Familie waren liebe, gute Leute, aber sie hatten keine Neigung, geistige Erkenntnisse in ihre Seele aufzunehmen, und sie waren nicht über die religiösen Überlieferungen hinausgewachsen, durch welche gewisse Seelen sich heute noch verbunden fühlen mit der geistigen Welt. Und einige Zeit, nachdem er durch die Pforte des Todes gegangen war, sagte dieser Mann zu sich: Ich habe meine liebe Frau und Kinder auf der Erde zurückgelassen, die der Sonnenschein meines Lebens waren; mit meinem geistigen Schauen kann ich sie aber nicht erreichen. Ich habe nur die Erinnerung an die Zeit, die ich mit ihnen zusammen verbracht habe auf Erden.

Ein ganz anderes Bild kann gesehen werden, wenn eine Seele, die noch auf Erden ist, sich klare, starke geistige Gedanken und Ideen bildet. Wenn eine andere Seele, die zwischen Tod und neuer Geburt lebt, hinunterschaut auf diese Seele, die sie zurückgelassen hat, kann sie deren Seelenleben verfolgen in der gegenwärtigen Zeit, weil dieses Seelenleben sich in die Akasha-Substanz einschreibt.

Hier berühren wir einen Punkt, der uns zeigt, wie die anthroposophische Lehre die Kluft abschaffen wird zwischen den sogenannten Lebenden und den sogenannten Toten. Und schon in der gegenwärtigen Zeit können wir sehen, wie Menschen, die ein Verständnis haben für das Geistige, von großem Segen sein können für die sogenannten Toten dadurch, daß sie ihnen in Gedanken die Wahrheiten der Geisteswissenschaft vorlesen. Wenn wir folgen in Gedanken, entweder laut oder uns selbst vorlesend, den Ideen und Begriffen der Geisteswissenschaft und zu gleicher Zeit empfinden, daß einer oder mehrere, die durch die Pforte des Todes gegangen sind, vor uns sitzen, während wir lesen, dann wird dieses Lesen – weil solche Gedanken in die Akasha-Substanz eingeschrieben werden – etwas sehr Reales für sie werden. Und dieses Lesen kann nicht nur denjenigen jenseits des Todes von größtem Nutzen sein, die, während sie auf Erden waren, sich mit dem Studium der Geisteswissenschaft beschäftigten, sondern auch denjenigen, die, während sie hier waren, nichts damit zu tun haben wollten.

Nun könnte die Frage gestellt werden: Da doch die Toten fortleben in der geistigen Welt, brauchen sie denn ein solches Vorlesen? Es gibt viele, die glauben, daß man nur durch die Pforte des Todes zu gehen braucht, um alles das zu erfahren, was auf der Erde nur mit großer Mühe durch Geisteswissenschaft erreicht werden kann. Solche Menschen glauben auch, daß jemand nur zu sterben braucht, um sich nach dem Tode das ganze okkulte Wissen erwerben zu können, weil er dann in der geistigen Welt sein wird. Aber dies ist nicht der Fall.

Genauso, wie es hier auf der Erde andere Wesenheiten als die Menschen gibt, wie es zum Beispiel bei den Tieren der Fall ist, die alles sehen, was der Mensch durch seine Sinne sehen kann, während es ihnen nicht möglich ist, sich darüber Ideen und Begriffe zu bilden, so ist es mit den Seelen, die in den übersinnlichen Welten leben, die, obgleich sie die Wesenheiten und Tatsachen der höheren geistigen Welt sehen, sich keine Begriffe und Ideen darüber bilden können, wenn die Menschen hier auf Erden nicht solche Begriffe und Ideen in die Akasha-Chronik einschreiben.

Die Mission des menschlichen Lebens auf der Erde ist nicht ohne Bedeutung, sondern sie ist im Gegenteil von großer Bedeutung. Wenn menschliche Seelen nie auf der Erde gewohnt hätten, so würden doch die geistigen Welten da sein, aber es würde kein okkultes Wissen von diesen geistigen Welten geben. Die Erde hat im Laufe der Evolution der Welt einen Punkt erreicht, wo Geisteswissenschaft entwickelt werden kann durch geistige Wesenheiten, die so organisiert und konstituiert sind wie die Menschen auf der Erde. Und das, was durch Geisteswissenschaft eingetragen worden ist in die Akasha-Substanz, wäre nie darin gewesen, wenn es nicht Geisteswissenschaft auf der Erde gegeben hätte.

Wenn jemand versucht, sein Seelenleben auf der Erde zu prüfen, so wird er zunächst entdecken, daß er während unseres jetzigen Zeitalters seine Tätigkeiten für das Erwerben von Erkenntnis für andere Zwecke verwendet hat als für das Erwerben von Geisteswissenschaft. Diese menschlichen Fähigkeiten des Lernens sind dazu verwendet worden, um Erkenntnisse zu erwerben, die ins Leben gerufen worden sind durch die Sinne und durch den Verstand, der an das menschliche Gehirn gebunden ist. So haben wir menschliche Erkenntnis von zweierlei Art: die eine Art gehört nur zu der Erfahrung, die durch die Sinne erworben wird, die das Organ des Verstandes braucht, um sie in Erkenntnis umzuwandeln, die andere Art ist die Geisteswissenschaft. Die Erkenntnis, die der Sinnenwelt allein angehört, bildet die eine Strömung, die andere besteht aus dem, was die Menschen durch die Geisteswissenschaft in die Akasha-Chronik einschreiben. Denn die Geisteswissenschaft bildet Ideen und Begriffe aus, die dann ewig in der Akasha-Chronik eingeschrieben bleiben.

Alles Wissen, alle Erkenntnis, die zu den Erfahrungen durch die Sinne gehören, zu den technischen Dingen, zu dem geschäftlichen und industriellen Leben der Menschheit, wirkt so, wenn es in die Akasha-Substanz eingeschrieben wird, daß die

Akasha-Substanz dieses Konglomerat von Ideen und Begriffen wieder ausstößt, mit anderen Worten, sie werden ausgelöscht. Wenn man die eben erwähnten Tatsachen mit den Augen eines Sehers betrachtet, so kann man beobachten, daß ein Streit stattfindet in der Akasha-Substanz zwischen den Eindrücken, die durch menschliche okkulte Wissenschaft da hinein gemacht werden und die ewig sind, und zwischen denjenigen, die auf Sinnesergebnissen beruhen, die nur vorübergehend sind. Dieser Streit entsteht aus dem Umstand, daß der Mensch, als er zuerst anfing die Erde zu bewohnen als Mensch – das heißt in der uralten lemurischen Epoche[10] – schon damals durch hohe geistige Wesenheiten dazu bestimmt war, Geisteswissenschaften zu erwerben.

Aber durch das, was wir den luziferischen Einfluß nennen, durch das Eingreifen von luziferischen Wesenheiten, lenkte der Mensch seine Gedankenkraft und andere Seelenkräfte, die er sonst nur auf das Erwerben von okkulten Ideen und Begriffen verwendet haben würde, ab auf das Studium solcher Dinge, die nur der physischen Welt angehören.

Es gibt jetzt viele Menschen, die sagen, während die gewöhnliche Wissenschaft allen offen sei, so könne doch Geisteswissenschaft nur denen nahegebracht werden, die in die geistigen Welten schauen können.

Darin liegt ein Grundirrtum, denn innerhalb der Tiefen seiner eigenen Seele besitzt jeder Mensch die Fähigkeit und die Kraft, sogar ehe er ein Seher wird, die Wahrheiten der Geisteswissenschaft zu erkennen. Es ist wahr, daß okkulte Wahrheiten nur von dem Seher entdeckt werden können; aber wenn sie einmal entdeckt und in der gewöhnlichen normalen Sprache der menschlichen Vernunft ausgedrückt worden sind, so können sie von jeder menschlichen Seele verstanden werden, welche die Hindernisse für ein solches Verständnis aus ihrem Innern wegräumen will.

Als Resultat der luziferischen Impulse wurde es später in der Entwicklung der Erde einer anderen Wesenheit, die wir Ahriman nennen[30], möglich, Einflüsse über die Seelen der Menschen zu gewinnen. Und nur dann, wenn die Möglichkeit des Verständnisses für die Geisteswissenschaft durch ahrimanische Einflüsse in der Seele zurückgehalten wird, bleibt dieses Verständnis für die Geisteswissenschaft unerreichbar. Wenn die Wesenheit, die wir Ahriman nennen, nicht in jeder menschlichen Seele arbeitete, wenn unsere Seelen ohne seinen Einfluß wären, dann brauchte eine Idee oder ein Gedanke der Geisteswissenschaft nur ausgesprochen zu werden und eine menschliche Seele würde durch ihr unterbewußtes Verhältnis zu dieser Wahrheit in ihrem innersten Wesen folgendes fühlen: Diese Idee, die Behauptung der Geisteswissenschaft ist wahr. – In jeder menschlichen Seele gibt es ein Leben, welches das alltägliche Bewußtsein versteht und worüber es sich Rechenschaft geben kann, und ein unterbewußtes Seelenleben, das begraben liegt wie in den Tiefen des Ozeans und das nur von Zeit zu Zeit ans Licht gebracht wird. Zu den Tiefen der Seele gehört zum Beispiel jene Furcht, die in jedem Menschen vorhanden ist: die Furcht vor dem rein Geistigen. Diese Furcht ist das Resultat von Ahrimans Einfluß und würde nicht existieren, hätte Ahriman nicht Macht erlangt über die Seelen der Menschheit. Der Grund, warum der Mensch sich einer solchen Furcht meist nicht bewußt ist, liegt darin, daß diese in den tiefsten Untergründen der Seele arbeitet und keine Rolle spielt in dem, worüber er sich mit seinem alltäglichen Bewußtsein Rechenschaft geben kann.

Zuweilen klopft diese Furcht an die Tür des gewöhnlichen Bewußtseins eines Menschen, ohne daß er weiß, was es ist, das ihn aus der Tiefe seiner Seele heraus beunruhigt, und dann sucht er etwas, das betäubend wirkt, das sein Gefühl der Furcht, von dem er nichts wissen will, abstumpfen soll. Dieses Betäubungsmittel findet er in den materialistischen Gedanken, Theorien und Ideen. Materialistische Theorien werden nicht aus logischen Gründen erfunden, obgleich man glauben könnte, daß das der Fall wäre, sondern sie werden ausgedacht aus einer Furcht vor dem Geistigen, die das Resultat von Ahrimans Einfluß auf die Seele ist. Deshalb ist die vorbereitende Bedingung für das unmittelbare Verständnis der spirituellen Wahrheiten viel weniger eine Kenntnis der physischen Wissenschaft als eine Erziehung der Seele in der Tugend des moralischen Mutes, des innerlichen geistigen Mutes. Und deshalb können wir sagen, daß das okkulte Wissen von dem Seher erforscht werden muß, aber es kann dann von jeder menschlichen Seele verstanden werden, wenn diese Seele nur den ganzen moralischen Mut, den sie besitzt, in sich frei machen will, so daß sie die Hindernisse, die von Ahriman herrühren, beseitigen kann.

Sollte jemand den Wunsch haben, die okkulten Wahrheiten durch die ursprünglichen moralischen Kräfte seiner Seele zu verstehen, so kann er den folgenden Versuch machen. Er kann Geisteswissenschaft auf sein Gemüt wirken lassen, ohne daß er sich vorher sagt: Ich stimme hiermit überein oder ich stimme nicht damit überein. – Er kann die geisteswissenschaftlichen Ideen und Begriffe, die von dem Seher gegeben worden sind, aufnehmen und sie auf sein Gemüt wirken lassen. Und wenn er dann das okkulte Wissen mit innerem Enthusiasmus und nicht aus bloßer Neugierde aufgenommen hat, so wird er etwas erfahren, was mit einem physischen Schweben ohne Boden unter den Füßen verglichen werden kann, mit einem Gefühl, als schwebte er in der Luft.

Dieser Versuch wird eine völlig verschiedene Wirkung hervorrufen, je nachdem er von jemand mit religiösen, ehrfurchtsvollen Neigungen gegenüber dem geistigen Leben gemacht wird oder von jemand, der gewohnt ist, materialistisch zu denken. Jemand, der kein okkultes Wissen besitzt, dessen Neigungen und Gefühle jedoch der geistigen Welt gegenüber von religiöser Art sind, kann sich etwas unsicher fühlen als Resultat dieses Versuches, aber viel weniger als ein Materialist, der kein Gefühl der Anziehung zur geistigen Welt hat. Der letztere wird ein starkes Gefühl von Furcht, von unsicherem Schweben erleben. Der Materialist kann sich durch dieses Erlebnis überzeugen, daß okkulte Ideen und Begriffe ihn auf eine solche Weise berühren, daß sie Furcht und Schrecken hervorrufen. Und durch ein solches Erlebnis kann der Materialist erkennen, wie voll von Furcht er noch steckt, und kann zu sich sagen: Dieses beweist mir nicht nur, daß ich erfüllt bin von Furcht vor diesem Gebiet, sondern daß das Fürchten eine meiner Grundneigungen ist.

Hätten zum Beispiel Ernst Haeckel oder Herbert Spencer diesen Versuch gemacht, so hätten sie sich nicht allein davon überzeugt, daß okkultes Wissen nicht widerspruchsvoll sei und unmöglich geglaubt werden könne, sondern daß sie in den innersten Tiefen ihrer Seelen von Furcht erfüllt seien. Und sie würden gewissermaßen bald allen Zweifel und Unglauben gegenüber dem, was sie als «Phantasien der geistigen Lehren» zu betrachten pflegten, vergessen haben und hätten sich eingestanden, daß es von großer Bedeutung sei, diese Furcht zu überwinden. Und hätten sie sich einmal dieses Bekenntnis gemacht, so hätten sie bald ihren Widerstand gegen die «Phantasien der geistigen Lehren» aufgegeben. Sie würden sich gesagt haben: Ich muß versuchen, den moralischen Mut in mir zu stärken. – Und dann hätten sie vielleicht ihre Selbsterziehung in die Hand genommen. Und wäre es ihnen gelungen, diese Furcht zu überwinden, so hätten sie gesagt: Jetzt, da wir stärkere Seelen geworden sind, haben wir keine Zweifel mehr an der Wahrheit der Geisteswissenschaft. – Dieses Erlebnis durch die Verstärkung des moralischen Mutes in der Seele ist ein Sieg über Ahriman, dessen Einfluß in der Wissenschaft Ernst Haeckels und in der Philosophie Herbert Spencers gesehen werden kann. Ahriman ist derjenige, der die Seelen inspiriert hat, eine materialistische Richtung einzuschlagen.

Wenn nur ein kleiner Teil der Menschheit – als Resultat ihrer wahren Erkenntnis – in der Weise arbeiten wird, die eben angedeutet worden ist, um ihren moralischen Mut zu kräftigen, so werden alle diese materialistischen Theorien allmählich aus der Welt verschwinden.

Wie wir gesehen haben, ist okkultes Wissen nötig für den ganzen Werdegang der Evolution, weil es in die Akasha-Substanz eingeschrieben werden muß. Von welcher Bedeutung dies für uns sein mag, kann durch eine kurze Skizze der Entwickelung der Menschheit auf Erden gezeigt werden.

Die Entwickelung des Menschen auf der Erde schreitet stufenweise von einer Kulturperiode zu der anderen fort.[10] Während dieser aufeinanderfolgenden Perioden bewohnen die menschlichen Seelen als Individualitäten Körper, die diesen aufeinanderfolgenden Kulturen der Erde angehören. Alle die Seelen, die heute abend hier versammelt sind, waren in Körpern inkarniert, die früheren Kulturen angehörten. Jede einzelne Seele schreitet fort, je nach dem Karma, das sie für sich aufgebaut hat.

Außer dieser Entwickelung der individuellen Seelen, die von ihrem Karma abhängt, müssen wir die Entwickelung der

Menschheit als ein Ganzes anerkennen, die in menschlichen Körpern von Epoche zu Epoche fortschreitet. Ein griechischer Körper, ein ägyptischer, chaldäischer, urpersischer oder atlantischer Körper war in den feineren Teilen seines Baues ganz verschieden von einem menschlichen Körper des gegenwärtigen Zeitalters.

Wir müssen unterscheiden zwischen dem inneren Fortschritt des Ich und des Astralkörpers von Inkarnation zu Inkarnation und dem äußerlichen Fortschritt und der Veränderung in den physischen und ätherischen Körpern von einer Rasse zu der anderen, von einer Nation zu der anderen, von einem Zeitalter zu dem anderen.

Dieser Fortschritt der äußeren Körper, der physischen und ätherischen, von einem Zeitalter zum anderen, würde denen, die Anatomie und Physiologie studieren, nicht bemerkbar sein, aber er ist trotzdem vorhanden und kann durch die okkulte Wissenschaft erkannt werden. Und so wird der menschliche physische Körper wieder ganz verschieden sein im Laufe der normalen Entwickelung der Menschheit, wenn nach unserem jetzigen Leben unsere Seelen in einer zukünftigen Verkörperung wieder auf der Erde erscheinen werden.

In der jetzigen Menschheitsperiode wird ein zartes Organ vorbereitet, das für den äußeren Anatomen und Physiologen nicht bemerkbar ist. Und doch existiert es anatomisch. Dieses Organ liegt im menschlichen Gehirn, in der Nähe des Sprachorgans.

Die Entwickelung dieses Organs in den Gehirnwindungen ist nicht das Ergebnis des Karma individueller Seelen, sondern sie ist ein Ergebnis der menschlichen Evolution als eines Ganzen auf der Erde, und in der Zukunft werden alle Menschen dieses Organ besitzen, ganz gleich was die Entwickelung der Seelen sein mag, die sich in diesem Körper inkarnieren werden, und ganz unabhängig von dem Karma, das mit diesen Seelen verbunden ist.

Dieses Organ wird in einer zukünftigen Inkarnation von Menschen besessen werden, die gegenwärtig vielleicht der Anthroposophie feindlich sind, wie von denjenigen, die ihr jetzt sympathisch gegenüberstehen. Dieses Organ wird in der Zukunft das physische Instrument für gewisse Seelenkräfte sein, genauso wie zum Beispiel Brocas Organ in der dritten Gehirnwindung das Organ für die menschliche Fähigkeit der Sprache ist.

Wenn dieses Organ entwickelt ist, kann es von der Menschheit entweder richtig angewendet werden oder auch nicht. Diejenigen werden es richtig anwenden können, die jetzt die Möglichkeit vorbereiten, die jetzige Inkarnation wahrheitsgemäß in der Erinnerung zu haben, wenn sie in der nächsten sein werden. Denn dieses physische Organ wird das physische Mittel für die Erinnerung an eine frühere Inkarnation sein, was jetzt nur erreicht werden kann durch eine höhere geistige Entwickelung.

Gegenwärtig kann für die weitaus größte Zahl von Menschen die Erinnerung an frühere Inkarnationen nur erlangt werden durch höhere geistige Entwickelung, durch Initiation. Aber das, was in jetzigen Zeiten nur durch Initiation erlangt werden kann, wird später gewissermaßen Gemeingut der Menschheit. Unser heutiges Wissen war früher das besondere Wissen der atlantischen Eingeweihten allein, jetzt kann es jeder besitzen. In derselben Weise ist die Erinnerung an frühere Erdenleben gegenwärtig nur den Eingeweihten möglich, aber in der Zukunft wird jede menschliche Seele im Besitz derselben sein.

Dem Eingeweihten ist es möglich, gewisse Kenntnisse ohne den Gebrauch eines physischen Organes zu erlangen, aber dieses Wissen kann nur dann das Gemeingut der Menschheit werden, wenn die Menschheit als Ganzes im Laufe der Evolution ein äußeres physisches Organ entwickelt, wodurch es erlangt werden kann. Die reinkarnierten Seelen müssen jedoch dieses Organ richtig gebrauchen können, mit dessen Hilfe man sich später an seine früheren Inkarnationen erinnern wird. Nur diejenigen, die in der jetzigen Inkarnation okkulte Gedanken und Ideen deutlich in die Akasha-Substanz eingeschrieben haben, werden dieses Organ auf die richtige Weise gebrauchen können.

Man hört oft sagen: Was nützt es, an frühere Leben zu glauben, wenn die Menschheit im allgemeinen sich an nichts davon erinnern kann? – Man sollte lieber denken, wie viel erstaunlicher es wäre, wenn nach dem, was man vom Leben weiß, die Menschheit im allgemeinen schon jetzt sich ihrer früheren Leben erinnern könnte. Wenn wir uns fragen, was nötig ist, damit wir uns überhaupt an etwas erinnern können, so müßten wir antworten: Wir können uns nur dessen erinnern, was wir vorher gedacht haben.

Das alltägliche Leben kann uns dies lehren. Denken Sie sich, daß jemand seine Manschettenknöpfe nicht finden kann, wenn er des Morgens aufsteht. Er sucht sie überall, kann sie aber nicht finden. Warum kann er sie nicht finden? Weil er, während er sie weglegte, nicht an das gedacht hat, was er tat. Lassen Sie ihn das gegenteilige Experiment machen, lassen Sie ihn jeden Abend, während er seine Manschettenknöpfe weglegt, versuchen, sich klar bewußt zu sein: Ich lege meine Manschettenknöpfe an diesen Platz –, er wird sich dann nie irren, sondern wird gerade dahin gehen, wo er sie hingelegt hat. Der Gedanke ruft den Vorgang in seine Erinnerung zurück.

Wenn wir in einer zukünftigen Inkarnation leben, so werden wir uns nur dann an die vergangenen erinnern, wenn wir uns an die wahre Natur der Seele erinnern können, die fortdauert von einer Inkarnation zu der anderen. Derjenige, der im jetzigen Leben nicht okkulte Wissenschaft studiert, kann keine Erkenntnisse von der Beschaffenheit und Wesenheit der Seele erlangen, und wenn er diese Kenntnisse nicht hat, wie sollte er, wenn er wieder inkarniert ist, sich an das erinnern, woran er nie gedacht hat in der früheren Inkarnation?

Durch das Studium der Geisteswissenschaft, welches unter anderen Dingen das Studium der Wesenheit der Seele einschließt, bereiten wir in unserem Inneren dasjenige vor, was uns ermöglichen wird, in einer künftigen Inkarnation uns an das zu erinnern, was in dieser jetzigen geschehen ist. Es gibt jedoch gegenwärtig viele Menschen, die sich noch nicht dem Studium dieses Wissens widmen wollen. Diese werden wiedergeboren, vielleicht in der nächsten Inkarnation mit dem vorher erwähnten Organ für die Erinnerung an frühere Leben physisch ausgebildet, aber sie haben sich nicht so vorbereitet, daß sie sich an die Vergangenheit erinnern könnten.

Was für eine Bedeutung hat dann die Geisteswissenschaft noch im heutigen Leben zu all dem hinzu, was wir bereits gesagt haben? Durch sie erlangen wir die Möglichkeit, in der richtigen Weise das Organ zu gebrauchen, welches in den Menschen der Zukunft entwickelt wird, nämlich das Organ für die

Erinnerung an frühere Erdenleben. In unserer jetzigen Inkarnation müssen wir die Erkenntnisse unserer Seele in die Akasha-Substanz einschreiben, um in unserer nächsten Inkarnation das Organ für die Erinnerung an die Vergangenheit in der richtigen Weise gebrauchen zu können, das Organ, welches sich im Menschen entwickelt, ob er will oder nicht. Also in der Zukunft wird es Menschen geben, die das erwähnte Organ für die Erinnerung an frühere Erdenleben werden gebrauchen können, und andere, die es nicht werden gebrauchen können. In diesen letzteren werden gewisse Krankheiten sich zeigen, weil sie in ihrem physischen Leib ein Organ haben werden, welches sie nicht gebrauchen können. Ein Organ zu besitzen und unfähig sein, es zu gebrauchen, ruft nervöse Krankheiten von einer ganz bestimmten Art hervor, und diese Nervenerkrankungen, die dadurch entstehen werden, daß man dieses besondere Organ besitzt und es nicht gebrauchen kann, werden viel schlimmere sein als alle diejenigen, die der Mensch bis jetzt gekannt hat.

Wenn man auf diese Weise den Zusammenhang der Tatsachen betrachtet, fängt man an, eine Idee zu bekommen von der Mission der Geisteswissenschaft und von der wahren Bedeutung eines Verständnisses des Lebens und der Menschheit durch das Studium dieser Erkenntnis. Aber für den Fall, daß der Eindruck, den diese Betrachtung auf Sie gemacht hat, zu Mißverständnissen führen sollte, will ich noch eine andere Tatsache erwähnen, welche das mildern kann, was peinlich an diesem Eindrucke war. Obgleich der wahre Okkultist sehen kann, daß die Geisteswissenschaft in das spirituelle Leben unserer gegenwärtigen Zeit eintreten muß, damit der Mensch der Zukunft das Organ für die Erinnerung gebrauchen könne und physisch in guter Gesundheit bleibe, so kann doch zu gleicher Zeit durchaus nicht behauptet werden, daß ein Mensch, der in der jetzigen Zeit nicht bereit ist, Geisteswissenschaft aufzunehmen, für seine folgende Inkarnation auf die vorher beschriebene Weise verloren sein wird. Es wird für lange Zeit in der Zukunft einem Menschen immer noch möglich sein, wenn er auch das Angedeutete vernachlässigt hat, nämlich in diesem Leben sich den Gebrauch des Organs für die Erinnerung anzueignen, dies im nächsten Leben gutzumachen, denn er wird noch einige Gelegenheiten haben, seine Gesundheit wiederherzustellen und geisteswissenschaftliche Wahrheiten zu erlangen. Aber die Zeit wird kommen, wo diese Möglichkeit aufhören wird.

Wenn wir auch noch nicht den bestimmten Augenblick erreicht haben, so leben wir doch in der Epoche der Menschheit, wo die Geisteswissenschaft aus dem schon erwähnten Grunde in das geistige Leben der Menschheit eingegliedert werden muß, so daß sie eine notwendige Entwickelung im allgemeinen Fortschritt der Menschheit ist und nicht von den privaten Meinungen der einen oder der anderen Individualität herstammt.

Und auf diese Weise wird, besonders in unserer Zeit, die Möglichkeit für die subjektive Entwickelung der Menschenseele gegeben sein, die sie zu einem persönlichen Schauen der geistigen Welten, zu einer okkulten Entwickelung führen wird. Und wir können sagen, daß jeder Mensch, der die ursprünglichen Kräfte innerhalb seiner Seele anwenden wird, ungestört von ahrimanischen Einflüssen alles verstehen kann, was uns aus den spirituellen Welten geoffenbart wird, und es ist deshalb in einem gewissen Sinn jedem Menschen möglich, sich in die geistigen Welten hinaufzuheben dadurch, daß er eine okkulte Entwickelung durchmacht. In der Gegenwart können insbesondere drei Kräfte unserer Seele gut entwickelt werden, so daß eine okkulte Verbindung mit den übersinnlichen Welten stattfinden kann.

Die erste Kraft, die in der Menschenseele gut entwickelt werden kann, ist die Kraft des Denkens. Wir leben im Zusammenhang mit der Welt, die uns umgibt, dadurch, daß wir uns Gedanken über unsere Umwelt bilden. Im gewöhnlichen alltäglichen Leben denkt der Mensch Gedanken, die durch Sinneseindrücke oder durch den Intellekt, der an das Gehirn gebunden ist, verursacht werden. In meinem Buch «Wie erlangt man Erkenntnisse der höheren Welten?» werden Sie finden, wie ein Mensch durch Meditation, Konzentration und Kontemplation, durch die Erkraftung seines seelischen Lebens diese Kraft des Gedankens unabhängig vom äußeren Leben machen kann. Ich möchte Sie gerade hier darauf aufmerksam machen, wie man das, was innerhalb unserer Seele die Kraft des Gedankens ist, die sonst nur entwickelt wird dadurch, daß man sich Gedanken bildet über die äußere Welt, wie man das im wesentlichen frei und unabhängig machen kann von all dem, was dem Körper angehört. Das heißt, durch eine solche Entwickelung erlangt die Seele die Möglichkeit zu denken, Gedanken in sich selbst zu bilden, ohne vom Körper Gebrauch zu machen, ohne das Gehirn als Instrument zu benützen. Dies können wir gut verstehen, wenn wir betrachten, was das hauptsächlich Charakteristische des gewöhnlichen, alltäglichen Denkens ist, welches von den Eindrücken abhängig ist, die durch die Sinne gewonnen werden.

Das hauptsächliche Charakteristikum des gewöhnlichen Denkens ist, daß jede einzelne Betätigung des Denkens das Nervensystem beeinträchtigt, besonders das Gehirn; es zerstört etwas im Gehirn. Jeder alltägliche Gedanke bedeutet einen Zerstörungsprozeß im kleinen, in den Zellen des Gehirns. Aus diesem Grunde ist der Schlaf nötig für uns, so daß dieser Zerstörungsprozeß wieder gutgemacht werden kann. Während des Schlafes ersetzen wir das, was in unserem Nervensystem während des Tages durch das Denken zerstört wurde. Das, was wir bewußt wahrnehmen in einem gewöhnlichen Gedanken, ist in Wirklichkeit der Zerstörungsprozeß, der in unserem Nervensystem stattfindet.

Nun bemühen wir uns, die Meditation dadurch zu entwikkeln, daß wir uns zum Beispiel der Betrachtung des Folgenden hingeben:

Die Weisheit lebt im Licht.

Diese Idee kann nicht von Sinneseindrücken herrühren, weil es den äußeren Sinnen nach nicht der Fall ist, daß die Weisheit im Licht lebt. In einem solchen Fall halten wir durch die Meditation den Gedanken so weit zurück, daß er sich nicht mit dem Gehirn verbindet. Wenn wir auf diese Weise eine innere Denktätigkeit entwickeln, die nicht mit dem Gehirn verbunden ist, werden wir durch die Wirkungen einer solchen Meditation auf unsere Seele fühlen, daß wir auf dem rechten Weg sind. Da wir bei dem meditativen Denken keinen Zerstörungsprozeß in unserem Nervensystem hervorrufen, macht uns ein solches meditatives Denken nie schläfrig, wenn es auch noch so lang fortgesetzt wird, was unser gewöhnliches Denken leicht tun kann.

Es ist wahr, daß oft gerade das Gegenteil eintritt, wenn man meditiert, denn die Menschen beklagen sich oft, daß sie, wenn sie sich der Meditation hingeben, sofort einschlafen. Aber das kommt daher, daß die Meditation noch nicht vollkommen ist. Es ist ganz natürlich, daß wir in der Meditation zunächst die Art des Denkens benutzen, an die wir sonst immer gewöhnt waren. Nur nach und nach gewöhnen wir uns daran, mit dem äußeren Denken aufzuhören. Wenn wir diesen Punkt erreicht haben, dann wird das meditative Denken uns nicht mehr schläfrig machen, und so werden wir wissen, daß wir auf dem rechten Wege sind.

Wenn die innere Kraft des Denkens so entwickelt wird, ohne daß die Denkkraft den äußeren Körper benutzt, dann werden wir eine Kenntnis des inneren Lebens erlangen, werden unser wahres Selbst erkennen, unser höheres Ich.

Den Weg zu der wahren Kenntnis des menschlichen Selbst findet man in der Art von Meditation, die eben beschrieben worden ist, die zu der Befreiung der inneren Denkkraft führt. Nur durch solche Erkenntnis gelangt man dahin, zu sehen, daß dieses menschliche Selbst nicht innerhalb der Grenzen des physischen Körpers gebunden ist. Man lernt im Gegenteil einsehen, daß dieses Selbst mit den Erscheinungen der Welt um uns her verbunden ist. Während wir im gewöhnlichen Leben die Sonne hier sehen und dort den Mond, dort die Berge, Hügel, Pflanzen und Tiere, fühlen wir uns jetzt mit allem, was wir sehen und hören, verbunden, wir sind ein Teil davon, und für uns gibt es dann nur eine äußerliche Welt, und das ist unser eigener Körper. Während wir im gewöhnlichen Leben hier sind und die äußere Welt um uns herum, sind wir nach der Entwickelung der unabhängigen Denkkraft außerhalb unseres Körpers eins mit dem, was wir sonst sehen, und unser Körper, in dem wir sonst darinnen sind, ist außerhalb unser selbst. Wir schauen darauf zurück, er ist jetzt die einzige Welt geworden, auf die von außen wir blicken können.

Auf diese Weise kann man durch die Befreiung der Denkkraft wirklich aus seinem physischen Leibe herauskommen und denselben als etwas Äußerliches betrachten. Man kann sogar noch mehr tun. Man kann zum Beispiel auf eine positive Weise die Frage beantworten: Warum wachen wir jeden Morgen auf? Während des Schlafes liegt unser physischer Leib im Bette, und wir sind tatsächlich außerhalb desselben, genauso, wie es der

Fall ist während des meditativen Denkens. Beim Erwachen kehren wir zu unserem physischen Körper zurück, weil wir zu demselben durch Hunderte und Tausende von Kräften zurückgezogen werden wie von einem Magnet. Hiervon weiß der Mensch gewöhnlich nichts. Aber wenn er sich befreit hat durch die Meditation, dann wird er bewußt zurückgezogen durch dieselbe Kraft, die im vorigen Fall seine Seele beim Erwachen unbewußt in seinen physischen Körper zurückzieht.

Wir lernen auch durch eine solche Meditation, wie der Mensch heruntersteigt aus den höheren Welten, worin er zwischen Tod und neuer Geburt gelebt hat, und wie er sich mit den Kräften und Substanzen verbindet, die ihm gegeben werden durch Eltern und Großeltern und so weiter. Kurz, wir lernen die Kräfte kennen, die die Menschen zwischen Tod und neuer Geburt in eine neue Inkarnation zurückziehen.

Als ein Ergebnis einer solchen Meditation kann man zurückschauen auf einen großen Teil des Lebens, welches vor der Geburt, vor der Empfängnis, zwischen Tod und neuer Geburt in der geistigen Welt zugebracht wurde. Aber durch die Meditation, die eben beschrieben worden ist, kann man meistens nur bis zu einem gewissen Punkt zurückschauen, der vor der letzten Inkarnation liegt; man könnte durch diese Meditation nicht weiter zurückschauen bis in frühere Inkarnationen.

Um in der Gegenwart auf frühere Inkarnationen zurückzu schauen, solange das vorher erwähnte Organ noch nicht im menschlichen Gehirn gebildet worden ist, ist eine andere Art von Meditation nötig als die Meditation im Denken, die wir eben beschrieben haben. Diese andere Meditation kann nur zustandekommen, wenn das Gefühl in den Gegenstand der Meditation gebracht wird. Alles, was eben beschrieben worden ist als Meditation, kann von dem, der meditiert, auch mit dem Gefühl durchdrungen werden.

Wir wollen jetzt diesen Inhalt der Meditation betrachten, der in der Meditation selbst von Gefühl und Empfindung durchdrungen werden muß. Wenn wir zum Beispiel als Inhalt nehmen:

Die Weisheit erstrahlt in dem Licht,

und wir fühlen uns inspiriert durch das Erstrahlen der Weisheit, wenn wir uns erhoben fühlen, wenn wir innerlich durchglüht sind von diesem Inhalt, wenn wir mit enthusiastischen Gefühlen darin leben und darüber meditieren können, dann haben wir etwas mehr vor unseren Seelen als Meditation in Gedanken. Die Kraft, die wir dann in der Seele benützen als Kraft der Empfindung, ist diejenige, die wir sonst in der Sprache benützen. Sprache wird hervorgebracht, wenn wir unsere Gedanken mit innerlichem Gefühl, mit innerlicher Empfindung gründlich durchdringen. Dies ist der Ursprung der Sprache, und Brocas Organ im Gehirn wird auf diese Weise hervorgebracht: die Gedanken des inneren Lebens, die von innerlicher Empfindung durchdrungen sind, werden tätig im Gehirn und bilden auf diese Weise das Organ, welches das physische Instrument der Sprache ist.

Wenn wir so meditieren, wenn unsere Meditation wirklich von solchen Gefühlen durchdrungen ist, dann halten wir in unseren Seelen jene Kraft zurück, die wir im täglichen Leben im Sprechen benützen. Wir können sagen, daß die Sprache die Verkörperung der inneren Seelenkraft ist, welche diese von Gefühl durchdrungenen Gedanken ausdrückt. Wenn wir nun, statt daß wir der Seelenkraft erlauben, in der Sprache hervorzutreten, Meditation aus diesen von Gefühl durchdrungenen Gedanken entwickeln, wenn wir immer weiter und weiter mit dieser Meditation fortfahren, dann gewinnen wir allmählich die Fähigkeit – sogar jetzt ohne das physische Organ –, durch Initiation zurückzuschauen in frühere Erdenleben und auch die Zeit zwischen den Erdenleben zu erforschen, die Zeit, welche immer zwischen Tod und neuer Geburt liegt.

Durch solche Ausbildung des Zurückhaltens der Sprache innerhalb der Seele, oder wie der Okkultist sagt, durch das Zurückhalten des «Wortes» innerhalb der Seele, können wir zurückschauen zum Urbeginn unserer Erde, zurück zu dem, was die Bibel den Schöpfungsakt der Elohim nennt.[31] Wir können zurückschauen bis in die Zeit, wo die wiederholten Erdenleben für die Menschheit anfingen. Denn die okkulte Entwickelung, die wir dadurch erreichen, daß wir das Wort zurückhalten oder die Sprache zurückhalten, befähigt uns, in die sich folgenden Zeitperioden hineinzuschauen, insofern sie mit unserer Erde, mit dem spirituellen Leben unseres Erdenplaneten verbunden sind. Wir werden fähig, die Wesenheiten der höheren Hierarchien zu schauen, insofern sie mit dem spirituellen Leben der Erde verbunden sind.

Aber diese beiden Kräfte des Hellsehens, die in der Meditation durch Gedanken und durch vom Gefühl durchdrungene Gedanken entwickelt werden, können uns nicht zu Erlebnissen führen, welche vor der Zeit der jetzigen Erde liegen, zu Erlebnissen, welche mit früheren planetarischen Inkarnationen unserer Erde verknüpft sind.[10] Hierfür ist die dritte meditative Kraft nötig, von welcher wir jetzt kurz sprechen wollen.

Wir können weiterhin den Inhalt unserer Meditation mit den Impulsen des Willens auf eine solche Weise durchdringen, daß, wenn wir meditieren zum Beispiel über:

Die Weisheit der Welt erstrahlet im Lichte,

wir jetzt wirklich fühlen können, ohne es äußerlich zu wollen, den Impuls unseres Willens verbunden mit jener Tätigkeit. Wir können unser eigenes Wesen mit der ausstrahlenden Kraft des Lichtes verbunden fühlen und können dieses Licht strahlen und vibrieren lassen durch die Welt. Wir müssen den Impuls unseres Willens mit dieser Meditation verbunden fühlen.

Wenn wir auf eine solche Weise meditieren, daß unsere Meditation mit Impulsen des Willens erfüllt wird, so halten wir eine Kraft zurück, die sonst in die Pulsation des Blutes übergehen würde. Sie können leicht beobachten, daß das Leben unseres inneren Ich in das Pulsieren des Blutes übergehen kann, wenn Sie sich daran erinnern, daß wir blaß werden, wenn wir uns fürchten, und erröten, wenn wir uns schämen. Das ist der Übergang der Seelenkraft in das Pulsieren des Blutes. Wenn diese selbe Kraft, die das Blut beeinflußt, so in Tätigkeit tritt, daß sie nicht in das Physische hinuntersteigt, sondern nur in der Seele bleibt, dann fängt diese dritte Meditation an, die wir durch Willensimpulse beeinflussen können.

Derjenige, der diese drei Formen der okkulten Entwickelung durchmacht, fühlt, wenn er nur Denkkraft freimacht, als ob er ein Organ an der Nasenwurzel hätte. Dieses Organ wird als Lotusblume[9] beschrieben, durch welches er dieses Ich oder Selbst bemerken kann, das weit in den Raum ausgedehnt ist.

Derjenige, welcher durch Meditation Gedanken, durchdrungen von Gefühlen, entwickelt hat, wird sich allmählich durch diese entwickelte Kraft, die sonst Sprache geworden wäre, der sogenannten sechzehnblättrigen Lotusblume in der Gegend des Kehlkopfes bewußt. Mit Hilfe dieser sogenannten Lotusblume kann er das begreifen, was mit zeitlichen Dingen vom Anfang der Erde bis ans Erde derselben verbunden ist. Durch dieses Organ lernt man auch in Wirklichkeit die okkulte Bedeutung des Mysteriums von Golgatha erkennen, von welcher wir in unserem nächsten Vortrag sprechen werden.[32]

Durch die zurückgehaltene Seelenkraft, die im normalen alltäglichen Leben sich bis in das Blut und seine Pulsation ausdehnen würde, wird ein Organ in der Gegend des Herzens entwickelt, das in meinem Buch «Die Geheimwissenschaft im Umriß» beschrieben wird und durch welches man die Evolution verstehen kann, die man im Okkultismus als Saturn, Sonne und Mond bezeichnet, die früheren Inkarnationen unserer Erde.

Sie sehen also, daß nicht behauptet wird, okkulte Entwickelung werde gewonnen durch eine Unmöglichkeit oder durch das, was nicht existiert, sondern durch das, was wirklich vorhanden ist innerhalb der menschlichen Seele.

Die erste okkulte Kraft, die erwähnt worden ist, stammt aus einer höheren Entwickelung der Denkkraft, jener Kraft, die sonst nur angewendet wird für Gedanken, die mit der äußeren Welt verknüpft sind.

Die zweite Kraft, von der wir gesprochen haben, ist nur eine höhere Entwickelung dessen, was im alltäglichen Leben von jedem menschlichen Wesen durch den Körper in der Sprache äußerlich angewandt wird in der Entwickelung des Organes für das Wort.

Die dritte Kraft ist eine höhere Ausbildung dessen, was sonst in der menschlichen Seele vorhanden ist, um zu veranlassen, daß das Blut schneller oder langsamer pulsiert, um eine größere oder kleinere Blutmenge zum einen oder anderen Organ des Leibes hinzuleiten, mehr nach der Mitte, wenn wir blaß werden, mehr nach der Oberfläche, wenn wir erröten, mehr oder weniger nach dem Gehirn und so weiter.

Wenn der Mensch diese Kräfte ausbildet, die in ihm vorhanden sind, die aber im gewöhnlichen Leben nur für sein äußerliches körperliches Dasein gebraucht werden, dann beginnt die okkulte Entwickelung. Und das, was durch okkulte Entwickelung erkannt werden kann, kann heute von jedem Menschen verstanden und erfaßt werden, der die Hindernisse zum Verständnis wegräumen will. Das, was durch okkulte Entwickelung gelernt werden kann, ist okkulte Wissenschaft, und in unserem jetzigen Menschheitszyklus muß okkulte Wissenschaft in die menschliche Seele hineinfließen, so daß diese menschliche Seele ihr eigenes Wesen kennenlernen möge, welches unabhängig ist von dem Körper. Die Formen all der Substanzen, die in der äußeren Welt sind, wie Erde, Wasser, Luft und so weiter, vergehen, die Formen der Akasha-Substanz dauern fort. Unsere Seele muß sich durch ihr inneres Leben mit der Akasha-Substanz verbunden fühlen, und in zukünftigen Zeiten wird sie den Wunsch haben, sich an das zu erinnern, was sie in der Gegenwart erlebt. Die Möglichkeit, Ideen und Begriffe zu erlangen, die zu solcher Erinnerung führen können, ergibt sich aus dem Studium der okkulten Wissenschaft, das nur möglich ist, wenn die Erkenntnis, die durch die okkulte Entwickelung erlangt wird, verbreitet und angenommen wird.

Deshalb habe ich in diesem ersten Vortrag versucht, Ihnen klarzumachen, wie durchaus nötig die Verbreitung der okkulten Erkenntnis ist, und den Hinweis auf den Weg zu der okkulten Entwickelung hinzugefügt den Impulsen, die der Entwickelung der Menschheit zugrunde liegen. Nicht durch Worte, gegründet auf gewöhnliche menschliche Betrachtungen, habe ich versucht, die Mission der Geisteswissenschaft klarzulegen, sondern durch die Betrachtung der Tatsachen, die selbst das Ergebnis okkulter Forschung sind. Wer diese Tatsachen auf seine Seele wirken läßt, wird begreifen, daß für denjenigen, der die volle Bedeutung dieser Tatsachen versteht, es unmöglich ist, die Notwendigkeit der Verbreitung der geisteswissenschaftlichen Erkenntnisse in der jetzigen Zeit zu leugnen. Man braucht durchaus nicht fanatisch zu werden, um die Notwendigkeit der entsprechenden Ausbildung anzuerkennen, man braucht nur die Tatsachen zu verstehen, die dem okkulten Leben des Menschen zugrunde liegen.

Und wir können sagen, daß es eigentlich nur Unkenntnis dieser Tatsachen sein kann, die die Menschheit noch von dem anthropposophischen Leben fernhält. Deshalb wird unter den geistigen Bewegungen unserer Zeit die Geisteswissenschaft, wie sie hier verstanden wird, die am wenigsten fanatische und diejenige sein, die am meisten von objektiven Betrachtungen ausgeht. Es ist besonders nötig, immer wieder zu erwähnen, daß alle solchen Theorien, alle solchen Lehren sich schließlich vereinigen müssen innerhalb der anthroposophischen Kreise in einem fundamentalen lebendigen Gefühl.

Es gibt ein objektives geistiges Leben, dessen Spiegelung in der Welt der Maja das Leben ist, von welchem wir umgeben sind. Okkulte Entwickelung ist das Heraustreten aus der Welt der Maja und das Eintreten mit den besten Kräften unseres Ich in die Welt der geistigen Wirklichkeit. Jeder Schritt, den wir in okkulter Erkenntnis und okkulter Entwickelung machen, ist ein Schritt vom Schein zu der Wirklichkeit. Und weil ein echtes Verständnis dieser Tatsache zu nichts anderem führen kann als zu dem Impulse, diese Schritte wirklich zu machen, wird das Schicksal der Geisteswissenschaft gesichert sein, weil immer mehr und mehr Seelen den Wunsch haben werden, die Wahrheit über den Weltengeist objektiv zu erkennen.

Das anthroposophische Feuer, welches in uns entfacht werden kann, ist nur ein Ergebnis des universellen kosmischen Feuers, welches geistig vom Anfang bis zum Ende ausströmt.

Dies ist es, was ich Ihnen gerne sagen wollte in diesem ersten Vortrage über die Mission der anthroposophischen Bewegung im geistigen Leben der Gegenwart.

Die drei Entscheidungen des imaginativen Erkenntnisweges[33]

Einsamkeit – Furcht – Schrecken

Wir haben vor acht Tagen[34] hier im einzelnen betrachtet uns nahestehende Seelen, die, wenn sie jetzt aufgefunden werden sollen, in geistigen Welten aufgesucht werden müssen. Und wir haben so hingeschaut zu diesen uns nahestehenden Seelen, daß wir gerade von ihnen uns haben das oder jenes sagen lassen, was uns Licht verschaffen kann über den Aufenthalt von Wesen in der geistigen Welt. Heute möchte ich die Betrachtung mehr auf den Weg lenken, den die Menschenseele nehmen kann, wenn sie hier im Leibe weilt, in die geistigen Welten hinein, um eben diejenigen geistigen Gefilde zu finden, von denen wir das letzte Mal als dem Aufenthalt der sogenannten verstorbenen Seelen gesprochen haben. Es muß ja immer wieder und wiederum betont werden, daß derjenige Weg in die geistigen Welten hinein, welcher nach der ganzen Entwickelung der Menschheit der Seele der Gegenwart ziemt, ein Weg ist, der durch mannigfaltige Vorbereitungen geht, die zum Teil eben schwierig sind, aber überwunden werden müssen. Und ich möchte heute von einem Gesichtspunkt, den man nennen kann den Gesichtspunkt der imaginativen Erkenntnis, auf einiges im Erkenntniswege hindeuten.

Das ist Ihnen ja ganz geläufig, meine lieben Freunde, daß die Menschenseele wirklich in der geistigen Welt nur Erfahrungen, Beobachtungen machen kann, wenn sie sich nicht bedient des Instrumentes des Leibes. Alles dasjenige, was wir durch das Instrument des Leibes gewinnen können, alles das kann uns ja nur Erfahrungen, Erlebnisse geben, die in der physischen Welt vorhanden sind. Wollen wir Erlebnisse der geistigen Welten haben, so müssen wir die Möglichkeit finden, sie mit unserer Seele außerhalb unseres physischen Leibes zu machen. Nun steht wirklich dem Menschen der Gegenwart diese Möglichkeit offen, wenn sie auch schwierig ist, außerhalb seines Leibes die Beobachtungen der geistigen Welt zu machen. Außerdem ist es immer möglich, daß solche Beobachtungen der geistigen Welt, wenn sie gemacht werden, wenn sie einmal da sind, von dem anderen, der sie nicht machen kann, nach der wirklich gesunden Vernunft beurteilt werden können, nicht nur der Vernunft, die man eine gesunde nennt, sondern nach der wirklich gesunden Vernunft. Aber es soll heute gesprochen werden von dem Wege selbst, von der Art, wie die Menschenseele, man kann auf der einen Seite sagen, herauskommt aus dem physischen Leibe, und auf der anderen Seite, wie sie hineinkommt in die geistige Welt. Und da ich, wie gesagt – heute vor acht Tagen haben wir es von einem anderen Gesichtspunkte aus betrachtet –, diesen Weg heute vom imaginativen Erkenntnisstandpunkt aus betrachten will, so wird manches bildlich zu erörtern sein, was dann Ihrer Meditation überlassen bleibt, weiter zu verfolgen. Wenn Sie das tun, dann werden Sie sehen, daß dieser Erkenntnisweg ganz besonders von Bedeutung ist.

Durch drei Tore kann man gewissermaßen in die geistige Welt eintreten. Das erste kann man nennen das Tor des Todes, das zweite Tor kann man nennen das Tor der Elemente und das dritte kann man nennen das Tor der Sonne. Derjenige, der den vollen Erkenntnisweg gehen will, der muß durch alle drei Tore den Erkenntnisweg nehmen.

Das *Tor des Todes* ist seit uralten Zeiten immer wiederum da, wo man von Mysterienwahrheiten gesprochen hat, wirklich besprochen worden. Dieses Tor des Todes kann nicht erreicht werden, wenn wir es nicht zu erreichen suchen durch dasjenige, was uns ja hinlänglich bekannt ist unter dem Namen Meditation, das heißt Hingabe an irgendwelche, gerade für unsere Individualität geeignete Gedanken oder Empfindungen, die wir so in den Mittelpunkt unseres Bewußtseins hineinstellen, daß wir uns ganz mit ihnen identifizieren. Natürlich erlahmt sehr leicht gerade auf diesem Wege die menschliche Anstrengung, weil es ja wirklich Unbequemlichkeit und Überwindung von inneren Hemmnissen gibt und geben muß, wenn man immer wiederum die stillen intimen Anstrengungen zu machen hat, sich den gegebenen Gedankenmassen, den gegebenen Empfindungen so hinzugeben, daß man die ganze Welt vergißt und nur in diesen Gedanken, in diesen Empfindungen lebt. Aber man wird eben, wenn man das immer wiederum zustandebringt, in die Lage kommen, in dem Gedanken, den man in den Mittelpunkt des Bewußtseins rückt, nach und nach etwas wahrzunehmen wie eine Art selbständigen Lebens dieses Gedankens. Man wird das Gefühl bekommen: Bisher hast du diesen Gedanken immer nur gedacht; du hast den Gedanken in den Mittelpunkt des Bewußtseins gestellt; jetzt fängt er aber an, ein eigenes Leben, eine eigene innere Regsamkeit zu entwickeln. Es ist, wie wenn man in die Lage käme, ein Wesen wirklich in sich hervorzubringen. Der Gedanke fängt an, ein innerliches Gebilde zu werden. Das ist der wichtige Moment, wenn man merkt, daß dieser Gedanke, diese Empfindung ein Eigenleben hat, so daß man sich gleichsam wie die Hülle dieses Gedankens, dieser Empfindung fühlt. So daß man sich sagen kann: deine Anstrengungen haben dich dazu gebracht, einen Schauplatz abzugeben, auf dem sich etwas entwickelt, was jetzt durch dich zu einem eigenen Leben kommt.

Dieses eigene Erwachen, dieses Sichbeleben des meditativen Gedankens, das ist ein bedeutungsvoller Moment im Leben des Meditanten. Dann merkt er, daß er von der Objektivität des Geistigen ergriffen ist, daß sich gewissermaßen die geistige Welt um ihn kümmert, daß sie an ihn herangetreten ist. Natürlich ist es nicht so einfach, bis zu diesem Erleben zu kommen, denn man muß, bevor man zu diesem Erleben kommt, mancherlei Empfindungen durchmachen, die der Mensch aus einem natürlichen Gefühl heraus nicht ganz gerne durchmacht. Ein gewisses Gefühl der *Vereinsamung* zum Beispiel, ein Gefühl der Einsamkeit, ein Gefühl der Verlassenheit muß man durchmachen. Man kann nicht die geistige Welt ergreifen, ohne sich vorher gewissermaßen von der physischen Welt verlassen zu fühlen, zu fühlen, daß diese physische Welt manches tut, was uns wie zermürbt, wie zermalmt. Aber durch solches Gefühl der Vereinsamung hindurch müssen wir dahinkommen, erst ertragen zu können diese innere Lebendigkeit, zu der der Gedanke erwacht, ich möchte sagen, sich gebiert. Vieles, vieles widerstrebt nun dem Menschen; im Menschen selbst widerstrebt vieles dem Menschen, was zur richtigen Empfindung führen kann von diesem innerlichen Beleben des Gedankens. Namentlich ist es *ein* Gefühl, zu dem wir kommen, ein inneres Erlebnis, zu dem wir kommen und das wir eigentlich nicht haben wollen. Aber wir gestehen uns zugleich nicht, daß wir es nicht haben wollen, sondern wir sagen: ach, das kannst du doch nicht erreichen! Dabei schläfst du ein. Dabei verläßt dich dein Denken, die innere Spannkraft will nicht mitgehen. Kurz, man wählt unwillkürlich allerlei Ausreden, denn das, was man erleben muß, das ist, daß der Gedanke, indem er sich so belebt, eigentlich wirklich wesenhaft wird. Er wird wesenhaft, er bildet sich zu einer Art von Wesen aus. Und man hat dann die Schauung – nicht bloß das Gefühl, der Gedanke ist zuerst wie, man möchte sagen, ein kleiner Keim, rundlich, und wächst sich dann aus zu einem bestimmt gestalteten Wesen, das von außen in unser Haupt hinein sich fortsetzt, so daß der Gedanke einem diese Aufgabe stellt: Du hast dich mit ihm identifiziert, nun bist du in dem Gedanken drinnen, und nun wächst du mit dem Gedanken in dein eigenes Haupt hinein; aber du bist im wesentlichen noch draußen. Der Gedanke nimmt die Form an wie ein geflügelter Menschenkopf, der ins Unbestimmte ausläuft und sich dann hineinerstreckt in den eigenen Leib durch das Haupt. Der Gedanke wächst sich also aus wie zu einem geflügelten Engelskopf. Dies muß man tatsächlich erreichen. Es ist schwierig, dieses Erlebnis zu haben, deshalb will man wirklich glauben, in diesem Moment, wo der Gedanke sich also auswächst, alle Möglichkeit des Denkens zu verlieren. Man glaubt, man werde sich selbst genommen in diesem Augenblick. Das aber fühlt man wie einen zurückgelassenen Automaten, was man als seinen Leib bisher gekannt hat und wo hinein der Gedanke sich erstreckt. Außerdem sind in der objektiven geistigen Welt allerlei Hindernisse vorhanden, uns dieses sichtbar zu machen. Dieser geflügelte Engelskopf wird wirklich innerlich sichtbar, aber es sind alle möglichen Hindernisse da, uns das sichtbar zu machen. Und vor allen Dingen ist der Punkt, den man da erreicht hat, die wirkliche Schwelle der geistigen Welt. Und wenn es einem gelingt, also zu sich zu stehen, wie ich es geschildert habe, dann ist man an der Schwelle der geistigen Welt, wirklich an der Schwelle der geistigen Welt. Aber da steht, zunächst ganz unsichtbar für den Menschen, diejenige Gewalt, die wir immer Ahriman genannt haben. Man sieht ihn nicht. Und daß man das, was ich jetzt auseinandergesetzt habe als das ausgewachsene Gedankenwesen, nicht sieht, das verhindert Ahriman. Er will nicht, daß man das sieht. Er will das verhindern. Und weil es ja vorzugsweise der Weg der Meditation ist, auf dem man bis zu dem Punkte kommt, so wird es immer dem Ahriman leicht, einem gewissermaßen das, wozu man kommen soll, auszulöschen, wenn man hängt an den Vorurteilen der physischen Welt. Und wirklich, man muß sagen: Der Mensch glaubt gar nicht, wie sehr er eigentlich an diesem Vorurteil der physischen Welt hängt; wie er sich gar nicht vorstellen kann, daß es eine Welt gibt, die andere Gesetze hat als die physische Welt. Ich kann nicht alle Vorurteile, die man mitbringt an die Schwelle der geistigen Welt, heute erörtern, aber ein hauptsächlichstes will ich doch erörtern, ein etwas intimeres Vorurteil.

Sehen Sie, die Menschen reden, wenn sie von der physischen Welt reden, von monistischer Weltanschauung, von Einheit, und sagen sich sehr häufig: Ich kann die Welt nur dann begreifen, wenn mir die ganze Welt als eine Einheit erscheint. Wir haben da zuweilen gerade mit Bezug auf solche Dinge recht sonderbare Erfahrungen durchmachen müssen. Als wir hier in Berlin unsere geisteswissenschaftliche Bewegung begonnen haben mit wenigen Mitgliedern vor jetzt doch schon recht vielen Jahren, da haben sich manche Menschen hereingefunden, die dann doch nach ihrem ganzen Wesen sich nicht als zugehörig fühlen konnten. So zum Beispiel fand sich eine Dame, die nach einigen Monaten zu uns kam und sagte: Das alles tauge eigentlich für sie nicht, was die Geisteswissenschaft vorzubringen in der Lage sei, denn da müsse man zuviel denken, und das Denken, das lösche bei ihr alles aus, was ihr gerade wertvoll sei; sie komme immer in eine Art von Einschlafen beim Denken. Und außerdem meine sie, daß es ja nur *ein* Wertvolles gebe – das sei die Einheit! Nun erwies es sich, daß die Einheit der Welt, die der Monist auch sucht auf den mannigfaltigsten Gebieten – nicht bloß der materialistische Monist –, bei ihr wie zu einer fixen Idee geworden war: Einheit, Einheit, Einheit! Sie wollte durchaus die Einheit suchen.

Nun haben wir einen deutschen Philosophen, Leibniz, in der deutschen Geistesentwicklung, einen entschieden monadologischen Philosophen, der nicht die Einheit gesucht hat, sondern die vielen Monaden, die für ihn seelische Wesen waren –, der also das klar wußte: sobald man in die geistige Welt kommt, da kann es sich nicht um eine Einheit handeln, sondern nur um eine Vielheit. So gibt es Monisten und Pluralisten. Das sieht man als Weltanschauungen an. Die Monisten bekämpfen die Pluralisten, die von der Vielheit sprechen; sie sprechen nur von der Einheit. Ja, sehen Sie, die Sache ist aber diese, daß Einheit und Vielheit überhaupt Begriffe sind, die nur für die physische Welt Geltung haben. Und nun glaubt man, in der geistigen Welt müßten diese Begriffe auch gelten. Da gelten sie aber nicht. Da muß man sich darauf gefaßt machen, daß man zwar eine Einheit erblickt, aber daß man diese Einheit im nächsten Augenblick überwinden muß und daß sie sich als Vielheit zeigt. Sie ist zugleich eine Einheit und eine Vielheit. Man kann auch nicht in die geistige Welt das gewöhnliche Rechnen, die physische Mathematik hineintragen. Das gehört zu den stärksten, aber auch intimsten ahrimanischen Vorurteilen, daß man die Begriffe, die man sich angeeignet hat in der physischen Welt, so wie sie sind, in die geistige Welt hineintragen will. Aber man muß wirklich ohne Sack und Pack, ohne beschwert zu sein mit dem, was man in der physischen Welt gelernt hat, ankommen an ihrer Schwelle; bereit, es an ihrer Schwelle zurückzulassen. Alle Begriffe, gerade auch diejenigen Begriffe, um die man sich am meisten abgemüht hat, muß man zurücklassen und sich darauf gefaßt machen: da, in der geistigen Welt, da werden einem auch neue Begriffe gegeben, da wird einem ganz Neues gewährt. Dieses Hängen an dem, was die physische Welt gibt, ist ungeheuer stark beim Menschen. Er will dasjenige, was er in der physischen Welt erobert hat, hineintragen in die geistige Welt. Aber er muß die Möglichkeit haben, vor einer vollständigen Tabula rasa zu stehen, vor einer vollständigen Leerheit zu stehen, und nur den Gedanken, der anfängt sich zu beleben, seinen Führer sein lassen. Man hat diesen Eingang in die geistige Welt die Pforte des Todes genannt aus dem Grunde, weil es eigentlich wirklich ein stärkerer Tod noch ist als der physische Tod. Im physischen Tode sind die Menschen überzeugt davon, daß sie ihren physischen Leib ablegen; aber wir müssen uns entschließen bei dem Eintritt in die geistige Welt, auch wirklich unsere Begriffe, unsere Vorstellungen und Ideen abzulegen und unser Wesen neu aufbauen zu lassen.

Nun treten wir hin vor dieses geflügelte Gedankenwesen, von dem ich gesprochen habe. Wir werden schon hintreten, wenn wir uns wirklich alle Mühe geben, in einem Gedanken zu leben. Und dann brauchen wir eben nur zu wissen, wenn der Augenblick, der eintritt, andere Anforderungen, als wir sie uns vorgestellt haben, an uns stellt, daß wir ihnen wirklich auch standhalten, daß wir nicht sozusagen zurückgehen. Dieses Zurückgehen geschieht meist unbewußt. Man erlahmt, aber das Erlahmen ist eben nur der Ausdruck, daß man nicht Sack und Pack ablegen will, weil gewissermaßen die ganze Seele mit dem, was sie sich angeeignet hat auf dem physischen Plane, absterben muß, damit sie in die geistige Welt eintreten kann. Deshalb muß man dieses Tor ganz sachgemäß das Tor des Todes nennen. Und dann schaut man gerade durch dieses geflügelte Gedankenwesen wie durch ein neues geistiges Auge, das man sich angeeignet hat; oder auch durch ein geistiges Ohr, denn man hört auch, man fühlt auch, man vernimmt gerade durch dieses dasjenige, was in der geistigen Welt vorhanden ist.

Es ist eben möglich, meine lieben Freunde, zu sprechen von besonderen Erfahrungen, die man machen kann, damit man in die geistige Welt hineintritt. Daß man diese Erfahrungen machen könne, dazu ist eben wirklich nichts anderes notwendig als Ausharren im vorgezeichneten Meditieren. Namentlich ist es notwendig, sich klar zu werden, daß gewisse Empfindungen, die man heranbringt an die Schwelle der geistigen Welt, wirklich vorher abgelegt werden müssen. Empfindungen, die sich wirklich ergeben daraus, daß man diese geistige Welt gewöhnlich anders haben möchte, als sie einem entgegentritt. Das ist also das erste Tor, das Tor des Todes.

Das zweite Tor nun ist das *Tor der Elemente*. Dieses Tor der Elemente, das wird derjenige, der wirklich eifrig der Meditation sich ergibt, als zweites durchmachen. Aber man kann auch gewissermaßen durch seine Organisation begünstigt sein und sogar an das zweite Tor kommen, ohne durch das erste gegangen zu sein. Das ist nicht gut für ein wirkliches Erkennen, aber es kann sein, daß man dahin gelangt, ohne durch das erste Tor hindurchgegangen zu sein. Ein wirklich sachgemäßes Erkennen ergibt sich nur, wenn man durch das erste Tor gegangen ist und dann an das zweite Tor bewußt tritt. Dieses zweite Tor, das ergibt sich in der folgenden Weise. Sehen Sie, wenn man durch das Tor des Todes gegangen ist, so fühlt man sich zunächst in gewissen Zuständen, von denen man sehen kann: sie sind wirklich äußerlich, in ihrer Wirkung auf den Menschen, in der Art, wie der Mensch sie darlebt, dem Schlafe ähnlich, innerlich aber sind sie ganz verschieden. Äußerlich ist der Mensch wie schlafend während solcher Zustände. Gerade dann, wenn der Gedanke begonnen hat zu leben, wenn er anfängt, sich zu regen, sich zu vergrößern, dann ist der äußere Mensch wirklich wie im Schlafe dabei. Er braucht nicht zu liegen, er kann sitzen, aber er ist wie im Schlafe dabei. Und so wenig, wie man äußerlich unterscheiden kann diesen Zustand vom Schlafe, so sehr ist er innerlich zu unterscheiden. Denn wenn man dann übergeht aus diesem Zustand in den gewöhnlichen Lebenszustand, dann merkt man erst: du hast nicht geschlafen, sondern du warst im Gedankenleben, genau so wie du darinnen bist jetzt, wo du wie gewöhnlich in der physischen Welt erwacht bist und durch deine Augen hinausschaust auf das, was leuchtet. Aber man weiß auch: jetzt, wo du wach bist, denkst du, du machst die Gedanken, du setzest sie zusammen; aber kurz vorher, als du in jenem Zustande warst, machten sich die Gedanken durch sich selbst; der eine kam an den anderen heran; sie klärten einander auf; es tritt der eine von dem anderen hinweg, und das, was man sonst macht im Denken, das hat sich da selbst gemacht. Aber man weiß: während man sonst ein Ich ist, das einen Gedanken an den anderen ansetzt, so schwimmt man gleichsam während dieses Zustandes in dem einen, schwimmt zu dem anderen hin, man ist damit vereinigt; dann ist man fort in einem dritten und schwimmt dann wiederum herbei; man hat das Gefühl: der Raum besteht eigentlich nicht mehr.

Nicht wahr, im physischen Raum würde es so sein, wenn man hingezogen wäre zu einem Punkt und zurückblickte und dann von ihm sich entfernte und wenn man dann von neuem an ihn herankommen wollte, dann müßte man erst den Weg wieder hin machen; man müßte den Weg hin- und zurückmachen. Das ist dann in dem anderen Zustand nicht der Fall. Da ist der Raum nicht so; da durchspringt man den Raum gleichsam. In einem Augenblick ist man an einem Punkt; im anderen ist man wieder weg. Man geht nicht durch den Raum durch. Die Gesetze des Raumes haben aufgehört. Man lebt und webt jetzt selbst in dem Gedanken darinnen. Man weiß: das Ich ist nicht erstorben, es webt im Gedankenweben darinnen, aber man kann noch nicht gleich, wenn man in den Gedanken lebt, Herr sein der Gedanken; die Gedanken machen sich selbst. Man wird gezogen. Man schwimmt nicht selbst in den Gedankenströmen, sondern die Gedanken nehmen einen gleichsam auf den Rücken und tragen einen. Der Zustand muß auch aufhören. Und er hört auf, wenn man durch das Tor der Elemente geht. Dann bekommt man das Ganze in seine Willkür hinein, dann kann man aus Absicht einen bestimmten Gedankenweg machen. Man lebt dann mit seinem Willen drinnen in dem ganzen Gedankenleben. Das ist wiederum ein ungeheuer bedeutungsvoller Moment. Und deshalb habe ich sogar exoterisch in öffentlichen Vorträgen darauf hingewiesen: das zweite erreicht man dadurch, daß man sich mit seinem Schicksal identifiziert. Dadurch erlangt man die Gewalt, in dem Gedankenweben mit Willen darinnen zu sein.

Zuerst, wenn man gegangen ist durch das Tor des Todes, erreicht man das, daß mit einem in der geistigen Welt das oder jenes getan wird. Daß man selbst tun lernt in der geistigen Welt, das erlangt man eben, indem man sich mit seinem Schicksal identifiziert. Man erlangt es erst allmählich. Dann gewinnen eben die Gedanken eine Wesenheit, die mit unserer eigenen Wesenheit identisch ist. Die Taten von unserer Wesenheit kommen in die geistige Welt hinein. Aber um dies in der richtigen Weise zu tun, hat man eben durch das zweite Tor zu gehen. Indem man beginnt, mit der Kraft, die einem wird aus der Identifikation mit dem Schicksal, im Gedanken weben zu wollen so, daß man nicht bloß mitgeht mit dem Gedanken, wie mit einem Traumbild, sondern daß man unter Umständen diesen oder jenen Gedanken auslöschen kann und einen anderen heraufholen kann, daß man also mit Willen hantieren kann, wenn das so beginnt, muß man wirklich diese Erfahrung durchmachen, die man das Durchgehen durch das zweite Tor nennen kann. Und da zeigt sich, daß sich dasjenige, was man nun als Willenskraft braucht, wie ein eigentlich furchtbares Ungeheuer darstellt. Man hat es immer in der Mystik seit Tausenden und Tausenden von Jahren die Begegnung mit dem «Löwen» genannt. Diese Begegnung mit dem Löwen muß man durchmachen. Sie besteht darin, in bezug auf das Fühlen, daß man vor dem Tun in der

Gedankenwelt, vor diesem Lebendig-sich-Verbinden mit der Gedankenwelt, eigentlich wirklich – man kann es so nennen – eine *heillose Furcht* bekommt, die man ebenso überwinden muß wie die Einsamkeit an der Pforte des Todes. Furcht bekommt man. Diese Furcht, die kann einem in der mannigfaltigsten Weise sich als dieses oder jenes Gefühl vortäuschen, das gar nicht Furcht ist. Aber es ist doch im wesentlichen Furcht vor dem, wo man da hineinkommt. Und das, worauf es ankommt, ist, daß man wirklich die Möglichkeit findet, dieses Tier, dem man begegnet, diesen Löwen zu beherrschen. Denn in der Imagination stellt sich einem das richtig so dar, als wenn er sein riesenhaftiges Maul aufsperrte und einen verschlingen wollte. Jene Willenskraft, die man anwenden will in der geistigen Welt, sie droht einen eigentlich zu verschlingen. Man ist fortwährend von dem Gefühl beherrscht: du sollst wollen, aber du mußt etwas tun, mußt dieses oder jenes ergreifen. Aber von all diesen Elementen des Wollens, in die man hineingeht, hat man das Gefühl: wenn du es ergreifst, verschlingt es dich, löscht dich aus in der Welt. Das ist das Verschlingen durch den Löwen. Also, man muß wirklich – bildlich kann man es so nennen –, statt sich der Furcht hinzugeben, daß darinnen in der geistigen Welt einen die Willenselemente ergreifen und verschlingen und erwürgen, sich auf den Rücken des Löwen schwingen und diese Willenselemente ergreifen, muß von sich aus zum Handeln sie benützen. Das ist es, worauf es ankommt.

Nun sehen Sie ja, was das Wesentliche dabei ist. Ist man zuerst durch die Pforte des Todes gegangen, dann ist man draußen außer dem Leibe, und dann kann man nur draußen die Kräfte des Willens benützen. Man muß sich in die Weltenharmonie einfügen. Solche Kräfte aber, die man draußen benützen muß, hat man auch in sich, nur walten sie unbewußt. Die Kräfte, die unser Blut bewegen, die unser Herz pochen machen, die rühren von geistigen Wesen her, in die man untertaucht, wenn man in das Willenselement hineintaucht. Wir haben diese Kräfte in uns. Wenn also jemand, ohne daß er den geordneten esoterischen Weg durchmacht, ergriffen wird vom Willenselement – ohne daß er durch die Pforte des Todes gegangen ist –, dann ergreifen ihn diejenigen Kräfte, die sonst in seinem Blut zirkulieren, in seinem Herzen pochen. Dann verwendet er die Kräfte nicht, die außerhalb seines Leibes, sondern die Kräfte, die in ihm sind. Das würde graue Magie sein. Das würde den Menschen veranlassen, von sich aus in die geistige Welt einzugreifen, mit den Kräften, mit denen wir nicht in die geistige Welt eingreifen dürfen. Und daß man nun den Löwen sieht, daß man dieses Untier wirklich vor sich hat, daß man weiß, so sieht es aus, so wollen einen die Willenskräfte erfassen, und man muß sich ihrer draußen außer dem Leibe bemächtigen – darauf kommt es an. Tritt man nicht an das zweite Tor heran, sieht man ihn nicht, den Löwen, so steht man immer in Gefahr, aus dem menschlichen Egoismus heraus die Welt beherrschen zu wollen. Daher ist der richtige Erkenntnisweg der: zuerst heraus aus dem physischen Leibe und dem physischen Menschensein, und dann erst draußen herantreten an das Verhältnis, in das man einzugehen hat mit den Wesenheiten, die draußen sind.

Nun, dem steht ja gegenüber der Hang der meisten Menschen, wirklich auf eine bequemere Weise als durch gute Meditation in die geistige Welt hineinzukommen. So zum Beispiel kann man die Pforte des Todes vermeiden und, wenn die inneren Anlagen günstig sind, an das zweite Tor herantreten. Das erreicht man dadurch, daß man sich besonderen Vorstellungen, insbesondere inbrünstigen Vorstellungen hingibt, die so ein allgemeines Aufgehen in dem ganzen All darstellen sollen. Vorstellungen, die angeraten werden von dem oder jenem halbwissenden Mystiker, in gutem Glauben angeraten werden. Dadurch betäubt man sich über das Gedankenstreben hinweg und regt direkt das Gefühl an. Man peitscht das Gefühl an, man enthusiasmiert das Gefühl. Dadurch kann man allerdings zunächst an das zweite Tor gelangen und wird auch den Willenskräften übergeben, aber man beherrscht den Löwen nicht, sondern man wird von ihm verschlungen, und der Löwe tut mit einem, was er will. Das heißt: es geschehen im Grunde genommen okkulte, aber im wesentlichen egoistische Dinge. Daher ist es wirklich immer wieder notwendig, aber auch, man möchte sagen etwas riskiert, vom Gesichtspunkte wahrer echter Gegenwarts-Esoterik nicht zu verweisen auf all das, was, man möchte sagen, eine nur Gefühl und Empfindung aufpeitschende Mystik ist. Dieses Appellieren an das, was den Menschen innerlich aufpeitscht, was ihn herauspeitscht aus seinem physischen Leibe, aber ihn doch im Zusammenhang läßt mit den Blut- und Herzenskräften, den physischen Blut- und Herzenskräften, bewirkt eine gewisse Art von Wahrnehmen der geistigen Welt, die dann nicht abzuleugnen ist, die auch viel Gutes enthalten kann, aber die den Menschen zu einem in der geistigen Welt unsicher tappenden Wesen macht und ihn gar nicht fähig macht, Egoismus und Altruismus voneinander zu unterscheiden.

Man ist gerade, wenn man das betonen muß, bei einem schwierigen Punkt, denn bei der eigentlichen Meditation und alledem, was sich auf sie bezieht, schlafen die Gemüter der Gegenwart noch vielfach ein. Sie lieben es, das Denken doch nicht so straff anzuspannen, wie es notwendig ist, um sich mit dem Denken zu identifizieren. Sie lieben es vielmehr, wenn man ihnen sagt: Vertiefe dich in eine alliebende Hingabe zum Weltengeiste oder dergleichen, wobei mit Umgehung des Denkens das Gemüt aufgepeitscht wird. Dann werden die Menschen wirklich in geistige Wahrnehmungen hineingeführt, sie sind aber nicht mit vollem Bewußtsein darinnen und können nicht unterscheiden, ob die Dinge, die sie darinnen erleben, die sie bei sich erleben, dem Egoismus entspringen oder nicht dem Egoismus entspringen. Gewiß, es muß parallelgehen der selbstlosen Meditation die Enthusiasmierung aller Empfindungen, aber eben parallelgehen dem Gedanken. Es muß der Gedanke nicht ausgeschaltet werden. Aber gerade darin, den Gedanken vollständig zu unterdrücken und sich nur dem aufgepeitschten erglühten Gefühl hinzugeben, suchen gewisse Mystiker etwas.

Man ist deshalb hier an einem schwierigen Punkt, weil es ja nützt, weil ja diejenigen viel schneller vorwärtskommen, die so ihre Gefühle aufpeitschen. Sie kommen hinein in die geistige Welt, sie erleben darin allerlei, und das wollen ja die meisten Menschen. Es handelt sich bei den meisten Menschen nicht darum, in der richtigen Weise in die geistige Welt zu kommen, sondern überhaupt nur hineinzukommen. Die Unsicherheit, die dabei eintritt, ist diese, daß wir ja, wenn wir nicht zuerst durch die Pforte des Todes gehen, sondern gewissermaßen direkt an die Pforte der Elemente gehen, dort von Luzifer noch verhindert werden, den Löwen wirklich wahrzunehmen; daß wir gleichsam, bevor wir ihn wahrnehmen, von ihm verschlungen werden. Das Schwierige ist, daß wir nicht mehr unterscheiden können, was sich auf uns bezieht und was draußen ist in der Welt. Wir lernen geistige Wesenheiten kennen, Elementargeister. Eine ganz umfängliche geistige Welt kann man erkennen lernen, auch ohne durch die Pforte des Todes zu gehen, aber es sind zumeist geistige Wesenheiten, welche die Aufgabe haben, den menschlichen Blutlauf, die menschliche Herztätigkeit zu unterhalten. Solche Wesenheiten sind in der geistigen, der elementaren Welt um uns herum ja immer da. Es sind Geister, die ihr Lebenselement in der Luft, in der uns umfließenden Wärme und auch im Licht haben, die auch ihr Lebenselement in den ja physisch nicht mehr wahrnehmbaren Sphärentönen haben, geistige Wesenheiten, die alles Lebendige durchweben und durchziehen. In diese Welt kommen wir dann natürlich hinein. Und verführerisch wird die Sache, weil ja wirklich die wunderbarsten geistigen Entdeckungen gemacht werden können in dieser Welt. Nicht wahr, wenn jetzt von einem, der nicht durch die Pforte des Todes gegangen ist, sondern der direkt an das Löwentor herangerückt ist und den Löwen nicht gesehen hat, wahrgenommen wird ein Elementargeist, der die Aufgabe hat, die Herztätigkeit zu unterhalten, so kann dieser Elementargeist, der auch zugleich die Herztätigkeit anderer Menschen unterhält, unter Umständen Nachricht bringen von anderen Menschen, sogar von Menschen aus der Vergangenheit, oder er kann aus der Zukunft prophetische Nachrichten bringen. Also von großem Erfolg kann die Sache begleitet sein, aber es ist dennoch nicht der richtige Weg, weil er uns nicht frei macht in unserer Beweglichkeit in der geistigen Welt.

Das dritte Tor, das zu durchwandern ist, ist das *Tor der Sonne.* Und da müssen wir, wenn wir an dieses Tor kommen, wiederum eine Erfahrung machen. Während wir am Tor des Todes einen geflügelten Engelskopf, am Tor der Elemente einen Löwen wahrzunehmen, zu schauen haben, müssen wir am Tor der Sonne einen *Drachen,* einen wilden Drachen wahrnehmen. Und dieser wilde Drache, den müssen wir richtig anschauen. Aber Luzifer und Ahriman zusammen bemühen sich nun, den unsichtbar zu machen, ihn uns nicht zum geistigen Gesicht zu bringen. Wenn wir ihn wahrnehmen, dann nehmen wir aber wahr, daß dieser wilde Drache im Grunde genommen das allermeiste mit uns selbst zu tun hat, denn er ist gewoben aus unseren Trieben und Empfindungen, die sich im Grunde auf das, was wir im gewöhnlichen Leben unsere niederste Natur nennen, beziehen. Dieser Drache enthält alle die Kräfte, die wir zum Beispiel brauchen – verzeihen Sie das Prosaische des Ausspruches – zum Verdauen und noch zu manchem anderen. Das, was in uns steckt und die Kräfte abgibt, daß wir verdauen, und manches andere, was im engsten Sinne an unsere allerniederste Persönlichkeit gebunden ist, das erscheint uns in Form des Drachen. Wir müssen ihn anschauen, wenn er sich aus uns herauswindet. Schön ist er nicht, der Drache, und daher haben Luzifer und Ahriman es leicht, unser unterbewußtes Seelenleben so zu beeinflussen, daß wir unbewußt nichts wissen wollen vom Sehen dieses Drachen. Es sind ja in ihn auch hineingewoben alle Albernheiten, alle unsere Eitelkeiten, unsere Stolzheit und unsere Selbstsucht, aber auch die niedersten Triebe.

Wenn wir den Drachen nicht schauen am Tor der Sonne – man nennt es das Tor der Sonne, weil gerade in den Sonnenkräften die Kräfte leben, aus denen auch der Drache gewoben ist, denn die Sonnenkräfte sind es, die bewirken, daß wir verdauen und die anderen organischen Verrichtungen vollziehen, es ist wirklich durch das Zusammenleben mit der Sonne –, wenn wir also den Drachen nicht schauen am Tor der Sonne, dann verschlingt er uns, dann werden wir in der geistigen Welt eins mit ihm. Dann sind wir nicht mehr unterschieden von dem Drachen, dann sind wir eigentlich der Drache, der erlebt in der geistigen Welt. Und er kann Bedeutungsvolles erleben, er kann gewissermaßen großartige Erfahrungen machen. Erfahrungen, welche, ich möchte sagen, einschmeichelnder sind als diejenigen, die man macht am Tor des Todes oder hinter dem Tor des Todes. Die Erfahrungen, die man macht am Tor des Todes, sind zunächst farblos, schattenhaft, intim, so leicht und intim, daß sie uns leicht entschwinden, daß wir gar nicht sehr geneigt sind, die Aufmerksamkeit zu entfalten, um sie festzuhalten. Und wir müssen immer wiederum uns anspannen, dasjenige, was da leicht im Gedanken sich belebt, sich vergrößern zu lassen. Es vergrößert sich zuletzt zu einer Welt. Aber, bis es auftritt als farben-, töne-, lebendurchdrungene Wirklichkeit, das fordert langes, energisches Arbeiten und Streben. Denn man muß gewissermaßen diese farb- und tonlosen Gestalten sich beleben lassen überall aus der Unendlichkeit her. Will man zum Beispiel den einfachsten Luft- oder Wassergeist entdecken durch, man kann es jetzt nennen, Kopfhellsehen – gemeint ist das Hellsehen, was entsteht durch Belebung des Gedankens –, dann ist zunächst dieser Luft- oder Wassergeist etwas, was so leicht und schattenhaft über den Horizont der geistigen Welt hinhuscht, daß es einen gar nicht interessiert. Und wenn er farbig oder tönend werden soll, dann muß aus dem ganzen Umkreis des Kosmos die Farbigkeit an ihn heranrücken. Das geschieht aber erst in langer innerer Arbeit. Das geschieht erst durch Warten, bis man begnadet wird. Denn denken Sie, wenn Sie also – bildlich gesprochen – solch einen Luftgeist haben, wenn er jetzt in Farben herankommen soll, wenn er gefärbt erscheinen soll, so muß von einem mächtigen Teil des Kosmos die Farbe hereinstrahlen. Man muß die Kraft haben, sie hereinstrahlen zu machen. Diese Kraft kann aber nur durch Hingabe erreicht werden, erworben werden. Die strahlenden Kräfte müssen von außen hereinkommen durch Hingabe. Ist man mit seinem Drachen einerlei, ist man eins mit ihm, dann wird man, wenn man einen Luft- oder Wassergeist sieht, geneigt sein, die Kräfte, die in einem drinnen sind und gerade in den im gewöhnlichen Leben niedrig genannten Organen drinnen sind, hinauszustrahlen. Das ist viel leichter. Unser Haupt ist an sich ein vollkommenes Organ, aber in dem astralischen Leibe und dem Ätherleib des Hauptes, da ist nicht viel Farbiges darinnen, weil die Farben verwendet sind, zum Beispiel um das Gehirn, namentlich die Gehirnschale zu bilden. So daß, wenn Sie aus dem Haupte heraus durch Kopfhellsehen an der Schwelle der geistigen Welt den Astralleib und Ätherleib herausheben aus dem physischen Leibe, so hat er nicht viel Farbe in sich. Die Farben sind verwendet, um das vollkommene Organ, das Gehirn, zu bilden. Wenn Sie aber im – wir können es nennen – *Bauchhellsehen* aus den Organen des Magens, der Leber, der Galle und so weiter den Astralleib und Ätherleib herausheben, da sind die Farben noch nicht so verwendet, um vollkommene Organe zu bilden. Diese Organe sind erst auf dem Wege zur Vollkommenheit. Dasjenige, was vom Astralleib und Ätherleib des Bauches ist, das ist wunderschön gefärbt, das glänzt und glitzert in allen möglichen Sonnenfarben. Und heben Sie da den Ätherleib und

Astralleib heraus, so verleihen Sie den Gestalten, die Sie sehen, die wunderbarsten Färbungen und Tönungen. So daß es vorkommen kann, daß jemand Wunderbares sieht und ganz großartige farbige Gemälde entwirft. Es ist gewiß interessant, denn für den Anatomen ist es ja auch interessant, Milz, Leber und Gedärme zu untersuchen, und es ist dies vom Standpunkte der Wissenschaft auch notwendig. Aber wenn es derjenige, der kundig ist, untersucht, so ist das, was in so schönen farbigen Bildern erscheint, dasjenige, was zwei Stunden nach dem Essen dem Verdauungsprozeß zugrunde liegt. Dagegen ist gewiß nichts einzuwenden, daß man das untersucht. So wie der Anatom die Dinge untersuchen muß, so wird die Wissenschaft einmal viel davon haben, diese Dinge zu untersuchen, zu wissen, was der Ätherleib macht, wenn der Magen verdaut. Aber darüber müssen wir uns ganz klar sein: Wenn wir nicht dadurch, daß wir das zusammenfassen mit unserem Drachen, dadurch, daß wir bewußt an das Tor der Sonne gehen, wenn wir nicht wissen, wir laden all dasjenige, was im Äther- und Astralleib unseres Bauches ist, in diesen Drachen hinein, wir sondern das ab, dann strahlen wir es hinaus in die Hellseher-Gebilde, dann bekommen wir eine wunderbare Welt. Das Schönste und leichtest zu Erreichende kommt zunächst nicht von den höheren Kräften, vom Kopfhellsehen, sondern vom Bauchhellsehen. Und das ist durchaus wichtig zu wissen. Denn für den Kosmos gibt es nichts im absoluten Sinne Niedriges, es gibt nur relativ Niedriges. Der Kosmos muß mit ungeheuer bedeutsamen Kräften arbeiten, um das zustande zu bringen, was zum menschlichen Verdauungsapparat notwendig ist. Aber es handelt sich darum, daß wir uns keinen Irrtümern hingeben, keinen Täuschungen uns hingeben, sondern daß wir wissen, was die Dinge sind. Wenn wir wissen, daß irgend etwas, was einen wunderbaren Aspekt darbietet, nichts anderes ist als der Verdauungsprozeß, so ist das außerordentlich wichtig. Wenn wir aber glauben, daß uns durch ein solches Bild vielleicht eine besondere Engelswelt sich offenbare, dann sind wir eben in einem Irrtum befangen. Also nicht dagegen, daß eine Wissenschaft gepflegt wird aus diesem Wissen, kann sich der Vernünftige wenden, sondern nur dagegen, daß etwa solche Dinge in ein falsches Licht gerückt werden. Das ist es, um was es sich handelt. So kann es zum Beispiel vorkommen, daß jemand eben gerade durch einen Vorgang innerhalb des Verdauungsprozesses in einer bestimmten Etappe der Verdauung immer einen bestimmten Teil des Ätherleibes heraushebt; dann kann er ein natürlicher Hellseher sein. Man muß da nur wissen, um was es sich handelt.

Der Mensch wird also schwer dazu kommen, durch Kopfhellsehen, wo alles Farbige des Äther- und Astralleibes dazu verwendet ist, um das wunderbare Gefüge des Gehirns zustande zu bringen, das Farblose und Tonlose zum Vollgefärbten, Tönenden zu bringen. Aber er wird verhältnismäßig leicht dazu kommen, mit Bauchhellsehen die wunderbarsten Dinge der Welt zu sehen. Dabei liegen natürlich in diesem Bauchhellsehen auch Kräfte, die der Mensch verwenden lernen muß. Diejenigen Kräfte, die da verwendet werden zu unserem Verdauungsprozeß, sind ja nur verwandelte Kräfte, und richtig erleben wir sie, wenn wir immer mehr und mehr ausbilden lernen die Identifizierung mit dem Schicksal. Das ist auch auf diesem Felde dasjenige, was uns lehrt: Dem, was zuerst als geflügelter Engelskopf heraufkam, müssen wir ja nachziehen den anderen Teil, und da handelt es sich darum, daß wir nicht nachziehen nur die Kräfte, die zur Verdauung dienen, sondern auch diejenigen, die höherer Art sind; das sind diejenigen, die in unserem Karma, unserem Schicksal liegen. Wenn wir uns damit identifizieren, dann gelingt es uns, hinauszutragen die geistigen Wesen, die wir um uns sehen, die jetzt die Tendenz haben, daß die Töne und Färbungen hereinfließen aus dem Weltenraum. Dann wird natürlich die geistige Welt eine vollinhaltliche, eine konkrete, ebenso wirklich und konkret, daß wir uns darin befinden, wie wir uns in der physischen Welt befinden.

Eine besondere Schwierigkeit am Tor des Todes macht das, daß wir wirklich die Empfindung haben – und die müssen wir auch überwinden –, du verlierst dich selbst eigentlich da! Aber wenn man wirklich sich angestrengt hat und sich mit dem Gedanklichen identifiziert, kann man sogleich auch das Bewußtsein haben: Du verlierst dich, aber du findest dich wieder. Das ist eine Erfahrung, die man macht. Man verliert sich, wenn man eintritt in die geistige Welt, aber man weiß, daß man sich auch wiederfindet. Den Übergang hat man zu machen: an den *Abgrund* zu kommen, im Abgrund sich zu verlieren, aber mit dem

Vertrauen, daß man sich drüben wiederfindet. Das ist eine Erfahrung, die man durchmachen muß. Alles, was ich geschildert habe, sind eben durchaus innere Erlebnisse, die man durchzumachen hat. Und daß man erfährt, was da eigentlich mit der Seele geschieht, das ist wichtig. Es ist das gerade, wie wenn man etwas sehen soll; wird man hingewiesen von einem Freund, dann ist das besser, als wenn man es sich selbst ausdenkt. Aber erreichen kann man alles das, was geschildert worden ist, indem man sich wirklich hingebungsvoll immer wiederum der inneren Arbeit und inneren Überwindung durch Meditation hingibt, wie Sie es geschildert finden in den Büchern «Wie erlangt man Erkenntnisse der höheren Welten?» und im zweiten Teil der «Geheimwissenschaft».

Dies ist von ganz besonderer Wichtigkeit, daß man diese andersartigen Erfahrungen machen lernt jenseits der Schwelle der geistigen Welt. Wenn man, wie es ja naturgemäß ist beim Menschen, bloß den Drang hat, in der geistigen Welt eine Fortsetzung, eine Verdoppelung nur der physischen Welt zu finden, wenn man meint, in der geistigen Welt müsse alles ebenso aussehen wie hier in der physischen Welt, dann kann man nicht hineinkommen. Man muß wirklich das durchmachen, was man wie eine Umkehrung empfindet von alledem, was man hier in der physischen Welt erfahren hat. Hier in der physischen Welt ist man gewöhnt, zum Beispiel die Augen aufzumachen und Licht zu sehen, durch das Licht beeindruckt zu werden. Wenn man das erwartet in der geistigen Welt, daß man ebenso ein geistiges Auge aufmachen kann, um durch das Licht beeindruckt zu werden, dann kann man nicht hineinkommen, denn man erwartet etwas Falsches. Das webt etwas wie einen Nebel, der sich vor die geistigen Sinne legt, der einem die geistige Welt verdeckt, so wie ein Nebelmeer einem ein Gebirge verdeckt. In der geistigen Welt kann man zum Beispiel nicht von Licht beschienene Gegenstände sehen, sondern da muß man sich klar sein darüber, daß man mit dem Lichte selbst strahlt in der geistigen Welt. Wenn in der physischen Welt der Lichtstrahl auf einen Gegenstand fällt, sieht man ihn; in der geistigen Welt aber ist man in dem Lichtstrahl selber darinnen und berührt damit den Gegenstand. So daß man sich selbst schwimmend mit dem Lichtstrahl in der geistigen Welt weiß; man weiß, daß man im strahlenden Licht drinnen ist. Das ist dasjenige, was einem einen Fingerzeig geben kann, wie man sich Begriffe aneignen kann, die geeignet sind, einem in der geistigen Welt vorwärts zu helfen. Es ist zum Beispiel ungeheuer nützlich, sich einmal vorzustellen: Wie wäre es, wenn du jetzt in der Sonne wärest? Dadurch, daß du nicht in der Sonne bist, siehst du die Gegenstände, wenn die Sonnenstrahlen die Gegenstände beleuchten, durch die zurückgeworfenen Strahlen. Man muß sich vorstellen, man ist in den Sonnenstrahlen drinnen und berührt damit die Gegenstände. Diese Berührung ist ein Erlebnis in der geistigen Welt; darin besteht gerade das Erleben in der geistigen Welt, daß man sich darinnen lebendig weiß. Man weiß sich lebendig im Weben der Gedanken. Gerade wenn dieser Zustand anfängt, daß man sich bewußt im Weben der Gedanken darinnen weiß, dann geht das unmittelbar über in ein Sich-Wissen im hellstrahlenden Licht. Denn der Gedanke ist aus dem Licht. Der Gedanke webt im Licht. Aber das erfährt man erst dann, daß man eigentlich wie untertaucht in das Licht, wenn man mit diesem Gedankenweben darinnen ist.

Die Menschheit ist jetzt auf einer Stufe, wo sie sich solche Vorstellungen aneignen muß, damit sie nicht durch die Pforte des Todes geht, wo sie ja in der geistigen Welt darinnen ist, und dann in ganz ungewohnte Welten hineinkommt. Das Kapital, das die Menschen mitbekommen haben von den Göttern im Erdenurbeginn, ist allmählich aufgezehrt. Die Menschen tragen jetzt das nicht mehr mit durch die Pforte des Todes, was noch Reste waren eines alten Erbgutes. Sie müssen sich jetzt allmählich hier in der physischen Welt Begriffe aneignen, die auch dann, wenn die Menschen durch die Pforte des Todes geschritten sind, dazu dienen, die ihnen nach Überschreitung als versucherische und verführerische, als gefährlich entgegentretende Wesen sichtbar zu machen. Mit diesen großen kosmischen Zusammenhängen ist es verbunden, daß eben jetzt Geisteswissenschaft der Menschheit mitgeteilt werden muß, daß Geisteswissenschaft unter die Menschen treten muß. Und man kann beobachten, wie gerade in unseren Tagen, in unseren so schicksalsbewegten Tagen, Übergänge wirklich geschaffen werden. Es gehen Menschen in jungen Jahren jetzt durch die Pforte des Todes, vom großen Zeitenschicksale gefordert, die gewissermaßen mit vollem Bewußtsein in jungen Jahren den Tod an sich haben herankommen lassen. Ich meine jetzt nicht so sehr den Moment, bevor der Tod zum Beispiel auf dem Schlachtfelde eingetreten ist. Da mag ja vieles da sein an Begeisterung und dergleichen, die das Erlebnis des Todes zu keinem so eminenten, so von Aufmerksamkeit durchtränkten machen, als man sonst glauben möchte. Aber wenn er eingetreten ist, der Tod, dann ist es ein Tod, der übrigläßt einen noch unverbrauchten Ätherleib, in unserer Zeit übrigläßt einen unverbrauchten Ätherleib, auf den der Tote nun hinschauen kann; so daß nun der Tote dieses Phänomen, diese Tatsache des Todes, mit einer viel größeren Deutlichkeit sieht, als er es dann sieht, wenn der Tod durch Krankheit oder durch Altersschwäche eintritt.

Dieser Tod auf dem Schlachtfeld ist ein intensiveres, ein stärker wirkendes Ereignis in unseren Tagen als ein Tod, der auf andere Weise eintritt. Dadurch wirkt das auf die Seele, die durch die Pforte des Todes gegangen ist, und wirkt belehrend. Der Tod ist schrecklich oder kann wenigstens schrecklich sein für den Menschen, solange er im Leibe weilt. Wenn der Mensch aber durch die Pforte des Todes gegangen ist und zurückblickt auf den Tod, so ist der Tod das schönste Erlebnis, das überhaupt im menschlichen Kosmos möglich ist. Denn dieses Zurückblicken auf dieses Hineingehen in die geistige Welt durch den Tod ist zwischen Tod und neuer Geburt das allerwunderbarste, das schönste, großartigste, herrlichste Ereignis, auf das der Tote überhaupt zurückschauen kann. Weil gerade von unserer Geburt so wenig vor unserem physischen Erleben jemals wirklich steht – es erinnert sich ja kein Mensch mit den gewöhnlichen, nicht ausgebildeten Fähigkeiten an seine physische Geburt –, ebenso sicher steht immer der Tod da für die Seele, die durch die Pforte des Todes gegangen ist, von dem Auftauchen des Bewußtseins an. Er ist immer vorhanden, aber er steht da als das Schönste, als der Auferwecker in die geistige Welt hinein. Und er ist ein Belehrer wunderbarster Art, ein Belehrer, der wirklich für die empfängliche Seele beweisen kann, daß es eine geistige Welt gibt, weil er das Physische durch seine eigene Wesenheit vernichtet und aus dieser Vernichtung eben nur hervorgehen läßt dasjenige, was geistig ist. Und diese Auferstehung des Geistigen, mit dem vollständigen Abstreifen des Physischen, das ist ein Ereignis, das immer dasteht zwischen Tod und neuer Geburt. Das ist ein tragendes, ein wunderbar großes Ereignis, und in sein Verständnis wächst die Seele nach und nach hinein; wächst hinein in einer ganz einzigartigen Weise dann, wenn nun dieses Ereignis in dem Grade, man möchte sagen, ein selbstgewähltes Ereignis ist, wenn der Mensch sich diesen Tod natürlich nicht gesucht, aber zum Beispiel dadurch, daß er gewissermaßen freiwillig sich eingereiht hat, ihn doch freiwillig gefunden hat. Dadurch gewinnt dieser Moment wiederum an Deutlichkeit. Und ein Mensch, der sonst nicht viel über den Tod nachgedacht hat, der wenig oder nur zum Teil sich um die geistige Welt gekümmert hat, der kann nun gerade in unserer Zeit an dem Tode, nach seinem Tode, einen wunderbaren Belehrer bekommen. Und das ist für den Zusammenhang der physischen mit der geistigen Welt etwas, was gerade in diesem Kriege als etwas ungeheuer Bedeutsames steckt. Ich habe es schon in einigen Vorträgen dieser schweren Zeit betont: es reicht nicht aus dasjenige, was wir tun können durch die bloße Belehrung, durch das Wort; aber ungeheure Belehrung wird für die Menschen der Zukunft kommen dadurch, daß so viele Tode eingetreten sind. Die wirken auf die Toten, und die Toten wiederum greifen ein in den Zukunftskulturprozeß der Menschheit.

So kann ich gerade von einem solchen Toten, der in jungen Jahren in unseren Tagen durch die Todespforte gegangen ist, Worte mitteilen, die – ich möchte sagen – durchgekommen sind; Worte, die gerade deshalb einem überraschend sind gewissermaßen, weil sie bezeugen, wie der Tote, der den Tod mit besonderer Deutlichkeit fühlte als auf dem Schlachtfelde erlebt, nun sich hineinfindet in dieses andersartige Erleben nach dem Tode; wie er sich herausarbeitet aus den Erden-Vorstellungen und sich hineinarbeitet in die geistigen Vorstellungen. Ich will Ihnen auch diese Worte hier mitteilen. Sie sind, wenn ich das so charakterisieren darf, aufgefangen, als ein solcher auf dem Schlachtfelde Verstorbener sie wie heranbringen wollte an diejenigen, die er zurückgelassen hat.

Im Leuchtenden,
Da fühl' ich

Die Lebenskraft.
Der Tod hat mich
Vom Schlaf erweckt,
Vom Geistesschlaf.
Ich werde sein,
Und aus mir tun,
Was Leuchtekraft
In mir erstrahlt.

Das ist gewissermaßen von dem Hinblicken nach dem erlittenen Tode von dem Toten erlernt, im Erlernen erlebt, so wie wenn das Wesen sich erfüllte mit dem, was es nach dem Tode eben leben lernen muß am Anblick des Todes und wovon es auch Kunde geben, die es offenbaren will.

Im Leuchtenden, da fühle ich die Lebenskraft.

Also er fühlt, daß er im höheren Grade lebendig ist in bezug auf das Erfassen der geistigen Welt, als er es hier war vor dem Tode. Er fühlt den Tod als eine Art Erwecker und Belehrer:

Der Tod hat mich
Vom Schlaf erweckt,
Vom Geistesschlaf.

Und nun fühlt er auch schon, daß er ein Handelnder wird in der geistigen Welt:

Ich werde sein, und aus mir tun . . .

Aber er fühlt, daß dieses Tun in ihm die Leuchtekräfte tun, er fühlt das Licht in ihm erleben:

Ich werde sein
Und aus mir tun,
Was Leuchtekraft
In mir erstrahlt.

Man kann eben überall sehen, richtig sehen, wie dasjenige, was erschaut werden kann in der geistigen Welt, immer wieder und wiederum von neuem die reinste Bestätigung desjenigen abgibt, was auch wiederum durch die sogenannte Imaginationserkenntnis aus dieser geistigen Welt heraus eben im allgemeinen bekannt werden kann. Und das ist es, was man so möchte, daß es belebt werde, so recht belebt werde durch unsere geisteswissenschaftliche Bewegung: daß wir es nicht bloß zu tun haben mit einem Wissen von der geistigen Welt, sondern daß dieses Wissen in uns wirklich so lebendig werde, daß wir eine andere Art mit der Welt zu fühlen, mit der Welt zu empfinden, uns aneignen, indem die Begriffe der Geisteswissenschaft in uns lebendig werden. Dieses innerliche Beleben der Gedanken der Geisteswissenschaft, das ist ja dasjenige, wie ich schon oft gesagt habe, schon wiederholt gesagt habe, was von uns im Grunde genommen gefordert wird, so gefordert wird, daß es unser Beitrag sein soll für die Weiterentwickelung der Welt, damit zusammenfließen die aus der Geisteswissenschaft heraus geborenen spirituellen Gedanken, die sich in die geistige Welt hinauferheben wie Leuchtekräfte, die dem leuchtenden Weltall zurückgegeben werden; damit das Weltall sich vereinige mit dem, was die durch die Pforte des Todes Gegangenen in unseren schicksalsschweren Tagen der geistigen Kulturbewegung der Menschheit einverleiben. Dann wird das eintreten, was einbegriffen ist in die Worte, mit denen wir auch heute wieder unsere Betrachtungen schließen wollen:

Aus dem Mut der Kämpfer,
Aus dem Blut der Schlachten,
Aus dem Leid Verlassener,
Aus des Volkes Opfertaten
Wird erwachsen Geistesfrucht –
Lenken Seelen geistbewußt
Ihren Sinn ins Geisterreich.

Anthroposophie und Naturwissenschaft[35]

Yoga, Askese, Denkerkraftung

Dieser Kongreß ist Ihnen als ein Weltanschauungskongreß angekündigt worden, und Sie werden ihn wohl auch nach der Ankündigungsweise als einen solchen hinnehmen. Wer aber heute über Weltanschauungsfragen sprechen will, darf nicht vorbeigehen an der Naturwissenschaft, vor allen Dingen nicht an den Weltanschauungskonsequenzen, welche diese Naturwissenschaft gebracht hat. Diese Naturwissenschaft ist ja in einem gewissen Sinne seit Jahrhunderten – man darf sagen, seit dem fünfzehnten, sechzehnten Jahrhundert – immer mehr und mehr die Beherrscherin des menschlichen Denkens innerhalb der Kulturwelt geworden.

Nun würde man ja sehr viel zu sagen haben, wenn man hinweisen wollte auf die großen Erkenntnistriumphe dieser Naturwissenschaft und auf die Umgestaltung unseres ganzen Lebens durch die Errungenschaften naturwissenschaftlicher Forschung. Das hieße aber, für alle Anwesenden Bekanntes wiederholen. Vom Weltanschauungsstandpunkt aus muß an der Naturwissenschaft noch etwas ganz anderes interessieren. Das ist die Rolle als Erzieher der ganzen zivilisierten Menschheit, welche die Naturwissenschaft seit langer Zeit eingenommen hat. Und gerade wenn man von dieser erzieherischen Rolle im Entwicklungsgang der modernen Menschheit spricht, dann kommt man eigentlich auf – ich möchte sagen – zwei Paradoxien. Gestatten Sie mir, von diesen Paradoxien heute auszugehen.

Das erste, was sich vollzogen hat – mehr in bezug auf das menschliche Innere – von der naturwissenschaftlichen Forschungsweise aus, das ist eine Umgestaltung des menschlichen Gedankenlebens als solchem. Wer unbefangen frühere Weltanschauungsströmungen ins Auge zu fassen weiß, der wird sich sagen müssen, daß innerhalb dieser Weltanschauungsströmungen – aus den Bedingungen der Menschheitsentwicklung in älteren Epochen – das Denken wie selbstverständlich etwas aus dem eigentlichen Menschlichen hinzugetan hat zu demjenigen, was Experiment und Beobachtung der Natur ergaben. Man braucht sich ja nur zu erinnern an die gegenwärtig überwundenen Erkenntniszweige, an die Astrologie, die Alchimie, und man wird darauf kommen, wie in solchen für ehemalige Kulturepochen angemessenen Erkenntnisarten an die Natur so herangegangen wurde, daß wie selbstverständlich das menschliche Denken aus sich heraus zu demjenigen etwas hinzugab, was es aussagen wollte, oder auch, was es sich offenbaren ließ durch die Dinge der Welt.

Das hat vor der naturwissenschaftlichen Gesinnung der neueren Zeit aufgehört. Wir sind, wenn ich mich so ausdrücken darf, heute gewissermaßen verpflichtet, die Wahrnehmungen, die uns Beobachtung und Experiment geben, rein hinzunehmen, sie zu verarbeiten zu den sogenannten Naturgesetzen. Wir bedienen uns in der Bearbeitung von Experiment und Beobachtung allerdings des Denkens; aber wir bedienen uns des Denkens nur als eines Mittels, um die Erscheinungen zusammenzustellen, so daß sie uns durch ihr eigenes Dasein ihren inneren Zusammenhang, ihre Gesetzmäßigkeit offenbaren. Und wir machen es uns zur Aufgabe, vom Denken aus nichts hinzuzutun zu dem, was wir in der Außenwelt beobachten können. Wir sehen dies geradezu als ein Ideal naturwissenschaftlicher Gesinnung – und das mit Recht – an.

Was ist unter solchen Einflüssen das menschliche Denken geworden? Es ist eigentlich der Diener, das bloße Mittel für die Forschung geworden. Der Gedanke als solcher hat gewissermaßen nichts mehr zu sagen, wenn es sich darum handelt, die Gesetzmäßigkeit der Erscheinungen in der Welt zu untersuchen.

Damit aber ist das eine Paradoxon gegeben, auf das ich hinweisen möchte. Dadurch ist der Gedanke gewissermaßen als ein menschliches Erlebnis ausgeschaltet aus dem Verhältnis, das der Mensch mit der Welt in bezug auf Realitäten eingeht. Der Gedanke ist ein formales Hilfsmittel geworden, um die Realitäten zu begreifen. Er ist innerhalb der Naturwissenschaft nicht mehr ein Selbstoffenbarendes.

Das bedeutet für das Innere des Menschenlebens außerordentlich viel. Es bedeutet, daß wir hinschauen müssen auf das Denken als auf dasjenige, was sich weise und bescheiden zurückzuhalten hat, wenn es auf die Betrachtung der Außenwelt ankommt, was gewissermaßen innerhalb des Seelenlebens eine eigene Strömung ist.

Und fragt man sich dann: Wie kann Naturwissenschaft selber an dieses Denken heranrücken? – dann kommt man eben auf das Paradoxon, dann kommt man dazu, sich zu sagen: Wenn sich das Denken zurückziehen muß in die Verarbeitung der Naturprozesse, wenn es nur formell, aufklärend, zusammenstellend, ordnend eingreifen darf, dann liegt es auch nicht innerhalb der Naturprozesse selber, dann wird es paradox, wenn wir die – allerdings jetzt vom naturwissenschaftlichen Standpunkt aus berechtigte – Frage aufwerfen: Wie können wir aus naturwissenschaftlicher Gesetzmäßigkeit das Denken als eine Offenbarung des menschlichen Organismus begreifen? Und da können wir heute denn doch nichts anderes sagen, wenn wir unbefangen und ernst im naturwissenschaftlichen Leben drinnenstehen, als: In demselben Maße, in dem sich das Denken zurückziehen mußte von den Naturprozessen, kann zwar die Betrachtung der Naturprozesse immer wieder und wiederum anstreben, bis zum Denken hinzugelangen, aber sie kann dieses Streben nicht zu irgendwelcher Befriedigung bringen. Das Denken ist gewissermaßen, wie es methodisch ausgeschaltet ist, so auch in der Realität aus den Naturprozessen ausgeschaltet, ist verurteilt, bloßes Bild und keine Realität zu sein.

Ich glaube nicht, daß heute schon viele Menschen im vollen Bewußtsein sich die Tragweite dieses Paradoxons klarmachen. Aber in den unterbewußten Untergründen des Seelenlebens lebt in einer ungezählten Menge von Menschen der Gegenwart schon die Empfindung davon, daß wir mit demjenigen, was uns zum Menschen eigentlich macht – denn nur als denkende Wesen können wir uns als Menschen betrachten; im Denken sehen wir unsere menschliche Würde –, als mit etwas durch die Welt gehen, dessen Realität wir vorläufig nicht zugeben können, das wir als Bilddasein durch die Welt tragen. Wir fühlen uns gewissermaßen in einer Nichtrealität, indem wir auf unser Edelstes in der Menschennatur hinweisen.

Das ist etwas, was dem auf der Seele liegt, der in ernster Weise sich in die naturwissenschaftlichen Forschungsmethoden sowohl der unorganischen Naturwissenschaft wie der Biologie eingelassen hat und für sich mehr im Sinne einer Weltanschauung die Konsequenzen dieser Forschungsmethoden als der einzelnen Ergebnisse ziehen möchte.

Man möchte sagen: Hier liegt etwas, was zu herben Zweifeln der Menschenseele hinführen kann. Zweifel entstehen allerdings zunächst im Verstand, aber sie strömen hinunter in das menschliche Gemüt. Und gerade derjenige, welcher in einem tieferen, unbefangenen Sinn die menschliche Natur – in dem Sinn, wie ich es in den nächsten Vorträgen für Einzelheiten werde auszuführen haben – zu betrachten versteht, der weiß, wie die Gemütsverfassung, namentlich wenn gewisse Strömungen dieser Gemütsverfassung in die Dauer übergehen, hinunterwirkt selbst in die Leibesverfassung des Menschen und wie aus dieser Leibesverfassung oder Leibesdisposition zu diesem und jenem wiederum heraufquillt die Lebensstimmung. Ob wir den Zweifel hinunterschicken müssen durch unser Gemüt oder nicht, davon hängt es ab, ob wir mutvoll durch das Leben schreiten, so daß wir für uns selbst aufrecht zu stehen wissen, daß wir auch in heilsamer Weise wirken können unter unseren Mitmenschen, oder ob wir verstimmt, niedergeschlagen, untüchtig für uns selbst, untüchtig für unsere Mitmenschen durch das Leben wandeln. Ich sage nicht – und meine nächsten Vorträge werden zeigen, daß ich das nicht zu sagen brauche –, daß das, was ich jetzt ausgesprochen habe, dauernd zum Zweifel führen muß; aber es führt leicht, wenn keine Fortsetzung der Naturwissenschaft nach jenen Richtungen hin stattfindet, die ich zu schildern haben werde, auf den Weg des Zweifels.

Die großartigen Errungenschaften der Naturwissenschaft nach der Außenwelt hin stellen an den Menschen in bezug auf seine Seele außerordentliche Anforderungen, wenn er, wie es der hier vertretene Weltanschauungsstandpunkt durchaus muß, in positiver Art zur Naturwissenschaft steht, – Anforderungen: Stärkeres, Kräftigeres dem Zweifel entgegensetzen zu können, als man entgegenzusetzen braucht, wenn diese Anforderungen nicht von den gesicherten Ergebnissen der Naturwissenschaft kommen.

Führt nach dieser Seite hin also, allerdings nur scheinbar, die Naturwissenschaft zu etwas Negativem für das Seelenleben, so hat sie uns – und damit habe ich mein zweites Paradoxon auszusprechen – nach der anderen Seite etwas außerordentlich Positives gebracht; und ich spreche mit diesem Positiven wiederum ein Paradoxon aus, das mir besonders stark vor die Seele getreten ist, als ich vor jetzt mehr als zwanzig Jahren meine «Philosophie der Freiheit» ausgearbeitet habe, als ich versuchte, unter Aufrechterhaltung einer wirklichen naturwissenschaftlichen Weltanschauung hinter das Wesen der menschlichen Freiheit zu kommen.

Ja, Naturwissenschaft mit ihrer Gesetzmäßigkeit kommt eigentlich theoretisch leicht zu einer Ableugnung der menschlichen Freiheit. Hier aber ist es, wo Naturwissenschaft für ihre Anschauungen theoretisch eigentlich das Gegenteil von dem herausbekommt, was sie in der Praxis ausbildet. Wenn wir immer ernster und ernster uns vertiefen in die Bildnatur des Denkens, wenn wir gerade aus dem Verfolg naturwissenschaftlicher Anschauungsart – nicht naturwissenschaftlicher Theorien – dazukommen, diese Bildnatur des Denkens, von der ich gesprochen habe, innerlich seelisch richtig zu erleben, dann sagen wir uns: Wenn das Denken in uns nur Bild ist, wenn es nicht eine Realität ist, dann hat es nicht wie eine Naturkraft eine zwingende Wirkungsweise. Ich darf dann dieses Denken vergleichen – und der Vergleich ist mehr als ein solcher – etwa einer Summe von Spiegelbildern. Bilder, vor denen ich stehe, können mich nicht zwingen. Vorhandene Kräfte können mich zwingen, ob sie außer mir oder in mir vorhanden gedacht werden; Bilder können mich nicht zwingen. Bin ich also in der Lage, innerhalb jenes reinen Denkens, das gerade die Naturwissenschaft durch ihre Methoden in uns heranerzieht, meine moralischen Impulse zu fassen, kann ich moralische Impulse so in mir ausgestalten, daß ich zu ihrer Ausgestaltung lebe in *demselben Denken,* zu dem mich die Naturwissenschaft erzieht, dann habe ich in diesen im reinen Denken erfaßten moralischen Impulsen *keine* zwingenden Kräfte, sondern Kräfte und Bilder, nach denen ich mich nur selbst bestimmen kann. Das heißt: Wenn Naturwissenschaft auch noch so sehr – man möchte sagen, sogar mit einem gewissen Rechte – aus ihren Untergründen heraus die Freiheit leugnen muß, so erzieht sie, indem sie zu dem Bilddenken erzieht, den Menschen unserer Kulturwelt zur Freiheit.

Das sind – ich möchte sagen – die beiden Pole, der eine in

bezug auf das Gedankenleben, der andere in bezug auf das Willensleben, vor die die menschliche Seele durch die naturwissenschaftlichen Anschauungen der Gegenwart hingestellt wird. Aber damit weisen wir zugleich darauf hin, wo die naturwissenschaftliche Weltanschauung über sich selbst hinauszeigt. Sie muß ja irgendeine Stellung einnehmen zu dem menschlichen Denken. Aber sie schaltet dieses menschliche Denken aus. Sie weist damit auf eine Forschungsmethode hin, die sich vor ihr – vor dieser Naturwissenschaft – voll rechtfertigen und die dennoch zu einem begreiflichen Erleben des Denkens hinführen kann. Sie weist auf der anderen Seite darauf hin, daß die naturwissenschaftliche Anschauungsweise, weil sie selbst im Grunde genommen theoretisch bis zur Freiheit nicht herankommen kann, fortgesetzt werden muß in ein anderes Gebiet, um eben die Sphäre der Freiheit zu erreichen.

Was ich hier wie eine Notwendigkeit, die sich aus der Naturwissenschaft selbst ergibt, hinstelle – das Fortsetzen dieser Naturwissenschaft in ein Gebiet hinein, zu dem die, wenigstens heute anerkannte, Naturwissenschaft nicht kommen kann –, versucht die Weltanschauung, die hier vertreten werden soll. Sie kann das heute, da sie im Anfang ihres Werdens steht, selbstverständlich nur in einer gewissen unvollkommenen Art. Aber der Versuch muß gemacht werden; denn gerade die Seelenerlebnisse in bezug auf das Denken und die Freiheit, die ich geschildert habe, breiten sich aus über immer mehr Seelen der gegenwärtigen Kulturmenschheit. Wir dürfen ja heute nicht mehr glauben, daß sich etwa nur diejenigen, die sich irgendwie mit der Wissenschaft zu tun gemacht haben, solche Forderungen und Fragen und Rätsel vorlegen müssen, wie ich sie charakterisiert habe. Auch in die Kreise – man möchte sagen, bis in die fernsten Dörfer hinaus –, in die keine naturwissenschaftlichen Ergebnisse erheblicher Art dringen, dringt die Erziehung zu einem solchen Denken, wie die Naturwissenschaft es fordert, und bringt dann, wenn auch heute noch sehr, sehr unbewußt, die Ungewißheit in bezug auf die menschliche Freiheit. Daher handelt es sich bei diesen Dingen nicht bloß um wissenschaftliche Fragen, sondern es handelt sich durchaus um allgemeine Menschheitsfragen.

Es handelt sich also darum: Kann man, wenn man sich auf

den Boden naturwissenschaftlicher Erziehung stellt, innerhalb des Erkenntnisweges weiter dringen, als die Naturwissenschaft der Gegenwart dringen kann?

Meine sehr verehrten Anwesenden! Das kann versucht werden – kann so versucht werden, daß man die Wege vor dem strengsten Naturwissenschafter rechtfertigen kann –, kann auf Wegen gesucht werden, die von naturwissenschaftlicher Gesinnung und von naturwissenschaftlicher Gewissenhaftigkeit angelegt sind! Von solchen Wegen möchte ich nun zunächst heute, meine Vorträge einleitend, sprechen.

Aber dieser Erkenntnisweg ist, obzwar er von vielen Seelen heute bereits unbewußt ersehnt wird, in Begriffen nicht leicht auszusprechen. Daher möchte ich, damit wir uns am heutigen Abend verständigen können – nur zur Verständigung – die Schilderung von älteren Erkenntniswegen heranziehen, welche die Menschheit gegangen ist, um zu Erkenntnissen zu kommen, die über dieses Gebiet, das heute die Naturwissenschaft behandelt, hinaus liegen.

Man kann sagen: Vieles von dem, wovon heute die Meinung besteht, daß es gar nicht Objekt der Erkenntnis sein könne, sondern nur Objekt eines Glaubens, was traditionell heraufgekommen ist in der Menschheitsentwicklung, was als ehrwürdige Tradition heute lebt und als solche als Glaubensinhalt hingenommen wird, das ist, vor einer wirklich unbefangenen Geschichtsbetrachtung, doch herstammend aus älteren, unserer heutigen Kultur nicht mehr angemessenen Erkenntnismethoden. Alles, wovon man heute glaubt, daß es eben Glaubensvorstellung bleiben solle, was als altehrwürdige Tradition hingenommen wird, das führt den unbefangenen Geschichtsbetrachter zurück in uralte Menschheitsepochen. Und dort zeigt sich, daß solche heutigen Glaubensinhalte als der damaligen Zeit angemessene Erkenntnisinhalte von irgendwelchen Menschen durch Ausbildung ihrer eigenen Seele, durch Entwicklung verborgener Seelenkräfte gesucht worden sind, also wirkliche Erkenntnisinhalte bildeten. Man ist sich heute nicht bewußt, *wie* manches einmal gefunden worden ist, was geschichtlich heraufgekommen ist in der Menschheitsentwicklung; aber es ist auf älteren Erkenntniswegen gefunden worden.

Wenn ich solche Erkenntniswege schildere, so geschieht es

allerdings schon mit Hilfe der Methoden, die ich später schildern werde, also so, daß vielfach diejenigen, die nur aus äußeren historischen, nicht aus geistigen Dokumenten die älteren Epochen der Menschheit schildern, Anstoß nehmen können an meiner Schilderung. Derjenige aber, der unbefangen auch die äußeren historischen Dokumente prüft und sie dann vergleicht mit dem, was ich heute aus einem gewissen Schauen heraus zu sagen haben werde, der wird dennoch einen wirklichen Widerspruch nicht finden. Und als zweites möchte ich betonen, daß ich diese älteren Erkenntniswege nicht etwa aus dem Grund schildere, weil ich sie heute irgend jemandem anempfehlen möchte, um höhere Erkenntnisse zu erringen. Sie sind älteren Epochen angemessen und können heute dem Menschen, wenn er sie aus einem Irrtum heraus auf sich anwendet, sogar schädlich werden. Also nur damit wir uns verständigen können über heutige Erkenntnismethoden, greife ich zwei ältere Wege heraus, schildere sie und veranschauliche daran die Wege, die der Mensch heute zu gehen hat, wenn er über die bloße Sphäre des naturwissenschaftlichen Erkennens, wie es heute gilt, hinaus will.

Da haben wir zunächst einen Weg – wie gesagt, ich könnte aus der Fülle der älteren Erkenntniswege auch andere herausgreifen, ich greife aber die zwei folgenden heraus –, da haben wir zunächst einen Weg, der in seiner reinen Gestalt in uralten Zeiten im Orient von einzelnen Menschen begangen worden ist, den *Yoga-Weg*.

Der Yoga-Weg hat mannigfaltige Phasen durchgemacht, und gerade das, worauf ich heute den größten Wert legen werde, ist in spätere Epochen hineingekommen in einem durchaus dekadenten, schadhaften Zustand, so daß der Historiker, wenn er spätere Epochen betrachtet, vom Menschen ausgehend, das, was ich zu schildern haben werde, als etwas für ihn sogar Schädliches wird schildern müssen. Allein die Menschennatur hat in den aufeinanderfolgenden Epochen die mannigfaltigsten Entwicklungen durchgemacht. Für alte Epochen war etwas ganz anderes der Menschennatur angemessen als in späteren. Was in früheren Zeiten eine echte Erkenntnismethode sein konnte, wurde vielleicht später nur verwendet, um dem Machtkitzel der Menschen, dem Machtkitzel des einzelnen Menschen gegenüber seinen Mitmenschen zu frönen. Das war in den ältesten Zeiten, für die ich die Yoga-Übung charakterisieren möchte, nicht der Fall.

Worin bestand der Yoga-Weg, der in sehr alten orientalischen Zeiten von Einzelnen, die, wenn wir den heutigen Ausdruck gebrauchen wollen, Gelehrte in höheren Weltengebieten bildeten, gegangen worden ist? Nun, er bestand neben anderem in einer besonderen Art von Atmungsübungen. Ich greife die Atmungsübungen aus einer Fülle von Übungen, die der Yoga-Schüler oder -Gelehrte, der Yogi, auf sich nehmen mußte, heraus. Wenn wir heute auf unser Atmen achten, so müssen wir sagen: Es ist ein Prozeß, der sich im gesunden menschlichen Organismus zum größten Teil unbewußt vollzieht. Man muß schon in irgendeiner Weise etwas Krankhaftes in sich tragen, wenn man das Atmen spürt. Je selbstverständlicher – so möchte man sagen – sich der Atmungsvorgang in unserem Leben abspielt, desto richtiger ist es für das gewöhnliche Bewußtsein und für das gewöhnliche Leben. Der Yogi aber gestaltete für die Zeit seines Übens, in der er sich Erkenntniskräfte anentwickeln wollte, die im gewöhnlichen Bewußtsein nur schlummern, den Atmungsprozeß um. Warum tat er das? Er gestaltete ihn so um, daß er eine andere Zeitlänge zum Einatmen, zum Atemhalten, zum Ausatmen verwendete, als man das im gewöhnlichen selbstverständlichen Atmen tut. Er tat das, um sich den Atmungsprozeß zum Bewußtsein zu bringen. Der gewöhnliche Atmungsrhythmus wird nicht bewußt. Der umgestaltete Atmungsrhythmus, der aus der menschlichen Willkür heraus in seinen Zeitlängen festgesetzt wird, der verläuft vollständig bewußt. Was aber geschieht dadurch? Nun, man braucht sich nur physiologisch auszudrücken, wenn man einsehen will, was der Yogi erreichte durch dieses Sich-zum-Bewußtsein-Bringen seines Atmungsprozesses: Wenn wir einatmen, geht der Atemstoß in unseren Organismus hinein, er geht aber auch durch den Rückenmarkskanal in das menschliche Gehirn hinein. Da vereinigt sich der Rhythmus der Atmungsströmung mit den Vorgängen, welche die materiellen Träger des Gedankenlebens sind, mit den Nerven-Sinnes-Vorgängen. Wir haben eigentlich niemals, wenn wir im gewöhnlichen Denken leben, bloße Nerven-Sinnes-Vorgänge, sondern immer Nerven-Sinnes-Vorgänge, die durchströmt sind von unserem Atmungsrhythmus. Eine Verbindung, ein Ineinanderwirken, ein Sichharmonisieren der Nerven-Sinnes-Vorgänge und der Atmungsrhythmus-Vorgänge, die finden immer statt, wenn wir unser Gedankenleben ablaufen lassen. Indem nun der Yogi in vollbewußter Weise seinen veränderten Atmungsrhythmus in den Nerven-Sinnes-Prozeß hineinschickte, verband er auch für sein Bewußtsein den Atmungsrhythmus mit dem Denkrhythmus, mit dem logischen Rhythmus, – besser gesagt: mit der logischen Zusammensetzung und Analyse der Gedanken. Dadurch veränderte er sein ganzes Gedankenleben. Nach welcher Richtung veränderte er es? Nun, gerade dadurch, daß ihm sein Atmungsleben voll bewußt wurde, durchströmten gewissermaßen die Gedanken nun ebenso seinen Organismus wie die Atmungsströmung selbst. Man möchte sagen: der Yogi ließ auf den Atmungsströmungen die Gedanken laufen, und er erlebte sich im inneren Rhythmus seines menschlichen Wesens erfüllt mit auf den Strömungen des Atmens lebenden Gedanken. Dadurch hob sich der Yoga-Gelehrte heraus von der übrigen Masse seiner Mitmenschen, und er konnte dieser Masse Erkenntnisse verkünden, die sie selber nicht haben konnte.

Um einzusehen, was da eigentlich geschah, muß man ein wenig hinschauen auf die besondere Art, wie die älteren Erkenntnisse im gewöhnlichen populären Bewußtsein der Menschenmassen wirkten.

Wir legen heute den größten Wert darauf, daß, wenn wir in die Außenwelt hinausschauen, wir reine Farben schauen, daß, wenn wir Töne hören wir reine Töne hören und daß wir ebenso die übrigen Wahrnehmungen in einer gewissen Reinheit, das heißt in der Reinheit, wie sie uns der bloße Sinnesprozeß geben kann, hinnehmen. Das war für die Bewußtseine älterer Kulturmenschen nicht so. Nicht daß, wie vielfach irrtümlicherweise eine gewisse Gelehrsamkeit glaubt, die Menschen älterer Zeiten in die Natur allerlei hineinphantasiert hätten! Die Phantasie war nicht so außerordentlich wirksam. Aber es war dieser älteren Kulturmenschheit durch die ganze Konstitution des Menschen der damaligen Zeit ganz natürlich, nicht bloß reine Farbenerscheinungen, reine Tonerscheinungen, reine andere Sinnesqualitäten zu sehen, sondern in allem zugleich ein Seelisch-Geistiges wahrzunehmen. So sah man in Sonne und Mond, in den Sternen, in Wind und Wetter, in Quelle und Fluß, in den Wesen der einzelnen Naturreiche Geistig-Seelisches, wie wir heute reine Farben sehen, reine Töne hören, die wir dann erst mit Hilfe des rein gewordenen Denkens in ihrem Zusammenhang zu erkennen suchen. Damit war aber für die ältere Menschheit ein anderes noch gegeben: nämlich daß damals nicht ein so starkes, innerlich gefestigtes Selbstbewußtsein vorhanden war, wie wir es heute haben. Indem der Mensch Geistig-Seelisches in allen Dingen der Umwelt wahrnahm, nahm er sich selber als ein Glied dieser ganzen Umwelt wahr. Er sonderte sich nicht als ein selbständiges Ich von dieser Umwelt ab. Wenn ich vergleichsweise sprechen wollte, so könnte ich sagen: Wenn meine Hand Bewußtsein hätte, wie würde sie dann denken über sich selbst? Sie würde sich sagen, sie sei kein selbständiges Wesen, habe nur Sinn an meinem Organismus. So etwa hat der ältere Mensch sich nicht als ein selbständiges Wesen ansehen können, sondern als ein Glied der gesamten Natur, die er aber durchgeistigt, durchseelt anschauen mußte.

Aus dieser Anschauung, die die Unselbständigkeit des menschlichen Ich bedingte, hob sich der Yogi heraus. Er kam dadurch, daß er sein Denken gewissermaßen zusammenkoppelte mit dem Atmungsprozeß, der die ganze innere Wesenheit des Menschen erfüllt, zu einer Erfassung des menschlichen Selbstes, des menschlichen Ich. Dasjenige – möchte ich sagen –, was für uns heute durch unsere vererbten Eigenschaften, durch unsere Erziehung, wenn wir ein erwachsener Mensch sind, selbstverständlich ist, daß wir uns als Selbst, als Ich fühlen, das mußte in jenen alten Zeiten auf dem Umwege durch Übungen errungen werden. Dadurch aber hatte man von dem Erleben dieses Selbstes, dieses Ich, etwas ganz anderes, als wir heute haben. Es ist durchaus zweierlei: ob man etwas wie selbstverständliches Erleben hinzunehmen hat – und uns ist das Ichgefühl, das Selbstgefühl ein selbstverständliches Erleben – oder ob man es auf solchen Wegen, auf Erkenntniswegen, sich erst erringt, wie es für eine ältere orientalische Kultur der Fall war. Da lebt man mit, was im Universum kraftet und wellt und webt, während man heute, wenn man schon auf einem gewissen Niveau dasselbe erlebt, nichts mehr vom Universum miterlebt.

Daher offenbarte sich durch seine Übungen die menschliche Selbstheit, die menschliche Ichheit, das menschliche Seelenwesen für den Yogi. Und wir können sagen: Indem dann dasjenige, was auf diesem Erkenntniswege gefunden werden konnte, als Offenbarungen in das allgemeine Kulturbewußtsein überging, wurde es der Inhalt wichtigster geistiger Erzeugnisse älterer Zeiten.

Wiederum will ich aus vielem eines herausheben. Da haben wir wunderbar herüberleuchtend aus dem alten Orient das herrliche Lied Bhagavad Gita. Wir haben in dieser Gita in einer wunderbaren Weise, aus tiefster menschlicher Lyrik heraus, die Erlebnisse an dem menschlichen Selbst geschildert: wie dieses Selbst den Menschen, wenn er es erlebend erkennt, erkennend erlebt, zu einem Mitfühlen mit dem All führt, wie es ihm seine eigentliche Menschlichkeit und seinen Zusammenhang mit einer Überwelt, mit einer geistigen, mit einer übersinnlichen Welt offenbart. In immer neuen wunderbaren Tönen schildert die Gita dieses Erleben des eigenen Selbstes in seiner Hingabe an das All. Für denjenigen, der sich – wie gesagt – mit unbefangener Geschichtsbetrachtung in diese älteren Zeiten zu vertiefen versteht, ist es klar, daß die herrlichen Klänge der Gita hervorgegangen sind aus dem, was durch solche Erkenntnisübungen, wie ich sie geschildert habe, erlebt werden konnte.

Meine sehr verehrten Anwesenden! Ein solcher Erkenntnisweg war für eine ältere orientalische Kulturepoche der angemessene. Es war dazumal allgemeines Menschheitsurteil, daß man sich in eine gewisse Einsamkeit und Einsiedelei zurückziehen müsse, wenn man Verbindung mit übersinnlichen Welten haben wollte. Und zur Einsamkeit, zur Einsiedelei verurteilte sich in einer gewissen Beziehung derjenige, der solche Übungen machte. Denn diese Übungen bringen den Menschen in eine gewisse Sensibilität. Sie machen ihn überempfindlich gegenüber der robusten Außenwelt. Er muß sich vom Leben zurückziehen. In älteren Zeiten fanden gerade solche einsame Menschen Vertrauen bei ihren Mitmenschen. Man nahm, was sie zu sagen hatten, als Erkenntnisvorstellungen hin. Heute ist das unserer Kultur nicht mehr angemessen. Mit Recht fordert die heutige Menschheit, daß derjenige, zu dem sie als einem Erkennenden Vertrauen haben soll, mitten im Leben drinnenstehe, daß er es aufnehmen könne mit dem robusten Leben, mit menschlicher Arbeit und menschlichem Wirken, wie es die Zeitforderung gestaltet. Mit dem, der sich zurückziehen muß vom Leben, fühlen sich die heutigen Menschen eben nicht in derselben Weise verbunden wie die Menschen älterer Kulturepochen.

Wer das gründlich überdenkt, muß sich sagen: Heutige Erkenntniswege müssen anders sein – und wir werden von solchen anderen Wegen gleich nachher zu sprechen haben. Vorher möchte ich aber – wiederum nur zur Verständigung, nicht, weil ich ihn etwa anempfehlen möchte für einen Menschen der Gegenwart – noch einen Weg, der ebenfalls für ältere Zeiten ein angemessener war, den *Weg der Askese,* seinem Prinzip nach schildern.

Dieser Weg der Askese wurde dadurch gegangen, daß man Leibesvorgänge, Leibesanforderungen herablähmte, herabstimmte, so daß der menschliche Leib nicht in derselben robusten Weise wirkte, wie er im normalen Leben wirkt. Man lähmte die Leibesfunktionen auch dadurch herab, daß man den menschlichen äußeren physischen Organismus in schmerzhafte Zustände hineinbrachte. Alles das brachte diejenigen, die diesen asketischen Weg gingen, zu gewissen menschlichen Erlebnissen, die durchaus Erkenntniserlebnisse waren. Ich will gewiß nicht sagen, daß es für den gesunden menschlichen Organismus, durch den wir hereingeboren sind in das Erdenleben zwischen Geburt und Tod, richtig sei, ihn herabzustimmen, wenn es sich darum handelt, diesen Organismus in das gewöhnliche Leben wirksam hineinzustellen. Dieser gesunde Organismus ist für die äußere sinnliche Natur, die zwischen Geburt und Tod des Menschen doch das menschliche Leben trägt, durchaus das Angemessene. Dabei bleibt es dennoch richtig, daß die alten Asketen, die diese Organisation herabgestimmt hatten, dazu kamen, nun ihr Seelisches rein zu erleben und sich mit ihrem Seelischen drinnenstehend zu wissen in einer geistigen Welt. Gerade dadurch ist nämlich unser physisch-sinnlicher Organismus für das Leben zwischen Geburt und Tod das Angemessene, daß er uns, wie eben die Erlebnisse der Asketen zeigen konnten, verbirgt, was geistige Welt ist. Und es war einfach ein Erlebnis der alten Asketen, daß man durch Herabstimmen der Leibesfunktionen in die geistigen Welten bewußt eintreten konnte. Das ist wiederum kein Weg für die Gegenwart. Derjenige, der in dieser Art seinen Organismus herabstimmt, der macht sich untauglich für das Wirken unter seinen Mitmenschen, der macht sich auch untauglich gegenüber sich selbst. Das heutige Leben fordert Menschen, die sich aus ihm nicht zurückziehen, die sich ihre Gesundheit erhalten oder, wenn sie geschwächt ist, sie sogar verstärken, nicht aber Menschen, die sich vom Leben zurückziehen. Die könnten kein Vertrauen gewinnen, einfach nach der Gesinnung unserer Gegenwart. Daher kann dieser Weg der Askese, der aber durchaus in älteren Zeiten zu Erkenntnissen geführt hat, nicht ein heutiger Weg sein.

Aber sowohl dasjenige, was der Yoga-Weg, wie dasjenige, was der asketische Weg an Erkenntnissen über die übersinnliche Welt geliefert hat, ist in uralten – ich möchte sagen – heiligen Traditionen erhalten, wird heute von der Menschheit hingenommen als etwas, was gewisse seelische Bedürfnisse befriedigt. Und man fragt nicht danach, wie das, was man so als Glaubensvorstellungen aufnimmt, dennoch auf einem wirklichen, wenn auch für unsere heutige Zeit nicht mehr angemessenen Erkenntnisweg gesucht worden ist.

Der heutige Erkenntnisweg muß ein durchaus anderer sein. Wir haben ja gesehen: der eine Weg, der Yoga-Weg, versuchte gewissermaßen auf dem Umweg durch das Atmen zu dem Denken zu kommen, um dieses Denken in einer anderen Weise zu erleben, als es im gewöhnlichen Leben wahrgenommen wird. Wir können aus dem schon angeführten Grunde diesen Umweg durch das Atmen nicht machen. Daher müssen wir versuchen, auf eine andere Weise zu einer *Umgestaltung des Denkens* zu kommen, um durch das umgestaltete Denken dann zu Erkenntnissen zu gelangen, die eine Art Fortsetzung der Naturerkenntnisse sind. Deshalb gehen wir heute, wenn wir uns richtig verstehen, davon aus, das Denken nicht durch den Umweg des Atmens zu bearbeiten, sondern es direkt zu bearbeiten, indem wir gewisse Übungen machen, durch die wir das Denken innerlich kraftvoller, energischer gestalten, als es im gewöhnlichen Bewußtsein ist.

Im gewöhnlichen Bewußtsein geben wir uns einem mehr passiven Denken hin, das sich an den Verlauf der äußeren Vorgänge hält. Wenn wir einen neueren übersinnlichen Erkenntnisweg gehen wollen, dann setzen wir gewisse leicht überschauliche Vorstellungen in den Mittelpunkt unseres Bewußtseins. Wir bleiben innerhalb des bloßen Gedankens. Ich weiß, daß manche Menschen dasjenige, was ich jetzt schildern werde, schon im späteren Yoga-Weg, zum Beispiel in dem des Patanjali, finden wollen. Aber so, wie das heute gemacht wird, ist es durchaus innerhalb orientalischer Geistesschulung noch nicht enthalten, – deshalb nicht enthalten, weil selbst, wenn heute ein Mensch die Yoga-Übungen ausführte, sie anders wirkten wegen der Veränderung, die der menschliche Organismus durchgemacht hat, als sie bei den Menschen früherer Epochen gewirkt haben.

Wir wenden uns also heute direkt an das Denken, und zwar dadurch, daß wir Meditation pflegen, daß wir uns konzentrieren auf gewisse Gedankeninhalte durch längere Zeiten. Wir machen seelisch etwas durch, was sich vergleichen läßt mit der Erkraftung eines Muskels. Wenn wir einen Muskel in fortdauernder Arbeit immer wieder und wiederum gebrauchen, ganz gleichgültig, welches Zweck und Ziel dieser Arbeit sind, muß er erkraften. Dasselbe können wir mit dem Denken ausführen. Statt daß wir uns mit diesem Denken immer nur hingeben dem Verlauf der äußeren Vorgänge, bringen wir mit starker Willensanstrengung von uns selbst gebildete oder von einem auf diesem Gebiet Kundigen uns gegebene überschaubare Vorstellungen, in denen keine Erinnerungsreminiszenzen leben können, deren wir uns nicht bewußt sind, in den Mittelpunkt unseres Bewußtseins, – schalten alles andere Bewußtsein aus, konzentrieren uns nur auf einen solchen Bewußtseinsinhalt. Ich möchte mit einem Goetheschen Faustwort sagen: Zwar ist es leicht – es sieht nämlich so aus –, doch ist das Leichte schwer! Denn das muß von dem einen wochenlang, von dem andern monatelang vollzogen werden. Wenn dann das Bewußtsein lernt, auf demselben Gedankeninhalt so zu ruhen und immer wieder zu ruhen, daß er einem völlig gleichgültig ist, und man alle innere Aufmerksamkeit und alles innere Erleben auf die Erkraftung, auf die seelische Energisierung des Gedankenlebens wendet, dann gelangen wir zuletzt zu dem entgegengesetzten Vorgang gegenüber dem, den der Yogi durchmachte. Wir reißen nämlich unser Denken von dem Atmungsprozeß los.

Es erscheint das heute noch dem Menschen als etwas Absurdes, als etwas Phantastisches. Allein geradeso, wie der Yogi gewissermaßen sein Denken nach dem Innern des Leibes getrieben hat, um es mit dem Rhythmus seines Leibesatems zu verbinden und so sein Selbst, seine innere Geistigkeit zu erleben, geradeso lösen wir das Denken los auch von dem Rest des Atmungsprozesses, der unbewußt in all unserem gewöhnlichen Denken lebt. (Die genaueren Übungen, in allen Einzelheiten, die ein streng exaktes System darstellen, finden Sie geschildert in meinem Buche «Wie erlangt man Erkenntnisse der höheren Welten?» oder in dem anderen «Geheimwissenschaft» oder auch in «Von Seelenrätseln» und in anderen meiner Schriften.) Man gelangt allmählich auf diese Weise dazu, den Gedankengang nicht nur aus dem Atmungsprozeß herauszuziehen, sondern völlig frei von der Leiblichkeit zu machen. Jetzt sieht man erst ein, welch großen Dienst auch die sogenannte materialistische, besser gesagt mechanistische Weltanschauung der Menschheit geleistet hat. Sie hat uns aufmerksam gemacht, daß das gewöhnliche Denken auf dem Untergrunde leiblicher Vorgänge steht. Dadurch kann gerade die Anregung kommen, ein Denken zu suchen, das nicht mehr auf leiblichen Vorgängen ruht. Das kann aber nur gefunden werden, indem das gewöhnliche Denken erkraftet wird in der geschilderten Weise. Dadurch gelangen wir zu einem leibfreien Denken, zu einem Denken, das in bloß seelischen Vorgängen besteht. Ja, wir lernen auf diese Weise das, was in uns Bildnatur war, zwar zunächst nur als Bilder kennen, aber als Bilder, die selbständiges, von unserer Leiblichkeit unabhängiges Leben uns zeigen.

Das ist der erste Schritt zu einem Erkenntnisweg, wie er dem modernen Menschen heute angemessen ist. Dadurch aber gelangen wir zu einem Erlebnis, das dem gewöhnlichen Bewußtsein verborgen ist. Wie der indische Yogi sich in seinem Denken verbunden hat mit dem, was innerer Atmungsrhythmus war, und dadurch auch mit seinem geistigen Selbst, das in dem Atmungsrhythmus lebt, ebenso, wie er also nach innen stieg, so gehen wir nach außen. Indem wir das logische Denken losreißen von dem Organismus, an den es eigentlich gebunden ist als logisches Denken, dringen wir mit diesem Denken in den äußeren Rhythmus der Welt ein, ja wir erfahren jetzt erst, daß es einen solchen äußeren Rhythmus gibt. Wie sich der Yogi den inneren Rhythmus seines Leibes zum Bewußtsein brachte, so kommt uns auf geistige Art ein äußerer Weltrhythmus zum Bewußtsein. Wenn ich mich bildlich ausdrücken darf: Wir stehen im gewöhnlichen Bewußtsein so da, daß wir unsere Gedanken logisch zusammensetzen und uns damit des Denkens als eines Mittels zur Erkenntnis der äußeren sinnlichen Welt bedienen. Jetzt lassen wir das Denken einlaufen in eine Art musikalischen Elementes, das aber durchaus ein Erkenntniselement ist – wir gewahren einen Rhythmus, der auf dem Grund aller Dinge als ein geistiger Rhythmus vorhanden ist, wir dringen ein in die Welt, indem wir sie im Geiste beginnen wahrzunehmen. Unser Denken wird aus dem abstrakten toten Denken, aus dem bloßen Bilddenken ein in sich selbst belebtes Denken. Das ist der bedeutsame Übergang, der durchgemacht werden kann von dem abstrakten, bloß logischen Denken zu einem lebendigen Denken, von dem wir durchaus das Gefühl haben, daß es fähig ist, eine Realität zu bilden, – wie unser Wachstumsprozeß als lebendige Realität von uns erkannt wird.

Mit diesem lebendigen Denken aber kann man nun tiefer in die Natur hineindringen, als man es durch das gewöhnliche Denken kann. Wie das? Ich möchte es an einem Beispiel veranschaulichen, das dem heutigen Leben entnommen ist, wenn auch an einem viel angefochtenen Beispiel. Wir richten unser abstraktes Gedankenleben heute zum Beispiel beobachtend und experimentierend auf ein höheres Tier. Wir machen uns durch dieses Denken innerlich bildhaft gegenwärtig, wie die Gestaltung der Organe dieses Tieres ist, das Knochensystem, Muskelsystem usw., wie die Lebensprozesse ineinander überströmen. Wir machen uns ein Gedankenbild dieses Tieres. Dann gehen wir mit demselben Denken über zu dem Menschen, machen uns wiederum innerlich ein Gedankenbild von diesem Menschen, wir vergegenwärtigen uns wiederum die Gestaltung seines Knochensystems, seines Muskelsystems, des Ineinanderströmens seiner Lebensvorgänge usw. usw. Dann können wir äußerlich das, was wir an Gedankenbildern gewonnen haben in dem einen und andern Fall, miteinander vergleichen. Sind wir mehr darwinistisch geneigt, so lassen wir den Menschen in einem realsinnlichen Prozeß sich herausentwickeln aus tierischen

Vorfahren; sind wir mehr spirituell-idealistisch geneigt, so stellen wir uns die Verwandtschaft in einer anderen Weise vor. Darauf wollen wir jetzt nicht eingehen. Wichtig aber ist, daß wir nicht imstande sind, mit unserem abstrakten, toten Denken, wenn wir uns das Bild gestaltet haben von dem Tier, aus dem inneren Gedankenleben zu dem menschlichen Bild herüberzukommen: wir müssen mit dem Gedankenleben an die äußere sinnliche Wirklichkeit des Menschen herandringen, müssen unsere Ideen, unsere Gedankenbilder an den Sinnesrealitäten gewinnen und können sie dann miteinander vergleichen. Wenn wir aber vorgedrungen sind zum lebendigen Denken, dann können wir auch ein Gedankenbild, aber ein lebendiges Gedankenbild, formen von dem Knochensystem, von dem Muskelsystem, von dem Ineinanderfließen der Lebensvorgänge im Tiere, und wir können, weil jetzt unser Gedanke ein lebendiger geworden ist, diesen Gedanken dann innerlich als ein lebendiges Gebilde verfolgen und kommen im Gedanken selbst herüber zum Bild des Menschen. Ich möchte sagen: Es wächst sich der Gedanke des Tieres zum Gedanken des Menschen aus. Wie man da vorgeht, kann ich nur an einem Beispiel andeuten.

Wenn wir eine Magnetnadel vor uns haben, so wissen wir: Sie bleibt, wenn sie magnetisiert ist, nur in einer Lage in Ruhe und zwar dann, wenn ihre Richtung zusammenfällt mit der Nord-Süd-Richtung des Magnetismus unserer Erde. Diese Richtung ist eine besonders ausgezeichnete; für alle anderen Richtungen verhält sich die Magnetnadel neutral. Alles das, was wir da an diesem Beispiel vor uns haben, wird für das lebendige Denken Erlebnis gegenüber dem Gesamtraum. Der Raum ist für das lebendige Denken nicht mehr das gleichgültige Nebeneinander, wie er es ist für das abstrakte, tote Denken. Der Raum wird innerlich differenziert, und wir lernen erkennen, was es heißt, daß beim Tiere die Rückgratlinie im wesentlichen horizontal geht. (Wo das nicht der Fall ist, können wir gerade aus tieferer Gesetzmäßigkeit die Abnormität als besonders bedeutsam nachweisen; aber im wesentlichen liegt die Rückgratlinie des Tieres in der Horizontalen, man möchte sagen, parallel zur Erdoberfläche.) Es ist nun nicht gleichgültig, ob die Rükkenmarkslinie in dieser Raumrichtung drinnenliegt oder in der

Vertikalrichtung, zu der sich der Mensch im Verlaufe seines Lebens aufrichtet. So lernen wir im lebendigen Denken erkennen, daß wir, wenn wir die Hauptlinie des Tieres aufrecht richten wollten, also in eine andere Weltraum-Richtung bringen wollten, alle übrigen Organe umformen müßten. Der Gedanke wird lebendig einfach durch die Drehung, die um 90 Grad von der Vertikal- zur Horizontalorientierung durchgemacht wird. Wir gelangen so, innerlich angeregt, herüber aus der Tiergestalt in die menschliche Gestalt.

Auf diese Weise dringen wir aber, indem wir zuerst untertauchen in den Rhythmus des Naturgeschehens und dadurch auf das der Natur zugrunde liegende Geistige kommen, weiter in das Innere des Naturgeschehens hinein. Wir gelangen dazu, in unseren lebendigen Gedanken etwas zu haben, womit wir untertauchen in Wachstum und Werden der Außenwelt. Wir gelangen wieder hinein in die Geheimnisse des Daseins, aus denen wir uns herausgezogen haben im Verlauf der Menschheitsentwicklung durch die Entfaltung des Ichbewußtseins, des Selbstgefühls.

Nun, meine sehr verehrten Anwesenden, kann jeder von Ihnen einen sehr gewichtigen Einwand machen. Man kann zum Beispiel sagen: Ja, ein solches Denken, das ja scheinbar lebendig war, haben gewisse Persönlichkeiten gehabt, aber die Gegenwart mit ihrer ernsten Forschergesinnung hat sich mit Recht abgewendet von solchem «lebendigen Denken», wie es zum Beispiel der Philosoph Schelling entfaltet hat oder der Naturphilosoph Oken. Auch ich gebe denjenigen völlig recht, die zunächst einen solchen Einwand machen, denn die Art und Weise, wie Oken und Schelling an äußeren Vorgängen und Wesenheiten gewonnene Bildideen innerlich lebendig machen und sie dann auf andere Naturtatsachen und Wesen anwenden, um so «im Sinne der Natur» sozusagen zu schauen, diese Art hat etwas sehr Phantastisches, etwas von dem, was sich entfernt von der Realität, was nicht Wirklichkeit in sich atmet. Solange man nicht auf dem Erkenntnisweg zu einem anderen Element übergeht mit diesem lebendigen Denken, als dieses ist, solange kommt man auch nicht durch das lebendige Denken zu einem Verbürgen der Wirklichkeit. Erst dann, wenn man zu den Gedankenübungen Willensübungen hinzumacht, kommt man da zu, in den lebendigen Gedanken ein Verbürgtsein geistiger Wirklichkeit zu haben.

Willensübungen können in der folgenden Weise charakterisiert werden.

Seien wir einmal ganz ehrlich mit uns selbst. Im gewöhnlichen Leben müssen wir uns sagen, wenn wir zehn Jahre, zwanzig Jahre zurückdenken: Im eigentlichen Inhalt unseres Seelenlebens sind wir vielfach andere Menschen geworden; aber wir sind es geworden, indem wir uns als Kinder den vererbten Eigenschaften, der Umgebung, der Erziehung, im späteren Leben diesem Leben selbst mehr oder weniger passiv hingegeben haben. Derjenige, der zu einem Erkennen der geistigen Wirklichkeit gelangen will, muß das, was – allerdings nicht etwa im vollen Sinne des Wortes, sondern mehr oder weniger – passiv erlebt wird, in innerer Willenserziehung, Willenszucht, wenn ich mich des groben Ausdrucks bedienen darf, selber in die Hand nehmen. Sie finden die entsprechenden Übungen, die intime Seelenübungen sind, wiederum in den genannten Büchern geschildert. Ich möchte nur prinzipiell andeuten, worauf es ankommt.

Wie wir heute gewisse Gewohnheiten haben, die wir vor zehn Jahren vielleicht noch nicht hatten, weil sie erst das Leben uns aufgedrungen hat, so können wir auch mit festem inneren Sinn uns vornehmen: Du prägst dir diese oder jene Charaktereigenschaften ein. Am besten geschieht das Einprägen solcher Charaktereigenschaften, für deren Gestaltung man jahrelang an sich arbeiten muß, so, daß man oft und oft die Aufmerksamkeit hinlenken muß auf jene Willenserkraftung, Willenserstarkung, die verbunden ist mit einer solchen Selbstzucht. Wenn man in dieser Weise seine Willensentwicklung in die eigene Hand nimmt, so daß man in der Tat dasjenige, was sonst die Welt aus einem als Mensch macht, zum Teil selbst aus sich macht, dann nehmen die lebendigen Gedanken, in die man sich durch die Meditation und Konzentration hineingefunden hat, für unser Erleben etwas ganz Besonderes an. Sie werden nämlich immer mehr und mehr zu schmerzhaften Erlebnissen, zu inneren Leiderlebnissen des Seelischen. Und niemand kann im Grunde genommen zu höheren Erkenntnissen kommen, der nicht diese Leid- und Schmerzerlebnisse durchgemacht hat. Diese Leid- und Schmerzerlebnisse müssen durchgemacht und dann überwunden werden, so daß man sie sich gewissermaßen einverleibt und über sie hinauskommt, zu ihnen wiederum eine neutrale Stimmung gewinnt.

Was da im Menschen vorgeht, kann man sich so vergegenwärtigen: Nehmen Sie das menschliche Auge – was ich sage, könnte in allen Einzelheiten sehr wissenschaftlich ausgeführt werden; ich kann es aber nur allgemein andeuten –, nehmen Sie dieses Auge! Indem das Licht, indem Farben auf dasselbe wirken, gehen Veränderungen im physischen Innern dieses Auges vor sich. Wir würden, wenn wir nicht so robust wären – eine ältere Menschheit hat gewiß diese Veränderungen als Leid, als leisen Schmerz empfunden –, auch diese Veränderungen im Auge, im Ohr, wenn wir uns also nicht sozusagen neutral gegen sie verhielten durch unsere Organisation, als leisen Schmerz erleben müssen. Alle Sinneswahrnehmung baut sich im Grunde genommen auf Schmerz und Leid auf.

Indem wir auf diese Weise unser ganzes Seelenleben mit den lebendigen Gedanken schmerzhaft, leidvoll durchdringen, durchdringen wir den Leib nicht in derselben Weise wie der Asket mit Schmerz und Leid; wir lassen ihn gesund, lassen ihn den Anforderungen des gewöhnlichen Lebens gemäß entwickeln, aber wir erleben innerlich-intim Schmerz und Leid in der Seele. Derjenige – das mag vergleichsweise herangezogen werden –, der es ein wenig zu höherer Erkenntnis gebracht hat, der wird Ihnen immer sagen: Das, was mir das Lebensschicksal an Lust und Freude gebracht hat, ich nehme es dankbar von meinem Schicksal hin; meine Erkenntnisse aber verdanke ich dem, was ich gelitten habe, meinen Schmerzen, meinem Leid.

So bereitet das Leben den Erkenntnissuchenden schon in einer gewissen Weise darauf vor, daß er einen Teil seines wahren höheren Erkenntniswegs durch Überwindung von Leiden und Schmerzen durchmachen muß. Denn überwinden wir dieses Leid, diesen Schmerz, dann machen wir unser ganzes Seelenwesen zu einem, wenn ich mich des Ausdrucks vergleichsweise bedienen darf, «Sinnesorgan», eigentlich müssen wir sagen Geistorgan, Seelenorgan.[9] Und jetzt lernen wir so hineinschauen in die geistige Welt, wie wir durch unsere gewöhnlichen Sinne hineinschauen, hineinhören in die physische Welt. Von erkenntnistheoretischen Erwägungen brauche ich heute nicht zu sprechen. Ich kenne natürlich den Einwand, daß auch die äußere Erkenntnisweise erst untersucht werden muß; allein das geht uns heute nichts an. Ich will nur sagen, daß wir in demselben Sinn, in dem wir im gewöhnlichen Leben die äußere physische Welt durch unsere Sinneswahrnehmungen verbürgt finden, nach dem überwundenen Seelenleid durch unser Seelen-, durch unser Geistorgan, das wir als ganzer seelischer Mensch geworden sind, die geistige Welt verbürgt finden.

Mit diesem Schauen, das ich auch – im Gegensatz zu allen alten nebulosen hellseherischen Künsten, die der Vergangenheit angehören – das moderne exakte Hellsehen nennen möchte, können wir auch eindringen in das, was die menschliche ewige Wesenheit ist. Wir können in einer exakten Weise eindringen in die Bedeutung der menschlichen Unsterblichkeit. Doch das muß dem morgigen Vortrag vorbehalten bleiben, wo ich über die besondere Beziehung dieser Weltanschauung zu den Seelenfragen des Menschen werde zu sprechen haben. Heute wollte ich zeigen, wie der Mensch, im Gegensatz zu älteren Erkenntniswegen, zu einem modernen übersinnlichen Erkenntnisweg gelangen kann. Der Yogi suchte zum Selbst in die menschliche Wesenheit hineinzudringen; wir suchen zum Rhythmus der Welt hinauszudringen. Der alte Asket stimmte den Leib herab, damit gewissermaßen das seelisch-geistige Erleben herausgepreßt wurde und für sich da sein konnte; der moderne Erkenntnisweg ist nicht der Askese geneigt, sieht ab von allen Kasteiungskünsten, wendet sich intim an das Seelenleben selber. Die modernen Wege also lassen den Menschen voll im Leben drinnenstehen. Der alte asketische und der alte Yoga-Weg zogen aber den Menschen aus dem Leben heraus.

So versuchte ich, Ihnen heute einen Weg zu schildern, der gemacht werden kann dadurch, daß man in der Seele schlummernde Erkenntniskräfte auf mehr geistig-seelische Erkenntnisart entwickelt, als sie einstmals entwickelt worden sind.

Dadurch aber gelangt man auch – das will ich zum Schluß noch andeuten – tiefer in das Wesen der Natur hinein. Die Weltanschauung, von der ich hier spreche, steht in keinerlei Opposition zu der Naturwissenschaft der Gegenwart. Im Gegenteil, sie nimmt gerade das, was echte Forschergesinnung ist innerhalb dieser naturwissenschaftlichen Forschung, heraus und bildet es durch ihre Übungen als eigene menschliche Fähigkeit aus. Die heutige Naturwissenschaft sucht Exaktheit und fühlt sich besonders befriedigt, wenn sie diese suchen kann durch die Anwendung der Mathematik auf die Naturvorgänge. Warum ist das der Fall? Das ist aus dem Grunde der Fall, weil die Wahrnehmungen, die uns die äußere Natur durch die Sinne für die Beobachtung und das Experiment gibt, schlechterdings außer uns sind. Wir durchdringen sie mit etwas, was wir ganz allein in unserem innersten Menschenwesen ausbilden, wir durchdringen sie mit den mathematischen Erkenntnissen. Und das Kantsche Wort wird oftmals ausgesprochen, aber noch viel öfter – ich möchte sagen – ausgeübt von naturwissenschaftlich Denkenden: In einer jeden wirklichen Erkenntnis ist nur soviel Wissenschaft, als Mathematik drinnen ist. Einseitig ist das, wenn man die gewöhnliche Mathematik nimmt: Aber indem man diese auf die Naturerscheinungen anwendet, auf die leblosen Naturerscheinungen, sogar heute schon ein gewisses Ideal darinnen sieht, zum Beispiel die Chromosomen in den Keimanlagen zählen zu können, zeigt man, wie man sich befriedigt fühlt, wenn man das, was sonst als Äußeres neben oder vor uns steht, mit Mathematik durchsetzen kann. Warum? Weil Mathematik im Innern in unmittelbarer Gewißheit erlebt wird – was wir uns zwar durch Zeichnungen oft versinnbildlichen müssen; allein die Zeichnungen sind nicht wesentlich für die Gewißheit, für die Wahrheit. Das Mathematische wird innerlich angeschaut und gefunden, und das, was wir intim innerlich finden, verbinden wir mit dem äußerlich Angeschauten. Dadurch fühlen wir uns befriedigt.

Wer in seiner Ganzheit diesen Erkenntnisvorgang durchschaut, muß sich sagen: Alles das kann den Menschen allein erkenntnismäßig befriedigen, kann im Menschen allein zu einer Wissenschaft führen, was auf etwas beruht, was er wirklich durch die Kräfte seines Inneren erleben, erschauen kann. Mit der Mathematik dringt man ein in die Tatsachen und in die Wesensstrukturen der leblosen Welt, höchstens – ich möchte sagen – primitiv etwas herauf in die belebte Welt. Man braucht aber eine innerliche Anschauung – so exakt, wie die mathematische Anschauung ist –, wenn man in die höheren Wirkungsweisen der Außenwelt eindringen will. Die Haeckelsche Schule selber hat in einem ihrer hervorragendsten Vertreter ausdrücklich zugestanden, daß man zu einer ganz anderen Forschungs- und Betrachtungsweise vordringen müsse, wenn man aus dem Anorganischen in das Organische der Natur herauf will. Für das Anorganische hat man die Mathematik, die Geometrie; für das Organische, für das Lebendige hat man zunächst noch nichts, was innerlich so gestaltet wird wie etwa ein Dreieck, wie ein Kreis, wie eine Ellipse. Durch lebendiges Denken gelangt man dazu: nicht mit gewöhnlicher Zahlen- und Figurenmathematik, sondern mit einer höheren Mathesis, mit einer Anschauung, die qualitativ ist, die gestaltend wirkt, die – wenn ich auch dadurch für viele etwas Horribles aussprechen muß, so muß ich es doch sagen –, die ins Künstlerische heraufgreift.

Indem wir mit einer solchen Mathematik eindringen in die Welten, in die wir sonst nicht eindringen können, erweitern wir naturwissenschaftliche Gesinnung ins biologische Gebiet herauf. Und man kann sich überzeugt halten, daß einstmals die Epoche kommen wird, wo man sagen wird: Ältere Zeiten haben mit Recht betont, aus der unorganischen Natur ist soviel Wissenschaft zu gewinnen, als man ihr mit der Mathematik im weitesten Sinne beikommen kann, insofern die Mathematik eine quantitative ist; aus den Lebensvorgängen kann soviel Wissenschaft gewonnen werden, als man fähig ist, in sie einzudringen mit einer innerlich lebendigen Gedankengestaltung, mit einem exakten Hellsehen.

Man glaubt gar nicht, wie nahe in Wirklichkeit diese moderne Art des Hellsehens gerade dem mathematischen Anschauen steht. Und man wird einstmals, wenn man einsehen wird, wie aus dem Geiste moderner Naturerkenntnis hier Geist-Erkenntnis gewonnen werden soll, gerade aus diesem Gebiet moderner Naturerkenntnis heraus die hier gemeinte Geisteswissenschaft gerechtfertigt finden. Denn sie will nicht in irgendeine Opposition treten zu den bedeutsamen, großartigen Ergebnissen der Naturwissenschaft. Sie möchte etwas anderes versuchen: Geradeso, wie wir, wenn wir einen Menschen vor uns stehen haben, mit den äußeren Sinnen seine Sinnesgestalt anschauen können, seine Gebärden, sein Mienenspiel, den eigentümlichen Blick seiner Augen, wie wir aber nur ein Äußeres des Menschen erkennen, wenn wir nicht durch all das hindurchschauen auf ein

Seelisches in ihm, wodurch wir erst den ganzen Menschen vor uns stehen haben, – geradeso schauen wir, ohne Geisteswege zu wandeln, mit einer Naturwissenschaft nur die äußere Physiognomie der Welt, nur – ich möchte sagen – die Gebärden der Welt, die Mimik der Welt. Erst dann erkennen wir etwas von dem, womit wir selber verwandt sind als dem Ewigen dieser Welt, wenn wir über die äußere Physiognomie, die uns die Naturerscheinungen geben, über diese Mimik und Gebärden, hineindringen in das Seelische der Welt.

Das möchte jene geisteswissenschaftliche Anschauung, deren Methoden ich Ihnen zunächst einleitend heute schildern wollte. Sie möchte nicht sein eine Gegnerin der triumphalen modernen Naturwissenschaft, sie möchte diese in ihrer Bedeutung und Wesenheit voll hinnehmen, wie man den äußeren Menschen voll hinnimmt. Sie möchte aber so, wie man, durch den äußeren Menschen durchdringend, auf das Seelische schaut, durch die Naturgesetze – nicht mit Dilettantismus und Laientum, sondern mit ernsthafter Gesinnung –, durch die Physiognomie der Naturgesetze hindurchdringen zu dem, was als Geistiges, als Seelisches der Welt zugrunde liegt. Und so möchte diese geisteswissenschaftliche Anschauung nicht der Naturwissenschaft irgendwelche Gegnerschaft schaffen, sondern sie möchte sein die Seele, der Geist dieser Naturwissenschaft.

Anthroposophie und Psychologie

Denkübungen, leeres Bewußtsein, Willenserkraftung

Wenn die Daseinsrätsel des Lebens die menschliche Seele selbst betreffen, so werden sie nicht nur zu großen Lebensfragen, sondern sie werden in einem intimen Sinn zum Leben selbst. Sie werden Glück oder Leid des Daseins des Menschen. Und zwar nicht bloß vorübergehendes Glück oder Leid, sondern Glück oder Leid, das der Mensch durch eine gewisse Dauer durch das Leben tragen muß, so daß er durch dieses Glücks- oder Leideserlebnis tüchtig oder untüchtig für das Leben wird.

Nun steht der Mensch seiner eigenen Seele so gegenüber, daß ihm die wichtigsten Daseinsfragen in bezug auf diese Seele und ihre geistige Wesenheit eigentlich nicht aus dem Grunde aufgehen, weil er irgendwie zweifeln könnte an dem Geistig-Seelischen seines eigenen Wesens. Gerade weil er in einer gewissen Beziehung dieser seiner eigenen geistigen und seelischen Wesenheit gewiß ist, weil er in dieser geistigen und seelischen Wesenheit seine eigentliche Bedeutung als Mensch und seine Würde als Mensch sehen muß, wird ihm die Frage nach dem Weltenschicksal seiner Seele zum großen, gewaltigen Daseinsrätsel. Das Geistige in dem Menschen selbst zu leugnen, fällt ja selbstverständlich auch dem strammsten Materialisten nicht ein. Er wird das Geistige als solches anerkennen, es gewissermaßen nur ansehen als Ergebnis der physischen materiellen Vorgänge. Derjenige aber, der ohne solche Theorie, einfach aus den tiefsten Empfindungsbedürfnissen seiner Seele, nach dem Schicksal dieses seelischen Selbstes fragt, der wird sich im Leben gegenübergestellt finden einer Unsumme von Erscheinungen, von Erfahrungen, die ihm gerade deshalb zu Rätselfragen werden, weil er sich des seelisch-geistigen Lebens voll bewußt ist und weil er gerade deshalb fragen muß: Ist dieses geistig-seelische Leben ein vorübergehender Hauch, aufsteigend aus dem physischen Dasein und mit ihm wiederum in die allgemeine Naturtatsachenwelt zurückkehrend, oder hängt dieses Geistig-Seelische mit einer geistig-seelischen Welt selbst zusammen, innerhalb welcher es eine ewige Bedeutung hat?

Ich möchte von den vielen Erlebnissen des Seelischen, die an den Menschen herantreten und die ihm die Rätselfragen der Seele vor das geistige Auge führen, nur zwei herausgreifen.

Man kann sagen: Wenigen Menschen werden sich vielleicht diese Erlebnisse so aufdrängen, daß sie sie zu bewußten oder gar zu theoretischen Seelenfragen machen. Das ist aber auch gar nicht das Wichtige. Das Wichtige ist, daß solche Erlebnisse gerade die unterbewußten oder unbewußten Seelenregionen ergreifen, in diesen sich festlegen und in das Bewußtsein nur heraufströmen als allgemeine Seelenstimmung oder auch Seelenverstimmung, – als dasjenige, was uns mutig und kraftvoll im Leben macht, oder als dasjenige, was uns niedergeschlagen macht, so daß wir an keiner Stelle in der Lage sind, uns selbst richtig in das Leben hineinzufinden oder auch dieses Leben in der für uns geeigneten Weise zu erfassen. Wie gesagt, nur zwei von diesen Erlebnissen möchte ich herausheben.

Das eine tritt dem Menschen jeden Abend, wenn er einschläft, vor das Seelenauge, wenn das, was während des wachen Tageslebens auf und ab wallt und webt im seelischen Erleben, wie ausgelöscht hinuntersinkt in die Unbewußtheit. Dann, wenn der Mensch hinschaut auf dieses Erlebnis oder, wie es bei den meisten Menschen der Fall ist, wenn er die unbewußten Empfindungen dieses Erlebnisses in seiner Seele wirksam hat, dann überkommt ihn etwas wie die Ohnmacht dieses Seelenlebens gegenüber dem äußeren Weltengang. Und gerade weil der Mensch im Seelenleben sein Wertvollstes, sein Würdigstes sieht, weil er nicht ableugnen kann, daß er im wahren Sinn des Wortes eben ein geistig-seelisches Wesen ist, so bestürmt ihn von innen heraus dasjenige, was er also als Ohnmacht des seelischen Lebens empfindet, und er muß sich fragen: Übernimmt, wenn der Mensch durch die Pforte des Todes schreitet, das allgemeine Naturgeschehen ebenso die seelischen Erlebnisse, wie dieses allgemeine Naturgeschehen sie jedesmal beim Einschlafen übernimmt? Ich möchte sagen: Das eine Erlebnis ist die Ohnmacht des Seelenlebens.

Das andere Erlebnis ist dem ersten in einer gewissen Weise polarisch entgegengesetzt. Wir erfühlen es mehr oder weniger bestimmt oder unbestimmt, bewußt oder unbewußt, wenn wir im Aufwachen, vielleicht nach dem Übergang durch eine phantastisch chaotische, mit der Wirklichkeit nicht übereinstimmende Traumwelt, mit dem, was wir als unser Geistig-Seelisches erfühlen und erleben, untertauchen in unsere Leiblichkeit. Wir empfinden dann, wie dieses Geistig-Seelische unsere Sinne ergreift, wie wir durch die Wechselbeziehungen zwischen der Außenwelt und unseren Sinnen, die ja physisch-physiologischer Natur sind, unser seelisches Erleben durchsetzt haben. Wir empfinden, wie dieses Geistig-Seelische weiter hinuntersteigt in unsere Leiblichkeit, wie wir unsere Willensorgane mit diesem Geistig-Seelischen ergreifen und dann zum wachen, besonnenen Menschen werden, der sich seines Leibes, seines Organismus bedienen kann. Aber wenn wir uns nun besinnen, so müssen wir uns sagen: Trotz aller Anatomie und Physiologie – die ja von außen in großartiger Weise die Leibesfunktionen zu durchschauen, zu analysieren bestrebt sind –: von innen angeschaut, wissen wir Menschen durch das gewöhnliche Bewußtsein zunächst nichts von dem, was da als ein Wechselverhältnis besteht zwischen unserem Geistig-Seelischen und unseren leiblichen Verrichtungen. Wenn wir die einfachste Leibesverrichtung, die aus dem Willen hervorgeht, ins Auge fassen, das Erheben des Armes, das Bewegen der Hand, müssen wir uns sagen: Zunächst sitzt in uns die Vorstellung, der Gedanke dieses Armhebens, dieser Handbewegung. Wie aber dieser Gedanke, diese Vorstellung hinunterströmt in unseren Organismus, wie er eingreift in unser Muskelsystem, wie zuletzt das zustande kommt, was wir doch wiederum nur durch Anschauung selber kennen: was da im Innern eigentlich vorgeht, es bleibt dem gewöhnlichen Bewußtsein verborgen ebenso, wie verborgen bleibt in jenem wunderbaren Mechanismus, den uns die Physik und Physiologie zeigen, im menschlichen Auge oder in einem anderen Sinnesorgan das Geistig-Seelische, das in diesen wunderbaren Mechanismus eingreift.

So, müssen wir sagen, ist es die Ohnmacht des Seelenlebens auf der einen Seite, die uns Rätsel aufdrängt, so ist es die Finsternis, in die wir untertauchen mit unserem Geistig-Seelischen, wenn wir in den eigenen Leib dieses Geistig-Seelische einströmen fühlen, was uns die Rätselfragen weiter aufwirft. Wir müssen uns sagen – gewiß, die meisten Menschen tun das wieder nicht bewußt, aber sie empfinden es als die Stimmung ihrer Seele –: Dieses Geistig-Seelische in seinem Wechselverhältnis mit dem Organismus ist uns als Schöpferisches unbekannt, es ist uns da unbekannt, wo es gerade im physischen Erdenleben seine eigentliche Bestimmung nach außen im Dasein offenbart.

Was auf diese Art jeder naive Mensch erlebt, erstreckt sich in einer etwas veränderten Form hinein in die Seelenwissenschaft. Es müßte allerdings lange gesprochen werden, wenn die Art und Weise, wie sich diese Rätselfragen in die Wissenschaft hineinschleichen, wissenschaftsgemäß erörtert werden sollten; aber es kann wenigstens – mit einer gewissen Äußerlichkeit vielleicht – in der folgenden Weise gesagt werden.

Auf der einen Seite sieht die Wissenschaft nach dem Seelischen hin und fragt sich: Wie steht dieses Seelische mit dem Körperlichen, mit dem Äußerlich-Leiblichen, im Wechselverhältnis? Indem sie nach der anderen Seite, nach dem Körperlichen hinschauen und nach all dem, was die äußere Naturwissenschaft über dieses Körperliche zu sagen hat, sind dann die einen – und die Seelenkunde hat in dieser Beziehung eine lange Geschichte – der Meinung, man müsse das Seelische vorstellen als die eigentlich wirksame Ursache des Leiblichen; die andern sind der Meinung, man müsse das Leibliche ansehen als das, was das eigentlich Kraftende dabei ist, und das Seelische nur als eine Art Wirkung des Leiblichen. Das Unbefriedigende dieser beiden Anschauungen haben neuere Seelenforscher oder -denker durchschaut, und sie haben daher die sonderbare Anschauung von dem psychophysischen Parallelismus aufgestellt, nach welcher man nicht sagen kann, das Leibliche wirke auf das Seelische oder das Seelische auf das Leibliche, sondern nur: leibliche Vorgänge seien dem seelischen Geschehen parallel und seelische Vorgänge dem leiblichen; man könne immer nur sagen, welche seelischen Vorgänge die leiblichen begleiten oder welche leiblichen die seelischen.

Aber diese Seelenkunde empfindet ja selbst – auf der einen Seite – etwas wie die Ohnmacht des Seelenlebens! Wenn man mit dem gewöhnlichen Bewußtsein dieses Seelenleben, auch wie es dem Seelenforscher, dem Psychologen, vorliegt, zu durchschauen unternimmt, so hat es etwas innerlich Passives, es hat etwas, dem man nicht anschauen kann, daß es kraftend eingreift in das Leibesleben. Wer die seelischen Wesenhaftigkeiten von Denken und Fühlen – beim Wollen ist es so, daß es nicht durchschaut werden kann; daher gilt in einer gewissen Beziehung für die Seelenforschung gegenüber dem Wollen dasselbe wie gegenüber dem Denken und Fühlen –, wer dieses Denken und Fühlen mit den Mitteln der Seelenkunde anschaut, dem kommt es kraftlos vor, so daß er nirgends etwas finden kann, was wirksam wirklich eingreifen könnte in das Leibliche. Da empfindet dann der Seelenforscher, was man nennen könnte die Ohnmacht des Seelenlebens für das gewöhnliche Bewußtsein. Allerdings ist ja in der verschiedensten Weise versucht worden, dieses Gefühl der Ohnmacht des Seelenlebens zu überwinden. Aber der Streit der Philosophen, die Wandlungen der einzelnen philosophischen Weltanschauungen, die im Laufe der Zeit aufgetaucht sind, liefern dem unbefangenen Menschenbetrachter einen Tatsachenbeweis: wie unmöglich es dem gewöhnlichen Bewußtsein ist, diesem seelischen Erleben beizukommen, weil sich überall das Gefühl von der Ohnmacht jenes Seelischen aufdrängt, das eben dieses gewöhnliche Bewußtsein beobachten kann.

Gerade in bezug auf eine solche Beobachtung des Seelenlebens vor dem gewöhnlichen Bewußtsein ist hier in Wien eine Reihe klassischer Literaturwerke aufgetreten, die wie Marksteine dastehen innerhalb der philosophischen Entwicklung. Ich meine – trotzdem ich nicht im entferntesten mich selber irgendwie zu dem Inhalt dieser Bücher bekennen kann –, daß diese Bücher gerade vom Standpunkt des gewöhnlichen Bewußtseins aus außerordentlich bedeutsam sind. Ich meine Richard Wahles «Das Ganze der Philosophie und ihr Ende», in dem dargestellt werden soll, wie dieses gewöhnliche Bewußtsein eigentlich zu keinen erheblichen Resultaten gegenüber dem Seelenleben kommen könne, wie dann abgegeben werden müsse, was philosophische Forschung in dieser Richtung zu erstreben versucht, an Theologie, Physiologie, Ästhetik, Sozialpädagogik. Und in einer noch schärferen Weise hat dann Richard Wahle die Gedanken dieses Buches in seinem «Mechanismus des geistigen Lebens» ausgeführt. Wir können sagen: da wird wirklich einmal gezeigt, daß das gewöhnliche Bewußtsein im Grunde genommen ohnmächtig ist, irgendwie etwas auszusagen gegenüber den Fragen des seelischen Lebens. Das Ich, die seelische Einheit, alles das, was eine ältere Psychologie an die Oberfläche gebracht hat, sie zerfallen vor der Kritik, die dieses gewöhnliche Bewußtsein gegenüber sich selbst ausübt.

Auf der anderen Seite ist ja in der neueren Zeit in begreiflicher, ja man muß sagen, in notwendiger Weise versucht worden, mit der Seelenkunde nicht direkt auf das Seelische loszugehen – demgegenüber das gewöhnliche Bewußtsein eben ohnmächtig ist –, sondern auf dem Umwege durch die Leibeserscheinungen, die aus dem sogenannten Seelischen hervorquellen, irgend etwas zu erkunden über dasjenige, was man gewöhnlich seelische Erscheinungen nennt. So ist experimentelle Psychologie entstanden. Diese ist durchaus ein notwendiges Produkt unserer gegenwärtigen Weltanschauung und unserer gegenwärtigen Forschungsmethoden. Und wer auf dem Boden steht, von dem aus ich hier heute zu Ihnen spreche, der wird die volle Berechtigung dieser experimentellen Seelenkunde niemals leugnen. Er wird vielleicht im einzelnen sowohl mit den Forschungswegen wie auch mit den Forschungsergebnissen nicht ganz einverstanden sein; aber die Berechtigung dieser experimentellen Psychologie oder Seelenkunde darf nicht geleugnet werden.

Da erhebt sich dann gerade das andere Seelenrätsel. Wenn wir noch soviel erfahren über das, was durch experimentelle Seelenkunde mit dem menschlichen Leib erlebt werden kann, so müssen wir doch sagen: Alles, was in dieser Weise auf dem Umwege durch den Leib erkundet wird oder auch was erkundet wird scheinbar über reine Seelenfunktionen, ist doch nur, wenn man sich nicht täuschen will, auf dem Umweg durch den Leib erkannt. Alles das gehört doch einer Sphäre an, die mit dem Tod des Menschen übergeben wird dem allgemeinen Naturgeschehen, so daß dadurch nichts erfahren werden kann über das Geistig-Seelische, dessen Weltschicksal dem Menschen eine so große, gewaltige Angelegenheit ist. Und so können wir sagen: In einer gewissen Weise ist auch für diese Seelenkunde das große Seelenrätsel neu aufgetaucht.

Wieder ist es ein neuerer Seelenforscher, der lange hier in Wien gelebt und gewirkt hat, der allen denen unvergeßlich sein wird, die jemals vor ihm auf den Schulbänken hier in Wien gesessen haben – wie ich selber, der ich zu Ihnen spreche. Es ist ein moderner Seelenforscher, der in dem ersten Bande seines unvollendet gebliebenen Werkes über Psychologie es ausgesprochen hat: Was könnte uns alle Seelenkunde bringen, wenn sie uns aufklärte – sei es nun (das füge ich ein) auf experimentellem oder nichtexperimentellem Wege – über die Art und Weise, wie sich die Vorstellungen verbinden oder lösen, wie die Aufmerksamkeit wirkt, wie das Gedächtnis etwa zustande kommt im Leben zwischen Geburt und Tod usw. usw., wenn wir gerade wegen der Wissenschaftlichkeit dieser Seelenkunde, die der Naturwissenschaft nacheifern will, verzichten müßten, zu erkennen, welches das Schicksal der menschlichen Seele ist, wenn der menschliche Leib in seine Elemente zerfällt? Das, meine sehr verehrten Anwesenden, hat nicht irgendein Phantast ausgesprochen, sondern der strenge Denker Franz Brentano, der die Seelenkunde im wesentlichen zur Aufgabe seines Lebens gemacht hat und der in der Seelenkunde so arbeiten wollte, wie es der strengen naturwissenschaftlichen Methode der neueren Zeit gemäß ist. Dennoch hat gerade er das Seelenrätsel in der Weise, wie ich es eben angedeutet habe, als ein wissenschaftlich Notwendiges vor seine Mitwelt hingestellt.

Aus alledem muß doch der unbefangene Mensch heute eine Konsequenz ziehen. Es ist diese, daß wir mit den naturwissenschaftlichen Methoden bis zu dem Punkt, bis zu dem sie heute ausgebildet sind, in der Erforschung des Menschen kommen können, daß wir aber, wenn wir mit dem gewöhnlichen Bewußtsein – das für die Naturwissenschaft vollberechtigt ist, wie es auch vollberechtigt ist für das gewöhnliche Leben – an das Seelische herangehen, gegenüber dem Seelischen nicht zurecht kommen. Und aus diesem Grunde, weil diese Einsicht gerade aus wissenschaftlichen Untergründen sich heute dem unbefangenen Menschen ergeben muß, spreche ich zu Ihnen vom Gesichtspunkt einer Weltanschauung, die sich nun sagt: Es kann eben nicht mit den Seelenkräften, die sich für das gewöhnliche Bewußtsein offenbaren, die da im gewöhnlichen Leben und in der gewöhnlichen Wissenschaft arbeiten, das seelische Leben erforscht werden. Da müssen in dieser Seele andere Seelenkräfte entwickelt werden, die für das gewöhnliche Bewußtsein in der

Seele nur mehr oder weniger schlummern oder, wenn ich mich eines wissenschaftlichen Ausdrucks bedienen will, latent sind.

Wenn man die richtige Stellung zu einer solchen Lebensauffassung gewinnen will, dann braucht es allerdings etwas, was heute im Menschen nur in einem geringen Maße – lassen Sie mich das schon aussprechen – eigentlich vorhanden ist. Es braucht das, was ich nennen möchte intellektuelle Bescheidenheit. Es muß ein Moment im Leben kommen, wo man sich sagt: Ich war ein kleines Kind, ich habe dazumal seelisches Leben entwickelt, das so hindämmernd traumhaft war, daß es auch so vergessen ist wie ein Traum. Erst allmählich tauchte aus diesem traumhaften kindlichen Seelenleben nach und nach dasjenige auf, was mich dazu bringt, daß ich mich im Leben orientieren kann, daß ich meine Gedanken, meine Gefühlsimpulse, meine Willensentschlüsse einfügen kann dem Gang der Welt, daß ich ein arbeitsfähiger Mensch geworden bin. Aus dem Unbestimmten und Undifferenzierten des mit dem Leibe verwobenen kindlichen Seelenlebens ist aufgetaucht dasjenige Erleben, das wir durch unsere vererbten Eigenschaften haben, die sich dann mit dem Heranwachsen des Leibes ausbilden, das wir auch durch unsere gebräuchliche Erziehung haben.

Wer so zurückschaut, in intellektueller Bescheidenheit, wie er in diesem Erdenleben geworden ist, wird es auch nicht verschmähen, sich in einem gewissen Zeitpunkt seines Lebens zu sagen: Warum sollte denn das nicht weitergehen? Diejenigen seelischen Kräfte, die mir heute die wichtigsten sind, durch die ich mich im Leben orientiere, durch die ich ein arbeitsfähiger Mensch werde, sind schlummernde gewesen während meines kindlichen Daseins. Warum sollten in meiner Seele nicht auch Kräfte schlummern, die ich weiter aus ihr hervorentwickeln kann?

Man muß zu diesem aus der intellektuellen Bescheidenheit hervorgehenden Entschluß kommen. Intellektuelle Bescheidenheit nenne ich das aus dem Grunde, weil der Mensch geneigt ist zu sagen: Die Form des Bewußtseins, die ich einmal als erwachsener Mensch habe, ist die des normalen Menschen; was anders sein will im inneren Seelenleben als dieses sogenannte normale Bewußtsein, das ist entweder Phantasterei oder Halluzination oder Vision oder dergleichen. Die Weltanschauung, von der ich hier spreche, geht durchaus vom gesunden Seelenleben aus und versucht vom gesunden Seelenleben aus, in der Seele schlummernde Kräfte, auch Erkenntniskräfte, zu entwickeln, die dann Seherkräfte werden in dem Sinn, wie ich gestern von exakten Seherkräften gesprochen habe. Das, was die Seele da mit sich vorzunehmen hat, habe ich gestern in einem gewissen Sinne angedeutet. Ich habe auch auf mein Buch «Wie erlangt man Erkenntnisse der höheren Welten?» hingewiesen, auf meine «Geheimwissenschaft», auf «Von Seelenrätseln» usw. Dort findet man die Einzelheiten jener Seelenübungen, die, ausgehend vom gesunden Seelenleben, hinaufführen zu einer Entwicklung der Seele, so daß diese tatsächlich zu einer Art geistigen Schauens kommt, durch das sie hineinblicken kann in eine geistig-seelische Welt, wie sie durch die gewöhnlichen Sinnesorgane wahrnehmen kann die physisch-sinnliche Welt. Sie werden in den genannten Büchern überall einen ersten Teil finden; dieser erste Teil, der wird selbst von manchen Gegnern der Weltanschauung, die ich hier vertrete, als etwas anerkannt, was dem Menschen durchaus nütze sein könnte. Er handelt davon, daß sich der Mensch durch gewisse Übungen intellektueller, gefühlsmäßiger, moralischer Art in eine Seelenverfassung und in eine Leibesverfassung bringt, die durchaus als gesund gelten können, die durchaus dahin streben, daß der Mensch auch in die Lage komme, innerlich wachsam sein zu können gegenüber all dem, was, aus krankhaftem Seelenleben herauskommend, zum Mediumismus, zu Halluzinationen und Visionen führt. Denn alles das, was auf diesem Wege zustande kommt, muß abgewiesen werden für eine wirkliche Seelenkunde. Gerade zu Visionen kommt der Mensch nicht aus dem Seelischen heraus, sondern dadurch, daß krankhafte Bildungen innerhalb seines Organismus sich finden; ebenso zum Mediumismus. Das alles hat mit einer gesunden Seelenkunde und Seelenentwicklung nichts zu tun, muß selbst seiner Bedeutung nach vom Gesichtspunkt dieser gesunden Seelenkunde beurteilt werden. Gegner finden heute aber die Übungen, die dann als Fortsetzung dieser vorbereitenden auftreten, die nun aus der Seele hervorholen sollen diejenigen Kräfte des Denkens, Fühlens und Wollens, die, wenn sie ausgebildet sind, den Menschen in eine geistige Welt so einführen, daß er sich in ihr orientieren lernt, daß er auch mit seinem Willen in sie einzutreten in die Lage kommt, phantastisch und schädlich.

Andeutungsweise habe ich gestern schon davon gesprochen, wie wir zunächst als moderne Menschen durch gewisse *Denkübungen* dazu kommen, das Denken aus dem gewöhnlichen Zustand herauszubringen, in dem es sich passiv hingibt an die Erscheinungen der Außenwelt und an das, was innerlich als Erinnerungen auftaucht, was sich ja auch an die Außenwelt anknüpft. Wir kommen dadurch über dieses Denken hinaus, daß wir Meditationsübungen in ernster, geduldiger und energischer Weise machen, daß wir sie immer wieder und wiederum machen. Je nach den Anlagen dauert es bei dem einen jahrelang, bei dem andern weniger lang; aber jeder kann merken, wenn er an dem entscheidenden Punkt angelangt ist, wie sein Denken dann aus dem, was ich gestern das abstrakte, tote Denken nannte, ein innerlich lebendiges Denken wird – ein innerlich lebendiges Denken, das den Weltrhythmus mitzuerleben in der Lage ist. Da strebt eine besonnene Welt- und Lebensauffassung nicht danach, Visionen oder Halluzinationen aus der Seele herauszuzaubern, sondern danach, das, was Vorstellungsleben, was Gedankenleben ist, in einer solchen Intensität zu erleben, wie man sonst nur erlebt, was den äußeren Sinnen gegeben wird.

Sie brauchen ja nur ehrlich zu vergleichen die Lebendigkeit, mit der wir leben in den Farben, wenn wir durch das Auge diese Farben wahrnehmen, in den Tönen, wenn wir durch das Ohr die Töne hören, mit der Blaßheit des Gedankenerlebens im gewöhnlichen Bewußtsein. Durch jenes Energisieren des Gedankenlebens, von dem ich gestern gesprochen habe, machen wir allmählich das bloße Vorstellungsleben, das bloße Gedankenleben innerlich so intensiv, wie sonst nur das Sinnenleben ist. Nicht also sucht der moderne Mensch, der Geistiges erkennen will, wenn er ein besonnener Mensch ist, die auftauchenden Halluzinationen und Visionen; er strebt gerade nach dem Ideal – möchte ich sagen – des Sinneslebens, in bezug auf dessen Intensität und dessen Bildhaftigkeit, in voll besonnener Weise im Gedankenleben, im Vorstellungsleben selbst. Und wenn Sie sich solchen Meditationen als Geistesforscher hingeben, wie ich sie charakterisiert habe, so dürfen Sie nicht irgendwie abhängig sein vom Unbewußten oder Unterbewußten, sondern das, was da vollzogen wird – Sie können die Übungen nachlesen, alle sind sie auf das gestimmt, was ich jetzt charakterisieren will –, alles, was da im intimen Seelenleben an Übungen vollführt wird, verläuft so bewußt, so besonnen, man darf sagen, so exakt, wie sonst nur die mathematischen oder geometrischen Verrichtungen verlaufen.

Daher darf gesagt werden: Man hat es hier nicht mit dem alten nebulosen Hellsehen, sondern mit einem Hellsehen zu tun, das durch vollbewußte, besonnene Seelenerlebnisse und Seelenübungen herbeigeführt ist. Die Besonnenheit ist dabei auf jedem Schritt so, daß man das, was der Mensch erlebt und aus sich selber macht, eben mit dem vergleichen kann, was man sonst an einem geometrischen Problem erlebt. Sonst ist dieses Üben nicht tauglich.

Dann aber, wenn der moderne Mensch zu einem solchen Vorstellungsleben kommt, das nun energisiert ist, das nun auch unabhängig wird vom Atmungsleben, das aber auch leibfrei wird, das eine bloße geistig-seelische Funktion ist, demgegenüber man durch die unmittelbare Wahrnehmung weiß: man vollzieht nicht mit dem Körper dieses Denken, sondern im rein Geistig-Seelischen –: dann fühlt er erst dieses Denken gegenüber dem abstrakten Denken wie ein Lebendiges gegenüber dem Toten. Geradeso, wie wenn wir einen toten Organismus plötzlich zum Leben erwacht fänden, so erleben wir, wenn wir den Übergang gewahr werden von dem gewöhnlichen abstrakten Denken zu dem lebendigen Denken. Und dieses lebendige Denken ist, trotzdem es geistig-seelischer Vorgang ist, nicht so linienhaft, nicht so flächenhaft nur wie das gewöhnliche abstrakte Denken. Es ist innerlich gesättigt und bildhaft. Und auf diese Bildhaftigkeit kommt es an.

Dann aber kommt des weiteren außerordentlich viel darauf an, daß wir jene Besonnenheit, die wir während des Übens haben müssen, ausdehnen auf den Augenblick, wo dieses belebte Denken, dieses bildsame Denken in uns auftritt. Wenn wir in diesem Augenblicke uns hingeben den Bildern, zu denen wir uns selber hingerungen haben, und glauben, in ihnen schon Realitäten geistiger Art zu finden, dann sind wir nicht Geistesforscher, dann sind wir eben Phantasten. Das dürfen wir gewiß nicht werden; denn das könnte uns nicht eine auf festem Grunde erbaute Weltanschauung für den modernen Menschen geben. Erst dann, wenn wir uns sagen: Wir haben einen Inhalt des seelischen Lebens erlangt, aber dieser Inhalt ist ein Bildinhalt, dieser Inhalt sagt uns nur etwas über Kräfte, die in uns selber walten, über das, was wir selber durch unsere eigene menschliche Wesenheit im Innern vermögen: – Erst wenn wir uns im vollen Sinn des Wortes sagen: Über keinerlei Außenwelt, auch nicht über das, was wir sind in der Außenwelt, vermag uns diese – ich nenne sie gewöhnlich – imaginative Erkenntnis eine Auskunft zu geben; – sondern allein, wenn wir *uns* in diesem Bildwerden, in diesem Bildweben erfühlen, wenn wir *uns* drinnen lebend wissen als eine Kraftheit: erst dann stehen wir auf dem rechten Standpunkt diesem Erlebnis gegenüber, dann fühlen wir uns in unserem Selbst, dann fühlen wir uns als geistigseelisches Wesen außerhalb des Leibes, – fühlen uns aber eben nur in unserem Selbst, mit einem innerlichen Bildcharakter unseres Wesens.

Und erst wenn wir dann den Mut haben, die Übungen bis zur nächsten Stufe fortzusetzen, kommen wir zu einer wirklichen geistigen Anschauung. Dieser nächste Schritt muß nicht nur darin bestehen, daß wir jetzt die Fähigkeit entwickeln, gewisse Vorstellungen, die wir leicht überschauen – so etwa, wie wir geometrische Vorstellungen überschauen, denen gegenüber wir wissen: es ist nicht etwas Unbewußtes in ihnen wirksam –, in den Mittelpunkt unseres Bewußtseins zu rücken, um an ihnen unsere seelische Kraft zu verstärken, sondern darin, daß wir in die Lage kommen, diese Vorstellungen mit Besonnenheit und Willkür aus unserem Bewußtsein fortzuschaffen. Das ist unter Umständen eine schwierige Aufgabe! Im gewöhnlichen Leben ist das Vergessen nicht etwas so Schwieriges, wie ja das gewöhnliche Bewußtsein weiß. Aber wenn man sich erst angestrengt hat – auch ohne daß man sich in irgendeine Selbstsuggestion hineintreibt (das kann ja bei Besonnenheit nicht stattfinden) –, gewisse Vorstellungen in den Mittelpunkt seines Bewußtseins zu rücken, dann hat man eine stärkere Kraft, als sie sonst im Seelenleben angewendet zu werden braucht, nötig, um diese Vorstellungen wiederum aus dem Bewußtsein fortzuschaffen. Man muß aber diese starke Kraft allmählich entwikkeln, so daß man ebenso, wie man zuerst alle Aufmerksamkeit, alle innere Seelenkraft, Seelenspannkraft zusammengenommen hat, um zu ruhen auf einer solchen Vorstellung im Meditationszustand, nun dazu kommen muß, diese Vorstellungen – und überhaupt alle Vorstellungen – mit besonnener Willkür aus dem Bewußtsein fortzuschaffen. Und es muß eintreten können – aus unserem Willen heraus –, was man nennen könnte «*leeres Bewußtsein*». Was «leeres Bewußtsein» heißt – auch nur für einige Augenblicke –, das wird der ermessen, der unbefangen darüber nachdenkt, wie es dem Menschen mit dem gewöhnlichen Bewußtsein ergeht, wenn dieses Bewußtsein entbehren muß der Sinneseindrücke, entbehren muß auch der Erinnerungsvorstellungen, wenn durch irgendwelche Vorkommnisse dem Menschen die äußeren Eindrücke, auch die Erinnerungen genommen werden: er kommt zum Einschlafen, das heißt, das Bewußtsein wird herabgedämpft und herabgedämmert. Das Gegenteil davon muß eintreten; vollständig besonnenes, bewußtes Wachsein, trotzdem alles durch inneren Willen aus dem Bewußtsein herausgeschafft worden ist.

Wenn man so erst die Seele erkraftet und sie dann leer gemacht und bei Bewußtsein erhalten hat, dann tritt ebenso, wie vor das Auge die Farbe tritt, wie vor das Ohr die Töne treten, vor dieser Seele, die sich also dazu vorbereitet hat, eine geistige Umwelt auf. Wir schauen in die geistige Welt hinein. Und so können wir sagen: Gerade der hier gemeinten Geistesforschung ist es vollkommen begreiflich, daß für das gewöhnliche Bewußtsein Geist und Seele nicht erreicht werden können, ja daß sich als ein Richtiges – wie ja zum Beispiel für Richard Wahle – herausstellen muß: das gewöhnliche Bewußtsein sollte gar nicht von einem Ich reden! Denn alles, was da – ich möchte sagen – wie Dunkelheit gegenüber der Helligkeit hereintaucht und im gewöhnlichen Leben eigentlich nur mit Worten bezeichnet wird, das taucht eben erst auf, wenn solche Kräfte entwickelt werden, die gewöhnlich noch nicht da sind. Gerade die nüchterne Erkenntnis, was das gewöhnliche an den Leib gebundene Bewußtsein vermag, spornt uns an, solche Kräfte in uns zu entwickeln, die nun die Seele und den Geist erst wirklich entdekken können.

Dabei ist aber noch eins zu berücksichtigen, wenn man auf diesem Wege zu einer gesunden und nicht zu einer krankhaften

Seelenkunde kommen will. Nehmen Sie als krankhaft das Mediumistische, Visionäre, Halluzinatorische, so ist es so, daß der, der in ein solches krankhaftes Seelenleben verfällt, mit seiner ganzen Wesenheit in ihm aufgeht. Er wird eins – wenigstens für den Verlauf seiner seelischen Erkrankung – mit dem, was als krankhaftes Seelenleben auftritt. Nicht so ist es, wenn solche Übungen vorgenommen werden, wie sie hier angegeben wurden. Derjenige, der auf diese Art ein Seelenforscher wird, der läßt zwar seinen physischen Leib zurück mit den Fähigkeiten, die dasein müssen für das gewöhnliche Denken, für gewöhnliche Orientierung im Leben; er tritt heraus aus diesem Leibe, lernt leibfrei imaginativ schauen; ein schauendes Denken entwickelt er: aber keinen Moment geht er vollständig auf in diesem – wenn ich es so nennen darf, es ist nicht im Hochmut so genannt –, in diesem höheren Menschen, sondern er ist immer in der Lage, ebenso besonnen wiederum innerhalb seines Leibes zu wirken wie sonst, so daß der gewöhnliche Mensch mit seinem gesunden Menschenverstand immer neben diesem höher entwickelten Menschen steht – der gewöhnliche Mensch mit seinem gesunden Menschenverstand, der ein nüchterner Kritiker alles dessen ist, wozu im Schauen dieser höhere Mensch kommt.

Gegenüber der eigenen seelischen Wesenheit gelangen wir zunächst dadurch, daß wir das bildhafte lebendige Denken ausbilden und dann das leere Bewußtsein herstellen, zu einer Anschauung, die als eine Bildeinheit alles umfaßt, was wir durchgemacht haben in dem Erdenleben seit unserer Geburt, seit wir eingetreten sind in dieses Erdenleben. Nicht so, wie es sonst in der Erinnerung ist, in der einzelne Reminiszenzen auftauchen – selbständig oder durch Anstrengung –, nicht so steht dieses vergangene Erdenleben jetzt vor der Seele, sondern es wird auf einmal überschaut wie ein mächtiges *Tableau*, das aber nicht im Raum, sondern in der Zeit vor uns steht. Wir überblicken auf einmal, mit *einem* Seelenblick, dieses Leben; aber so, wie es auch eingreift in unsere Wachstumsverhältnisse, in die Kraftwirksamkeiten unseres physischen Leibes. Wir schauen uns, wie wir auf dieser Erde hier als denkende, fühlende, wollende Wesen waren, aber so, daß Denken, Fühlen und Wollen sich jetzt verdichten und sich zu gleicher Zeit hineinorganisieren in die menschliche Wesenheit. Wir durchschauen unser geistig-seelisches Leben, wie es in unmittelbarer Verbindung steht mit dem Körperlichen. Wir geben es auf, durch philosophische Spekulation zu ergründen, wie die Seele auf den Leib wirkt. Wenn wir die Seele schauen, dann schauen wir auch, wie in jedem Augenblick das, was uns so in dem Tableau erscheint, in unser physisches Erdenleben eingegriffen hat. Die Einzelheiten werden in den nächsten Tagen zu schildern sein.

Der nächste Schritt muß nun darin bestehen, daß wir, indem wir die Kraftvorstellungen, die wir selbst in uns versetzt haben, wegschaffen aus unserem Bewußtsein, diese Kraftvorstellungen immer mehr und mehr verstärken. Wir verstärken sie, indem wir diese Übungen immer mehr und mehr fortsetzen, wie wir die Muskeln verstärken, wenn wir sie immer und immer üben. Und indem wir diese Kraftvorstellungen fortsetzen, gelangen wir dahin, dieses ganze Tableau des Seelenlebens, zu dem wir uns selbst erst durchgerungen haben, dieses ganze Tableau des Seelenlebens zwischen unserer Geburt und dem Moment, wo wir stehen, nun auch aus dem Bewußtsein wegzuschaffen. Das erfordert allerdings eine größere Anstrengung, als bloß Bildvorstellungen wegzuschaffen; aber man gelangt zuletzt dazu. Und wenn es uns gelingt, dieses eigene Leben, das wir im Erdendasein unser Innenleben nennen, aus dem Bewußtsein so fortzuschaffen, daß jetzt nicht nur unser Bewußtsein gegenüber gegenwärtigen Eindrücken leer wird, sondern daß es leer wird von alledem, was wir innerlich als in einem zweiten Leibe, in einem feineren Leibe – der aber in unsere Wachstums- und Erinnerungsverhältnisse selbst eingreift –, wie in einem feineren Menschen, gleichsam einem ätherischen Menschen, einem ersten übersinnlichen Menschen, erleben, dann wird unser Bewußtsein, das nun bei vollständigem Wachsein zwar leer ist, aber eine stärkere innere Kraft sich errungen hat, weiter schauen können in der geistigen Welt. Und es kann jetzt auf das schauen, was das eigene Seelenwesen war, bevor es aus geistig-seelischen Welten heruntergestiegen ist zu einem physischen Erdendasein. Jetzt wird das, was wir die Ewigkeit der Menschenseele nennen, Anschauung, wird herausgehoben aus der Sphäre der bloß philosophischen Spekulation. Jetzt lernen wir hinschauen auf ein rein Geistig-Seelisches, das wir waren in einer geistig-seelischen Welt, bevor wir heruntergestiegen sind, um durch Konzeption, Keimleben und Geburt uns mit einem physischen Erdenleib zu umkleiden.

So phantastisch das schon für manchen Menschen der Gegenwart ist – wenn es auch auf einem so exakten Weg erworben ist wie nur die mathematischen Vorstellungen –, noch paradoxer mag erscheinen, was nun noch gesagt werden muß: nicht nur über die Seele, als sie noch ein geistig-seelisches Dasein hatte, sondern über das Konkrete dieses Erlebnisses. Nur andeutungsweise kann darüber gesprochen werden in diesem Vortrage; weiteres wird in den nächsten Vorträgen gesagt werden. Was so angedeutet werden soll, kann vielleicht auf die folgende Art verständlich gemacht werden.

Fragen wir uns zunächst: Was schauen wir denn eigentlich, wenn wir im gewöhnlichen Erdenleben als erkennender, als verstehender, als wahrnehmender Mensch in das Wechselverhältnis treten mit unserer natürlichen Umgebung? Wir schauen eigentlich nur die Außenwelt. Schon aus dem, was ich heute eingangs erwähnt habe, geht das hervor. Wir schauen eigentlich nur die Außenwelt, den Kosmos. Aber das, was sich in unserem Innern abspielt, schauen wir auch nur dadurch, daß wir es zu einem Äußerlichen machen in Physiologie, Anatomie. Wenn es auch großartig ist – wir schauen das Innere doch nur, indem wir es zuerst zu einem Äußerlichen machen und die Untersuchungen dann so machen, wie wir sie an äußeren Vorgängen zu machen gewohnt sind. Aber es ist Finsternis da unten in dem Gebiet, in das wir eintauchen, in das wir unser Geistig-Seelisches hinunterströmen fühlen in die Organe. Wir schauen im gewöhnlichen Leben, zwischen Geburt und Tod, im Grunde genommen nur das, was außer uns ist; durch unmittelbares Anschauen können wir nicht ins Innere des Menschen hineinblikken und sehen, wie das Geistig-Seelische eingreift in die Leibesorgane. Der aber, der ein wenig in unbefangener Weise von dem Standpunkt einer geistigen Anschauung, wie ich ihn entwickelt habe, auf das Leben forschend hinzuschauen vermag, wird zu dem Folgenden kommen. Er wird sagen: Großartig und gewaltig ist schon der äußere Anblick, sind die Gesetzmäßigkeiten, die wir erkunden in der äußeren Welt der Sterne, in der äußeren Welt der Sonne, die uns zusendet Licht und Wärme; großartig und gewaltig ist das, was wir erleben, wenn wir entweder nur anschauen – und ganze Menschen sind bei diesem Anschauen – oder wenn wir wissenschaftlich erkunden, was da an Gesetzmäßigkeiten vorliegt, wenn die Sonne uns Licht und Wärme zusendet und hervorzaubert das Grün der Pflanzen; großartig und gewaltig ist das, – aber: könnten wir hineinschauen in den Bau des menschlichen Herzens, so wäre die innere Gesetzmäßigkeit dieses Herzens eine großartigere und gewaltigere als das, was wir äußerlich erblicken!

Das kann der Mensch mit dem gewöhnlichen Bewußtsein ahnen. Aber die Wissenschaft, die auf exaktem Hellsehen beruht, kann es auch zu einem wirklichen Forschungsresultat erheben. Sie kann sagen: Groß und gewaltig erscheinen uns die Veränderungen im Luftkreis; und es liegt ein Ideal vor der Wissenschaft, die auch hier in größere und gewaltigere Gesetzmäßigkeiten hineinschauen wird; aber noch größer ist das, was im Bau und in den Funktionen der menschlichen Lunge vorhanden ist und vor sich geht! Nicht auf die Größe kommt es an. Der Mensch ist eine kleine Welt gegenüber der großen. Allein schon Schiller sagt: Im Raum wohnt, Freund, das Erhabene nicht. Er meint das höchste Erhabene. Dieses höchste Erhabene kann erst erlebt werden, wenn man es in der menschlichen Organisation selber erlebt.

Zwischen Geburt und Tod wird es vom Menschen mit seinem gewöhnlichen Bewußtsein nicht erkundet. Aber in dem Dasein, in dem wir sind, bevor wir uns mit dem Leibesdasein vereinigen, in dem geistig-seelischen Dasein, in einer geistig-seelischen Umgebung, da liegt gerade das Umgekehrte vor. Wie uns hier finster ist die innere Menschenwelt und hell und tonvoll die äußere Welt des Kosmos, so ist uns in dem rein geistig-seelischen Leben vor unserer Erdenverkörperung dunkel die äußere kosmische Welt; dagegen ist unsere Welt dann das menschliche Innere. Wir schauen das menschliche Innere! Und wahrhaftig, es erscheint uns da nicht kleiner und ungewaltiger, als uns der Kosmos erscheint, wenn wir ihn durch unsere physischen Augen während unseres Erdendaseins erschauen. Wir finden uns hinein als in unsere «Außenwelt» in dasjenige, was die Gesetzmäßigkeit unseres menschlichen Innern, unseres geistig-seelischen menschlichen Innern ist, und wir bereiten uns vor, nun im Geistig-Seelischen innere Bearbeiter unserer Leibesfunktionen zu werden, dessen zu werden, was wir sind zwischen Geburt und Tod. Was wir zwischen Geburt und Tod sein werden, das liegt offen als eine Welt vor uns ausgebreitet, bevor wir heruntersteigen in dieses physische Erdendasein.

Meine sehr verehrten Anwesenden! Das ist keine Spekulation. Das ist unmittelbare Anschauung, die sich dem exakten Hellsehen ergibt. Das ist etwas, was, vom Gesichtspunkt dieses exakten Hellsehens aus, uns ein Stück hineinführt in das, was wir den Zusammenhang des menschlichen Ewigen mit dem Leben zwischen Geburt und Tod nennen können – des menschlichen Ewigen, das uns verborgen bleibt zwischen Geburt und Tod, das uns erst aufleuchtet, wenn wir es anzuschauen vermögen in dem noch unverkörperten Zustand. Es ist ein Teil der menschlichen Ewigkeit selbst damit erkundet. Für diesen Teil der menschlichen Ewigkeit haben wir in den neueren Sprachen nicht einmal ein Wort. Wir reden von Unsterblichkeit mit Recht; aber wir sollten auch reden von *Ungeborenheit*. Denn diese tritt uns als unmittelbare Erkenntnis zunächst auf.

Das ist die eine Seite des exakten Hellsehens, die eine Seite der menschlichen Ewigkeit, der großen Rätselfrage des menschlichen Seelenlebens, damit der höchsten Frage der Psychologie überhaupt. Die andere Seite ergibt sich, wenn wir jene anderen Übungen machen, die ich gestern als *Willensübungen* bezeichnet habe, durch die wir unseren Willen so in die Hand nehmen, daß wir uns dieses Willens leibfrei, unabhängig vom Leib bedienen lernen. Ich habe ausgeführt, daß diese Übungen dazu führen, Schmerz und Leid innerhalb der Seele überwinden zu müssen, um diese Seele, uneigentlich gesprochen, ganz zum «Sinnesorgan», eigentlich gesprochen, zum geistigen Anschauungsorgan zu machen, so daß wir das Geistige nicht nur anschauen, sondern in seiner Verbürgtheit anschauen. Dann aber, wenn wir lernen, in dieser Art außerhalb unseres Leibes nicht nur mit unseren Gedanken, sondern mit unserem Willen selbst, also mit unserer ganzen menschlichen Wesenheit, leibfrei zu erleben, dann tritt vor die Anschauung der Seele das Bild des Todes in der Art, daß wir jetzt wissen, wie das Erleben ist ohne den Leib: sowohl im Denken, wie im Willen und in dem, was dazwischenliegt, im Fühlen. Wir lernen in bildhafter Weise ohne den Leib leben. Das gibt uns ein Bild davon, wie wir hinausgehen durch die Pforte des Todes, wie wir den Leib auch in der Realität entbehren können und wie wir, durch die Pforte des Todes hindurchgehend, wiederum in jene geistig-seelische Sphäre kommen, aus der wir heruntergestiegen sind in diese Leiblichkeit. Nicht nur zu einer philosophischen Gewißheit, sondern zu unmittelbarer Anschauung wird das, was in uns als Ewiges, Unsterbliches lebt. Durch die Willensbildung wird die andere Seite der Ewigkeit, die Unsterblichkeit, ebenso enthüllt für die seelische Anschauung, wie die Ungeborenheit für die Gedankenbildung enthüllt wird.

Dann aber, wenn die Seele in dieser Art ein Geistorgan wird, dann ist es in der Tat so, als ob, in einer niedrigeren Region, ein Blindgeborener operiert würde. Der Blindgeborene war bisher gewohnt, das, was für den Sehenden Farbenwelt ist, nur durch das Tasten wahrzunehmen. Er schaut ganz Neues, wenn er nun operiert worden ist. Dieselbe Welt, in der er früher lebte, wird jetzt für ihn eine andere. So wird für den, dessen seelisches Auge in der geschilderten Weise geöffnet wird, diese Umwelt eine andere. Und ich will nur in bezug auf einen Punkt heute noch hervorheben, inwiefern sie eine andere wird.

Wir sehen sonst im Leben mit dem ungeöffneten Seelenauge, wie zum Beispiel ein Mensch da lebt, indem er zuerst seine kindlichen Lebensschritte unternimmt, dann heranwächst, zu einem Schicksalsereignis seines Lebens kommt: Er trifft einen anderen Menschen; die Seelen verbinden sich so, daß die beiden Menschen durch diese Verbindung der Seelen ihr Schicksal aneinanderbinden, ihren Lebensweg nun weiter zusammen verfolgen. (Nur ein einzelnes Ereignis will ich, wie gesagt, herausgreifen.) Wir sind angewiesen im gewöhnlichen Bewußtsein, das, was eintritt im Leben, wie eine Summe von Zufälligkeiten anzusehen und mehr oder weniger auch als einen Zufall, daß wir zuletzt zu diesem Schicksalsereignis, zu dem Treffen mit dem andern Menschen geführt worden sind. Nur einzelne Menschen, wie Goethes Freund Knebel, erwerben sich, gewissermaßen rein durch ihr Alter, eine innere Lebensweisheit. Er sprach es einmal aus seinem Freund Goethe gegenüber: Wenn man zurückschaut in vorgerückterem Alter auf seine Lebensschritte, da findet man etwas in ihnen, was wie planvoll geordnet erscheint, so daß von vornherein alles so keimhaft veranlagt erscheint und sich das Weitere so entwickelt, daß man wie durch innere Notwendigkeit hingeführt wird zu dem, was dann als Schicksalsereignis erscheint. Mit dem geöffneten Seelenauge erblicken wir allerdings ein Leben der Menschen, das sich zu dem Leben, welches man mit dem ungeöffneten Auge schaut, verhält wie die farbige Welt zu der bloß getasteten des Blinden.

Man schaut hin: wie aus dem kindlichen Seelenleben, aus dem Wechselspiel von Sympathie und Antipathie, sich die ersten Schritte des Kindes entwickeln, wie dann, aus dem innersten Menschenwesen hervorquellend, der Mensch selbst, wie aus innersten Sehnsüchten, seine Schritte lenkt, wie er sich selbst hinführt zu dem Schicksalsereignis. Das ist nüchterne Lebensbeobachtung. Wenn man aber das Leben so ansieht, dann steht es vor einem wie etwa das Leben eines Greises: wir werden nicht sagen, das Leben des Greises sei «an und für sich da»; durch die Logik wissen wir das Greisenleben auf ein Kindesleben zurückzuführen; durch seine eigenen Eigentümlichkeiten müssen wir es auf ein Kindesleben zurückführen. Was für das Greisenleben die bloße Logik tut, das tut für das Menschenleben überhaupt, durch das exakte Hellsehen, das Anschauen: Wenn wir das Leben, wie es sich aus den innersten Seelensehnsüchten entwickelt, wirklich schauen, dann müssen wir es schauend zurückverfolgen. Und dann kommen wir zu früheren Erdenleben, in denen sich dasjenige vorbereitet hat, was in der Gegenwart als Seelensehnsüchte sich herausentwickelt, was dann zu unseren Betätigungen führt usw.

Ich konnte heute nur andeuten, daß nicht irgendeine Phantasterei, sondern ein ganz exakter Weg zu einer solchen umfassenden Lebensbetrachtung führt, die in der Tat durch eine entwickelte Seelenkunde hineindringt zu dem Ewigen in der Menschennatur. Dann aber erhebt sich auf einem solchen Unterboden, der manchem noch abstrakt erscheinen mag, etwas, was nun Gewißheit wird, etwas, was aus der gegenwärtig uns als modernen Menschen angemessenen Erkenntnis herausquillt und eine Erkenntnisgrundlage für eine wahre innere Frömmigkeit, für ein wahres inneres religiöses Leben bietet.

Wer einmal eingesehen hat – und zwar meine ich jetzt das Wort «eingesehen» im wörtlichen Sinn –, wer geschaut hat, wie sich die einzelne Seele aus dem Leibe losringt, um in ein geistig-seelisches Reich einzugehen, der schaut auch unser soziales Leben anders an. Er schaut, ausgerüstet in seiner Gesinnung, hin, wie unter den Menschen sich Freundschaften, Liebesverhältnisse, andere soziale Zusammenhänge bilden; er schaut hin, wie Seele zu Seele sich findet aus der Familie, aus anderen Gemeinschaften heraus; er findet, wie das körperliche Beisammensein die seelische Gemeinschaft, das seelische Ineinanderfühlen und Ineinanderleben vermittelt; er weiß nun, daß, ebenso wie von der einzelnen Seele der Leib abfällt, so die irdischen Leiblichkeiten und Geschehnisse abfallen von den Freundschaften, von den Liebeszusammenhängen, und er schaut, wie sich das, was seelisch geworden ist von Mensch zu Mensch, fortsetzt in eine geistig-seelische Welt, wo es auch geistig-seelisch erlebt werden kann.

Und dann kann gesagt werden – jetzt auf einer Erkenntnis-, nicht auf einer Glaubensgrundlage –: Die Menschen finden sich, indem sie durch die Pforte des Todes schreiten, wiederum zusammen. Und gerade, wie in der geistigen Welt der Leib als Hindernis für das Schauen des Geistigen wegfällt, so fällt jedes Hindernis für Freundschaft und Liebe nun hinweg in der geistigen Welt. Die Menschen sind da näher zusammen als in der Leiblichkeit. Eine Erkenntnis, die noch abstrakt ausschauen mag in bezug auf wahre Psychologie, gipfelt in diesem religiösen Empfinden, in diesem religiösen Schauen, ohne daß diejenige Weltanschauung, von deren Boden aus ich hier spreche, irgendein Religionsbekenntnis antasten will. Sie kann tolerant sein, sie kann jedes einzelne Religionsbekenntnis in seinem Wert voll anerkennen, es auch praktisch ausüben; aber sie führt zu gleicher Zeit als eine Helferin des religiösen Lebens eine Erkenntnisgrundlage auch dieses religiösen Lebens herbei.

Nun, damit wollte ich heute nur einiges Grundlegende über das Verhältnis einer modernen geistmäßigen Weltanschauung zur Seelenkunde ausführen. Ich weiß vielleicht besser als mancher Gegner, was heute noch alles eingewendet werden kann, wenn so die Anfänge einer solchen Weltanschauung dargestellt werden. Aber ich glaube auch zu wissen, daß die Sehnsüchte nach einer solchen Seelenkunde, wenn auch ganz im Unbewußten, bei unzähligen Seelen heute vorhanden sind, so daß es immer und immer wiederum gesagt werden muß: Wie man kein Maler zu sein braucht, um die Schönheit eines Bildes zu empfinden, so braucht man selbst nicht Geistesforscher zu sein – obwohl man es bis zu einem gewissen Grade werden kann –, um prüfen zu können, ob das wahr ist, was ich hier sage. Wie man die Schönheit eines Bildes empfinden kann, ohne selbst Maler zu sein, so kann man mit dem gewöhnlichen, gesunden Menschenverstand heute einsehen, was der Geistesforscher der Seele sagt. Daß man es einsehen kann, das glaube ich um so mehr erhärtet zu haben, als ich zu erkennen glaube, wie die Seelen nach einer Vertiefung der Seelenkunde, der großen Daseinsrätsel des Lebens in bezug auf die Seele dürsten, wie tatsächlich das, was mit einer solchen modernen Weltanschauung, wie sie hier skizziert wurde, versucht wird, heute den Drang zahlloser Menschen bildet, die es auch gar nicht wissen in ihrem gewöhnlichen Bewußtsein, wie es den Schmerz, das Leid, die Entbehrung, den Wunsch unzähliger Menschen bildet, – all derer, die es ernst meinen mit dem, was wir finden müssen als aufsteigende Kräfte gegenüber so vielen in unserer Gegenwart vorhandenen Niedergangskräften.

Und dessen muß sich heute jeder, der von einer zeitgemäßen Weltanschauung spricht, bewußt sein: daß er im Einklang sprechen, denken und wollen muß mit dem, was unsere so ernste Zeit in den Seelen, wenn auch vielfach unbewußt, erstrebt. Und ich glaube – lassen Sie mich damit schließen –, daß gerade in solchen Weltanschauungsansätzen, wie ich sie heute entwickelt habe, etwas von dem liegt, was zahlreiche Seelen heute erstreben, weil sie es brauchen als geistigen Inhalt, als lebendiges Geistesleben für die Gegenwart und für die nächste Zukunft.

Die übersinnliche Erkenntnis[36]

Anthroposophie als Zeitforderung

Wer heute von übersinnlichen Welten spricht, setzt sich ja von vornherein dem durchaus begreiflichen Vorwurf aus, daß er gegen eine der allerwichtigsten Zeitforderungen verstoße, gegen die Zeitforderung: daß im Ernste über die höchsten Fragen des Daseins von einem wissenschaftlichen Standpunkte aus nur so gesprochen werden könne, daß die Wissenschaft sich ihrer Grenzen bewußt sei und eben eine klare Einsicht habe in die Tatsache, daß sie sich beschränken müsse auf die sinnliche Welt des irdischen Daseins und einer gewissen Phantastik verfallen würde, wenn sie über diese Grenzen hinausginge. – Nun, gerade diejenige Richtung geisteswissenschaftlicher Anschauung, von der aus ich beim letzten Wiener Kongreß der anthroposophischen Bewegung[35] gesprochen habe und von der aus ich auch heute wiederum sprechen will, nimmt für sich in Anspruch, nicht nur nicht gegnerisch zu sein gegen wissenschaftliche Gesinnung und wissenschaftliche Verantwortlichkeit unserer Zeit, sondern auch durchaus im Sinne dessen zu arbeiten, was gerade als Aufgaben von den gewissenhaftesten wissenschaftlichen Anforderungen auch derjenigen gestellt werden kann, die auf dem Boden strengster Naturforschung stehen. Nun kann man allerdings in verschiedenem Sinne von den wissenschaftlichen Zeitforderungen sprechen, die uns durch das gestellt werden, was in einer so großartigen Weise im Laufe der letzten drei bis vier Jahrhunderte, insbesondere aber des neunzehnten Jahrhunderts an theoretischen und praktischen Ergebnissen in der Menschheitsentwicklung herausgekommen ist. Ich will heute deshalb von übersinnlicher Erkenntnis sprechen, insofern sie gerade diese Zeitforderung erfüllen will, und ich möchte im nächsten Vortrage dann sprechen von der übersinnlichen Menschenerkenntnis als einer Forderung des menschlichen Herzens, des menschlichen Gemütes in der gegenwärtigen Zeit.

Man kann hinsehen auf das, was uns bis in die jüngsten Tage

herein die naturwissenschaftliche Forschung Großartiges gebracht hat – Großartiges gebracht hat an Ergebnissen von Zusammenhängen über die äußere Welt. Aber man kann auch in einem anderen Sinne von den Errungenschaften sprechen, die gerade bei dieser Entwickelungsströmung der Menschheit gewonnen worden sind. Man kann nämlich davon sprechen, daß bei den gewissenhaften, ernsten Beobachtungen der Gesetze und Tatsachen der äußeren Sinneswelt, wie sie die Naturwissenschaft geliefert hat, sich ganz besondere menschliche Fähigkeiten ausgebildet haben und daß gerade von Beobachtung und Experiment ein Licht ausgegangen ist auch auf die menschlichen Fähigkeiten selbst. Aber ich möchte sagen: Viele, die im anerkennenswertesten Sinne auf dem Boden naturwissenschaftlicher Forschung stehen, möchten gerade von diesem Lichte, das auf den Menschen selbst durch seine Forschungen zurückgeworfen wird, nicht viel hören. Wenn wir nur ein wenig uns besinnen auf das, was dieses Licht beleuchtet, so sehen wir, wie das menschliche Denken dadurch, daß es enge und weite Zusammenhänge – das Mikroskopische und das Teleskopische – gesetzmäßig durchforschen konnte, dadurch selber Unendliches für sich gewonnen hat, gewonnen hat an Unterscheidungsvermögen, gewonnen hat an eindringlicher Kraft, die Dinge der Welt zusammenzustellen, so daß sie ihre Geheimnisse verraten, die Gesetze der Weltenzusammenhänge festzustellen und so weiter. Wir sehen, indem dieses Denken entfaltet wird, eine Anforderung an dieses Denken gestellt, und zwar gestellt gerade von den ernstest zu nehmenden Forschern: die Forderung, daß dieses Denken so selbstlos als möglich sich entwickeln müsse in der Beobachtung der äußeren Natur und im Experimentieren im Laboratorium, in der Klinik und so weiter. Und eine große Gewalt hat der Mensch in dieser Beziehung gewonnen. Es ist ihm ja gelungen, immer mehr und mehr Maßregeln solcher Art zu treffen, daß nichts von dem, was im Denken selber als innere Herzenswünsche des Menschen, als Anschauungen, vielleicht auch als Phantasien über sein eigenes Wesen aufsteigt, hineingetragen werde in dasjenige, was er mit dem Mikroskop und Teleskop, mit Maßstab und Waage über die Zusammenhänge des Lebens und des Daseins feststellen soll.

Unter diesen Einflüssen hat sich allmählich ein Denken herausgebildet, von dem man sagen muß, daß es mit einem gewissen inneren Fleiß seine passive Rolle herausgearbeitet hat. Das Denken ist heute durchaus an der Beobachtung, am Experiment, abstrakt geworden, so abstrakt geworden, daß es sich nicht zutraut, etwas an Erkenntnissen und an Wahrheiten aus seinem eigenen Inneren herauszuzaubern.

Diese Eigenschaft des Denkens, die sich da allmählich herausgebildet hat, ist es ja vor allen Dingen, die, wie es zunächst scheint, alles abweisen muß, was der Mensch seinem inneren Wesen nach selber ist. Denn das, was er so selber ist, muß er in Aktivität aus sich herausstellen; das kann niemals eigentlich ganz ohne den Einschlag seines Willens sein. Und so sind wir denn – und auf dem Gebiete der äußeren Forschung mit Recht – dazu gekommen, gerade die Aktivität des Denkens abzuweisen, in der wir uns aber doch bewußt sind, was wir als Menschen im Universum, im ganzen Weltenzusammenhange bedeuten. Ausgeschaltet hat sich in einer gewissen Beziehung der Mensch bei seinem Forschen; er verbietet sich seine innere Aktivität. Wir werden gleich sehen, wie das, was in bezug auf dieses äußere Forschen mit Recht verboten werden muß für das eigene Selbst des Menschen, nun besonders kultiviert werden muß, wenn der Mensch über das Geistige, über das Übersinnliche seines Wesens Aufschluß haben will.

Aber auch ein zweites Element in der menschlichen Wesenheit hat seine besondere Seite darbieten müssen, die menschheitsfremd, wenn auch weltenfreundlich ist in der neueren Forschung mit Bezug auf das menschliche Gemüt, auf das menschliche Gefühl. Es darf in der neueren Forschung dieses menschliche Gefühl nicht mitsprechen; der Mensch muß kalt und nüchtern bleiben. Dennoch könnte man fragen: Wäre es denn aber nicht möglich, innerhalb dieses Fühlens dennoch Kräfte für Welterkenntnis zu gewinnen? Gerade wenn man auf der einen Seite sagen muß: Im Gefühl arbeitet die innere menschliche Willkür, die menschliche Subjektivität, und das Gefühl ist der Quell der Phantasie, – so muß man auf der anderen Seite doch wieder sagen: Gewiß, so wie das Gefühl zunächst im alltäglichen oder im wissenschaftlichen Leben ist, so kann diese menschliche Gefühlsseite keine besondere Rolle spielen. Aber wenn wir uns erinnern, wie uns ja die Wissenschaft selber darstellen muß, daß die menschlichen Sinne in der gesamten Menschheitsentwicklung nicht immer so waren, wie sie heute sind, sondern daß sie sich aus verhältnismäßig unvollkommenen Zuständen zu den heutigen Zuständen heraufentwickelt haben, daß sie ganz gewiß in früheren Zeiten nicht so objektiv über die Dinge gesprochen haben wie heute, dann dämmert doch vielleicht die Ahnung auf, daß auch in dem subjektiven Gefühlsleben irgend etwas drinnenstecken könnte, was so herausgeholt werden könnte wie die menschlichen Sinne selber und was aus einem Erleben der eigenen menschlichen Wesenheit hinüberführen könnte zu einem Erfassen der Weltenzusammenhänge in einem höheren Sinne. Gerade wenn man das Zurückziehen des Gefühls innerhalb der heutigen Forschung erblickt, muß die Frage aufgeworfen werden: Könnte sich nicht im Gefühl irgendein höherer Sinn erschließen, wenn dieses Gefühl besonders entwickelt würde?

Aber hervorragend anschaulich finden wir bei einem dritten Element in der menschlichen Wesenheit, wie wir von der durchaus anerkennenswerten naturwissenschaftlichen Auffassung hinausgetrieben werden zu irgend etwas anderem: das ist die Willensseite des menschlichen Seelenlebens. Wer wirklich im naturwissenschaftlichen Denken drinnensteht, der weiß, wie es diesem Denken unmöglich ist, anders die Zusammenhänge in der Welt zu denken als im Sinne der ursächlichen Notwendigkeit. In strenger Art verknüpfen wir die nebeneinander im Raume befindlichen Erscheinungen, in strengem Sinne verknüpfen wir die nacheinander in der Zeit folgenden Erscheinungen. Ursache und Wirkung verknüpfen wir, man möchte sagen, nach ihren ehernen Gesetzen. Wer nicht als Dilettant, wer als ein in der Naturwissenschaft Drinnenstehender spricht, der weiß, welche Gewalt einfach die Betrachtung der naturwissenschaftlichen Tatsachenwelten in dieser Beziehung ausübt; er weiß, wie er gefangengenommen wird von dieser Idee einer Allursächlichkeit und wie er dann gar nicht anders kann, als bei allem, was ihm entgegentritt, in seinem Denken diese Idee der Ursächlichkeit auch geltend zu machen.

Da aber steht dann der menschliche Wille, dieser menschliche Wille, der uns in jedem Augenblicke unseres wachen Tageslebens sagt: Was du in einem gewissen Sinne aus dir selber heraus, aus deinem Willen unternimmst, das ist nicht in demselben Sinne ursächlich bedingt wie irgendwelche äußeren Naturerscheinungen. – Deshalb wird auch ein Mensch, der einfach natürlich über sich selber fühlt, der in unbefangener Selbstbeobachtung in sich hineinschaut, kaum etwas anderes können, als aus der unmittelbaren Erfahrung heraus sich die Freiheit des Willens zuzuschreiben. Wenn er dann aber hinüberblickt zu dem naturwissenschaftlichen Denken, dann kann er diese Willensfreiheit nicht zugeben. Hier ist einer der Konflikte, in die uns die heutige Zeitlage hineinbringt. Wir werden im Verlaufe dieser zwei Vorträge noch manches andere von diesen Konflikten kennenlernen. Aber dieser Konflikt ist für den, der ihn in seiner ganzen Intensität fühlen, man möchte sagen, durchfühlen kann – weil er ehrlich sein muß auf der einen Seite gegen die naturwissenschaftliche Forschung, auf der anderen Seite gegen die Selbstbeobachtung – etwas Zerwühlendes, etwas so Zerwühlendes, daß es ihn in den Zweifel hineintreiben kann, ob überhaupt im Leben irgendwie ein Anhaltspunkt da sei, die Wahrheit zu erforschen.

Man muß solche Konflikte von der rechten menschlichen Seite nehmen können. Man muß sich sagen können: Es treibt einen die Forschung dazu, dasjenige, was man täglich gewahr wird, eigentlich nicht zugeben zu können; da muß irgendwie etwas liegen, was noch andere Zugänge zur Welt bietet als das, was eben in nicht zu widerlegender Weise in der äußeren Naturordnung gegeben ist. Gerade indem wir in einer so starken Weise durch die Naturordnung selbst in solche Konflikte hineingetrieben sind, wird es für uns Menschen der Gegenwart eine Zeitforderung, uns zu gestehen, daß es unmöglich ist, über die übersinnlichen Welten so zu sprechen, wie bis vor verhältnismäßig kurzer Zeit noch gesprochen worden ist. Wir brauchen nur in die erste Hälfte des neunzehnten Jahrhunderts zurückzugehen, und wir finden, daß damals Geister, die von ihrem Zeitbewußtsein aus die Naturwissenschaft durchaus ernst genommen haben, dennoch hingewiesen haben auf die übersinnliche Seite des menschlichen Lebens, auf diejenige Seite, die dem Menschen eröffnet die Aussicht auf das Göttliche, auf seine eigene Unsterblichkeit, und daß sie damit immer hingewiesen haben auf dasjenige, was wir heute nennen können die

«Nachtseiten» des menschlichen Lebens. Ganz ernst zu nehmende Menschen haben hingewiesen auf jene wundersame, aber höchst problematische Welt, in die der Mensch jede Nacht versetzt wird: auf die Traumwelt. Sie haben hingewiesen auf manche geheimnisvollen Zusammenhänge, die diese chaotische Bilderwelt der Träume dennoch mit der Wirklichkeit hat; sie haben darauf hingewiesen, wie das Innere der menschlichen Organisation, insbesondere bei Krankheiten, sich in den phantastischen Bildern des Traumes dennoch in einer gewissen Weise spiegelt und wie das gesunde menschliche Leben in Sinnbildern, in Symbolen in die chaotischen Traumerlebnisse einzieht. Sie haben darauf hingewiesen, wie manches, was der Mensch mit seinen wachen Sinnen nicht überschauen kann, in den halbwachen Seelenzustand gelegt wird, und man hat aus solchen Dingen seine Schlüsse gezogen. Diese Dinge grenzen dann an das, was auch heute noch von vielen Menschen gepflegt wird, an die unterbewußten Zustände des menschlichen Seelenlebens, die in einer ähnlichen Weise sich äußern.

Alles aber, was in dieser Art an den Menschen herantritt, was eine Vormenschheit noch in einer gewissen Weise befriedigen konnte, das kann für uns heute nicht mehr gelten, kann aus dem Grunde nicht mehr gelten, weil die Art, wie wir in die äußere Natur schauen, eine andere geworden ist. Man muß da schon hineinschauen in die Zeiten, wo es zum Beispiel nur eine mystisch gefärbte Astrologie gegeben hat. Da hat der Mensch in die Sinneswelt so hineingeschaut, daß dieses Hineinschauen weit entfernt war von der Exaktheit, die wir heute als Forderung an die Wissenschaft stellen. Und so konnte er vielleicht auch, weil er sich gestattete, im Sinnlichen nicht jene volle Klarheit zu haben, die wir heute haben, so konnte er im Mystischen, in gewissen halbbewußten Zuständen etwas finden, was ihm Aufschlüsse geben konnte. Das können wir heute nicht. Ebensowenig wie wir imstande sind, aus dem, was die Naturwissenschaft uns direkt gibt, etwas anderes zu holen als Fragen in bezug auf das eigentliche Wesen des Menschen, ebensowenig können wir bei der Naturwissenschaft unmittelbar stehenbleiben und etwa unsere übersinnlichen Bedürfnisse in einer ähnlichen Art befriedigen, wie es die Vorzeit getan hat.

In diese Zeitforderung hinein schaut jene übersinnliche Erkenntnisart, von der ich hier sprechen will. Sie schaut darauf hin, wie das Denken, Fühlen und Wollen des Menschen geworden sind gerade durch die Naturwissenschaft, und sie fragt auf der anderen Seite: Ist es möglich, gerade mit dem, was sich der heutige Mensch da im Denken, Fühlen und Wollen erobert hat, nun mit derselben Klarheit, die auf naturwissenschaftlichem Gebiete herrscht, weiter zu schreiten in das Übersinnliche hinein? Durch Schlußfolgerungen, durch Logik und so weiter kann das nicht geschehen, denn mit Bezug auf ihr eigenes Wesen deutet die Naturwissenschaft mit Recht ihre Grenzen an. Aber ein anderes kann geschehen: daß die inneren menschlichen Seelenfähigkeiten von dem Punkte an, an dem sie stehen, wenn wir innerhalb der gewöhnlichen wissenschaftlichen Forschung sind, weiterentwickelt werden; so daß wir jetzt jene Exaktheit, an die wir uns in bezug auf das äußere Forschen im Laboratorium und in der Klinik gewöhnt haben, anwenden auf die Entwicklung unserer eigenen Geistesfähigkeiten. Vorerst will ich das in bezug auf das Denken selber ausführen.

Es kann das Denken, das sich für das äußere Forschen seiner passiven Rolle immer mehr und mehr bewußt geworden ist und diese nicht verleugnen will, innerlich sich zur Aktivität erkraften, so erkraften, daß es jetzt nicht in der Weise exakt ist, wie man sonst mit Messen, Wägen und so weiter in der äußeren Forschung exakt ist, aber so exakt, daß es in bezug auf seine eigene Ausbildung exakt ist, so wie der äußere Forscher, der Mathematiker zum Beispiel gewohnt ist, jeden Schritt mit vollem Bewußtsein zu verfolgen. Das aber geschieht, indem jene übersinnliche Erkenntnisart, von der ich hier spreche, an die Stelle des alten verschwommenen Meditierens, an die Stelle des alten verschwommenen Sichversenkens in das Denken nun eine wirkliche exakte Entwickelung dieses Denkens setzt.

Ich kann das, was ich in bezug auf eine solche exakte Entwicklung des Denkens in meinen Büchern «Geheimwissenschaft im Umriß» oder «Wie erlangt man Erkenntnisse der höheren Welten?» und in anderen ausgeführt habe, hier nur prinzipiell andeuten. Der Mensch sollte es wirklich über sich bringen, solange als es für jeden notwendig ist – was sich ergibt aus der verschiedenen menschlichen Veranlagung –, die Rolle, die er sonst im Denken einnimmt und mit Recht einnimmt: sich passiv der äußeren Welt hinzugeben, zu vertauschen mit jener anderen: seine ganze innere Seelenaktivität in dieses Denken zu legen, indem er zum Beispiel Tag für Tag, wenn auch jeweils nur für kurze Zeit, mit Zurückziehung seines Gemütes von der Außenwelt, irgendeinen Gedanken, auf dessen Inhalt es zunächst nicht ankommt, in seine Seele hereinnimmt und alle seine inneren Seelenkräfte in innerer Konzentration auf diesen einen Gedanken hinlenkt. Dann tritt dadurch etwas ein, was man in bezug auf die Ausbildung jener Seelenfähigkeiten vergleichen kann mit dem, was sich ergibt, wenn irgendwelche Muskeln am menschlichen Leibe, zum Beispiel die Armmuskeln, ausgebildet werden sollen: die Muskeln werden durch Gebrauch, durch Übung stärker, werden kräftiger. So werden die Seelenfähigkeiten durch das Hinlenken auf einen bestimmten Gedanken innerlich aktiver, kräftiger. Und man muß nun die Sache so einrichten, daß man wirklich exakt vorgeht, daß man jeden Schritt, den man mit seinem Denken macht, so überschaut, wie der Mathematiker seine Operationen überschaut, wenn er ein geometrisches oder arithmetisches Problem lösen will. Das kann man auf die verschiedenste Weise machen. Trivial sieht es aus, wenn ich sage, man solle zu diesem Konzentrationsinhalt etwas benutzen, was man in irgendeinem Buche findet, meinetwillen in einem alten Schmöker, von dem man ganz bestimmt weiß, daß man ihn noch nicht zu Gesicht bekommen hat. Es kommt zunächst nicht darauf an, was der Wahrheitsgehalt dieser Sache ist, sondern es kommt darauf an, daß man einen solchen Gedankeninhalt voll überschaut. Das kann man nicht, wenn man aus seinem Gedächtnis heraus einen Gedankeninhalt nimmt; denn mit einem solchen hängt vieles in der unbestimmtesten Weise für den Menschen zusammen, vieles, was im Unterbewußten oder Unbewußten spielt, und man kann nicht exakt sein, wenn man sich darauf konzentriert. Etwas also, was einem ganz neu ist, was man nur seinem unmittelbaren Inhalte nach vor sich hat, womit sich noch nicht eine seelische Erfahrung verknüpft hat, das stellt man in den Mittelpunkt seines Bewußtseins. Es kommt auf die Konzentration der Seelenkräfte an und auf die daraus hervorgehende Verstärkung. Ebenso ist es gut, kein Vorurteil dagegen zu haben, wenn man zu jemandem geht, der auf diesem Gebiete Fortschritte gemacht hat, und sagt, er solle einem einen solchen Inhalt geben. Dann ist einem der Inhalt neu und man kann ihn überschauen. Viele Menschen fürchten, sie würden dadurch abhängig werden von dem anderen, der ihnen einen solchen Inhalt übermittelt. Das ist aber nicht der Fall; in Wahrheit werden sie unabhängiger, als wenn sie aus ihren Erinnerungen und Erfahrungen einen solchen Gedankeninhalt, der mit allerlei unterbewußten Erlebnissen verbunden ist, hervorholen. Und für den, der im wissenschaftlichen Arbeiten einige Erfahrungen hat, ist es gut, wenn er wissenschaftliche Ergebnisse als Konzentrationsstoff benutzt; die erweisen sich sogar als dafür am allerfruchtbarsten.

Wenn man dies durch längere Zeit, vielleicht durch Jahre tut – das alles muß mit Geduld und Ausdauer geschehen, bei manchem dauert es wenige Wochen oder Monate, bis ein Erfolg sich einstellt, bei manchem Jahre –, dann kann der Mensch dahin kommen, diese Methode auf die innere Ausgestaltung seines Denkens so exakt anzuwenden, wie der Physiker oder Chemiker die Methoden des Messens und Wägens anwendet, um der Natur ihre Geheimnisse abzulauschen; was man da gelernt hat, wendet man auf die Weiterentwicklung des eigenen Denkens an. Es kommt dann in einem gewissen Zeitpunkt eine bedeutsame innere Erfahrung des Menschen. Die besteht darin, daß man sich nun nicht nur im Bilddenken fühlt, das die äußeren Ereignisse und Tatsachen abmalt und das im Grunde genommen um so treuer ist, je weniger es Kraft in sich selber hat, je mehr es bloßes Bild ist; sondern man kommt dazu, zu diesem Denken hinzuzufügen die *innere Erfahrung von erlebtem Denken*, von innerlich durchkraftetem Denken. Das ist eine bedeutsame Erfahrung. Und ich möchte sagen, es wird dadurch das Denken etwas, was man anfängt so zu erleben, wie man sonst seine Muskelkräfte erlebt, wenn man irgend etwas angreift oder an etwas stößt. Das Erlebnis einer Realität, wie man es sonst hat in bezug auf seine Atmungszirkulation oder in seiner Muskeltätigkeit, dieses innere Aktive zieht in das Denken ein. Und da man jeden Schritt auf diesem Wege exakt erforscht hat, so erlebt man sich mit voller Besonnenheit, mit voller Klarheit in diesem erstarkten, aktiven Denken. Wenn etwa eingewendet wird, daß Wissenschaft ausgehen müsse von Erfahrung und Logik, so ist das kein Einwand; denn was da erlebt wird, das wird erlebt mit voller innerer Klarheit, aber zugleich wird es so erlebt, daß dieses Denken eine Art seelisches Tasten wird. Man fühlt sich, indem man einen Gedanken ausbildet, wie wenn man einen Fühler ausstreckt – jetzt nicht wie wenn die Schnecke einen Fühler ausstreckt in der physischen Welt, sondern wie wenn man einen Fühler ausstreckt in einer geistigen Welt, die, wenn man bis zu dieser Stufe gediehen ist, zunächst nur gefühlsmäßig da ist, aber die man mit Recht erwarten kann. Denn man hat die Empfindung: Dein Denken hat sich verändert zu einem *geistigen Tasten*; wenn das immer mehr und mehr in dir der Fall sein kann, dann darfst du erwarten, daß dieses Denken auch auf geistig Wesenhaftes aufstößt, wie dein Finger hier in der physischen Welt auf physisch Wesenhaftes aufstößt.

Wenn man eine Zeitlang in diesem innerlich erkrafteten Denken lebt, dann ist erst die volle Selbsterkenntnis dem Menschen möglich. Denn man weiß dann: Durch diese Konzentration ist das Seelische zu einer erlebbaren Realität geworden.

Man kann jetzt in seinem Üben fortfahren und kann dazu schreiten, diese Gedankeninhalte, auf die man sich konzentriert hat, die einen dazu gebracht haben, ein reales seelentastendes Denken zu haben, diese *Seeleninhalte* nun *auszuschalten*, wegzuschaffen, gewissermaßen das Bewußtsein von dem, was man selbst in dieses Bewußtsein hineingebracht hat, leer zu machen. Es ist verhältnismäßig leicht, im gewöhnlichen Leben das Bewußtsein leer zu bekommen; man braucht nur einzuschlafen. Aber es ist eine intensive Kraft dazu notwendig, wenn man sich zu konzentrieren gewohnt ist auf einen bestimmten Gedankeninhalt, gerade bei verstärktem Denken, bei realisiertem Denken einen solchen Gedankeninhalt wegzuschicken. Aber ebenso, wie man zuerst die starke Kraft bekommen hat, sich zu konzentrieren, so bringt man es jetzt dazu, diesen Gedankeninhalt wieder wegzuschaffen. Hat man es aber dazu gebracht, dann tritt etwas vor die Seele, was man vorher nur in Form eines episodischen Erinnerungsbildes haben konnte: Es tritt in einer neuen Weise das ganze innere Leben des Menschen vor sein Seelenauge, wie er es in diesem irdischen Dasein durchgemacht hat seit der Geburt oder seit dem Zeitpunkt, bis zu dem man sich zurückerinnert, wo man bewußt in dieses irdische Dasein eingetreten ist. Für gewöhnlich kennt man ja von diesem irdischen Dasein nur das, woran man sich gedächtnismäßig erinnert; man hat die Bilder der Erlebnisse. Was man aber jetzt durch das erkraftete Denken erlebt, ist nicht von derselben Art. Es tritt auf wie in einem mächtigen *Tableau*, so daß man sich an das, was man vor zehn Jahren etwa durchgemacht hat, nicht wie in einem blassen Bilde bloß erinnert, sondern es tritt so auf, daß man das innere Erlebnis hat: Man geht im Geiste die Zeit zurück. Macht man meinetwillen in seinem fünfzigsten Jahre eine solche Übung, die zu dem Angedeuteten führt, dann wird es so, daß einem die Zeit gestattet, wie durch einen «Zeitweg» zurückzugehen bis meinetwillen zu den Erlebnissen in seinem fünfunddreißigsten Jahre. Man schreitet durch die Zeit, man fühlt nicht bloß eine blasse Erinnerung an das, was man vor fünfzehn Jahren durchgemacht hat, sondern man fühlt sich in aller Lebendigkeit drinnen wie in einem gegenwärtigen Erlebnis. Man schreitet durch die Zeit, der Raum verliert seine Bedeutung, die Zeit liefert einem ein mächtiges Erinnerungstableau. Dasjenige wird exaktes Bild des Menschenlebens, wovon selbst naturwissenschaftliche Denker zugeben, daß es in einer episodischen Weise auftritt, wenn der Mensch zum Beispiel beim Ertrinken einem großen Schreck, einem Schock ausgesetzt ist, wo er für Augenblicke etwas von seinem ganzen Erdenleben in Bildern vor die Seele gestellt hat, an die er dann später mit einem gewissen schauernden Entzücken noch zurückdenkt. Was sich also in einem solchen Falle wie in einer Naturgewalt vor die Seele stellt, das tritt aber dann in dem angedeuteten Zeitpunkte wirklich vor die Seele hin, indem das ganze Erdenleben wie in einem mächtigen, aber nur zeitlich angeordneten Geist-Tableau vor einem steht. Jetzt erst erkennt man sich selber, jetzt erst hat man wirkliche Selbstbeobachtung.

Man kann sehr wohl dieses Bild des menschlichen Inneren von dem unterscheiden, was bloß Erinnerungsbild ist. Das bloße Erinnerungsbild zeigt, wie Menschen, Naturereignisse oder Kunstwerke von außen an den Menschen herankommen; man hat mehr die Art, wie die Welt an einen herankommt, in diesem Erinnerungsbilde vor sich. In demjenigen aber, was da als ein übersinnliches Erinnerungstableau vor den Menschen hintritt, tritt ihm mehr dasjenige entgegen, was von ihm selbst ausgegangen ist. Hat man zum Beispiel in einem bestimmten Zeitpunkte seines Lebens die Freundschaft mit einer geliebten Persönlichkeit begonnen, so tritt einem im Bilde entgegen, wie diese Persönlichkeit in einem gewissen Zeitpunkte auf einen zugekommen ist, wie sie zu einem gesprochen hat, was man ihr verdankt und so weiter. In diesem Lebenstableau tritt einem entgegen, wie man sich zu diesem Menschen hingesehnt hat und wie man jeden Schritt zuletzt so gemacht hat, daß er einen hinführen mußte zu dem Wesen, von dem man erkannt hat, daß es zu einem paßt.

Was sich durch die Entfaltung der Seelenkräfte gebildet hat, das tritt einem in diesem Lebenstableau mit exakter Klarheit entgegen. Viele Menschen lieben solche exakte Klarheit nicht, weil sie ihnen Aufschluß gibt über manches, was sie lieber in einem anderen Lichte sehen würden als in dem Lichte der Wahrheit. Aber man muß es ertragen, daß man in voller Unbefangenheit auf sein eigenes Innere schauen kann, auch wenn dieses eigene Innere vor dem forschenden Blicke vorwurfsvoll einem begegnet. Ich habe diese Stufe des Erkennens die *imaginative Erkenntnis* oder *Imagination* genannt.

Nun kann man aber von dieser Stufe aus weiterschreiten. In dem, was man erkennt durch dieses Erinnerungstableau, hat man diejenigen Kräfte gegeben, die einen in Wirklichkeit als Mensch gebildet haben. Man weiß jetzt, indem man vor diesem Lebenstableau steht: In dir entwickeln sich die Kräfte, die an den Substanzen deines physischen Leibes gestalten; in dir haben sich, besonders in der Kindheit, diejenigen Kräfte entwickelt, welche die nach der Geburt noch ungeordnete Gehirn-Nervenmasse zur plastischen Ausgestaltung bis etwa zum siebenten Jahre hin gebracht haben. Man hört endlich auf, dasjenige was da innerlich gestaltet im Menschen, jenen Kräften zuzuschreiben, die an den materiellen Substanzen haften; man hört damit auf, wenn man dieses Erinnerungstableau vor sich hat, wenn man schaut, wie in alle Ernährungs- und Atmungskräfte und in alle Blutzirkulation hineinströmen die Inhalte dieses Erinnerungstableaus, die selbst Kräfte sind – Kräfte, ohne die keine Blutwelle kreist, ohne die kein Atmungsvorgang sich vollzieht. Man lernt jetzt erkennen, wie der Mensch seinem inneren Wesen nach geistig-seelisch ist.

Was einem da aufgeht, läßt sich am besten durch einen Vergleich charakterisieren. Denken Sie sich, Sie gehen eine Strecke über einen Boden, der durch den Regen erweicht ist, und Sie haben auf Ihrem Wege überall Spuren oder Furchen, welche Menschenfüße oder vielleicht Wagenräder gemacht haben. Nehmen wir nun an, es käme ein Wesen vom Monde und sähe diesen Zustand des Bodens, aber keine Menschen, so käme es vielleicht darauf, zu sagen: Da unter der Erde müssen allerlei Kräfte sein, die diese Spuren aufgewühlt und die Erde so konfiguriert haben. – Ein solches Wesen könnte *in* der Erde die Kräfte suchen, die die Furchen veranlaßt haben. Wer aber die Sache durchschaut, der weiß, das hat nicht die Erde gemacht, sondern das ist durch Menschenfüße und Wagenräder entstanden.

Wer nun die Dinge so überschaut, wie ich es eben beschrieben habe, der schaut dadurch wahrhaftig nicht mit geringerer Ehrfurcht zum Beispiel in die Furchungen des menschlichen Gehirnes hinein. Aber wie er weiß, daß jene Spuren auf der Erde nicht von Kräften in der Erde herstammen, so weiß er jetzt: Diese Furchungen des Gehirns rühren nicht von Kräften her, die in dem materiellen Gehirn stecken, sondern da ist das Geistig-Seelische des Menschen, das man selber jetzt geschaut hat, und das arbeitet so, daß unser Gehirn diese Furchungen hat. Das ist das Wesentliche: hingetrieben werden zu dieser Anschauung, so daß der Mensch zur Anschauung des eigenen geistig-seelischen Wesens kommt, daß der Seelenblick wirklich hingelenkt wird auf das Geistig-Seelische und auf sein Auftreten im äußeren Leben.

Aber es kann nun weitergeschritten werden. Nachdem man erst im Konzentrieren auf einen bestimmten Gedankeninhalt das eigene Innere erkraftet hat und dann das Bewußtsein leer gemacht hat, so daß einem statt der eigenen geformten Bilder jetzt der eigene Lebensinhalt vor die Seele getreten ist, kann man nun auch dieses *Erinnerungstableau so aus dem Bewußtsein* wieder *herausbringen*, wie man vorher eine einzelne Vorstellung herausgebracht hat, so daß das Bewußtsein von ihr leer geworden ist. Jetzt kann man die starke Kraft anwenden lernen, dasjenige was man zuerst in einer gesteigerten Selbstbeobachtung als ein geistig-seelisches Wesen erkannt hat, nun wieder aus seinem Bewußtsein auszulöschen. Man löscht ja dabei nichts Geringeres aus als das Innere seines Seelenlebens selbst.

Das Äußere von sich auszulöschen, hat man zunächst gelernt in der Konzentration; man hat dann gelernt, den Seelenblick auf das eigene Geistig-Seelische hinzulenken; das füllt dieses ganze Erinnerungstableau aus. Gelangt man jetzt dazu, dieses Erinnerungstableau selbst auszulöschen, dann tritt das ein, was ich wirklich *«leeres Bewußtsein»* nennen möchte. Man hat vorher gelebt in dem Erinnerungstableau oder in dem, was man selbst vor die Seele gestellt hat; jetzt tritt etwas ganz anderes auf. Was in einem selbst lebte, hat man unterdrückt, und man setzt sich nun mit leerem Bewußtsein der Welt aus. Das bedeutet für das Erleben der Seele etwas außerordentlich Bedeutsames. Und im Grunde genommen kann ich es zunächst nur vergleichsweise schildern, was da für die Seele eintritt, indem man durch eine starke innere Kraft, die man anwendet, den eigenen Seeleninhalt auslöscht. Man braucht nur dessen zu gedenken, wie ein Mensch, vor dem die äußeren Sinneseindrücke allmählich schweigen, bei dem das Sehen, das Hören, vielleicht auch das deutliche Tasten aufhört, in einen Zustand versinkt, der einem Schlafzustande durchaus ähnlich ist. Jetzt aber, wenn man den eigenen Seeleninhalt auslöscht, kommt man zu einem zwar leeren Bewußtsein, aber nicht zu einem schlafenden; man kommt zu einem Zustande, den ich den *Zustand des «bloßen Wachens»*, nämlich des Wachens mit leerem Bewußtsein, nennen möchte. Dieses leere Bewußtsein kann sich uns vielleicht dadurch vor die Seele stellen, daß ich sage: Man denke sich eine moderne Großstadt mit all ihrem Lärmen und Getöse. Man kann sich von ihr entfernen, es wird immer stiller und stiller um einen. Dann aber kommt man vielleicht in das Innere eines Waldes; es ist ein völliger Kontrast gegenüber dem Lärmen der Großstadt da: man lebt in völliger innerer Stille, lautlose Ruhe ist um einen.

Sehen Sie, ich muß einen trivialen Vergleich anwenden, wenn ich das Weitere charakterisieren will. Die Frage müssen wir aufwerfen: Kann diese Ruhe, diese Stille noch zu etwas anderem gemacht werden? Wir können ja diese Ruhe, diese Stille als «Null» bezeichnen, in unserem Wahrnehmen der Außenwelt. Aber wenn wir zum Beispiel ein gewisses Vermögen haben, und wir nehmen von diesem etwas weg: es wird weniger, wir nehmen noch mehr weg: es wird wieder weniger; dann kommen wir zur Null, haben nichts mehr – können wir dann noch weiter gehen? Vielleicht ist es für die meisten nicht erwünscht, aber für viele ist es so, daß sie es durchaus tun: man verringert das Vermögen, indem man Schulden macht. Man hat weniger als die Null und kann immer weniger haben. Gerade so kann auch wenigstens zunächst gedacht werden, die Ruhe, die der Null des Wachens gleicht, noch über diese Null weiterzutreiben in eine Art negativen Zustand hinein. Es kann eine *Über-Ruhe*, eine *Über-Stille* zur Ruhe hinzukommen. Das erfährt derjenige, der seinen eigenen Seeleninhalt auslöscht: er kommt in einen Zustand der negativen, der unter der Null liegenden Seelenruhe hinein. Innere Seelenstille in gesteigertstem Maße tritt auf bei vollem Wachsein.

Das allerdings ist nicht zu erreichen, ohne daß es von etwas anderem begleitet ist; das ist nur zu erreichen, wenn man einen gewissen Zustand, der mit den Bildvorstellungen auch des eigenen Selbstes verknüpft ist, in einen anderen übergehen fühlt. Derjenige, der zunächst das erste Übersinnliche im eigenen Selbst empfindet, anschaut, er ist in dem Zustande eines gewissen Wohlbehagens, jenes Wohlbehagens und jenes inneren Glückes, auf welches ja die verschiedenen Bekenntnisse hinweisen, indem sie auf das Übersinnliche hindeuten und zugleich den Menschen aufmerksam machen, wie das Übersinnliche ihm in seinem inneren Erleben Glückseligkeit bringt. Ja, bis zu dem Punkte, wo man sein Inneres selbst ausgeschaltet hat, war es ein gewisses Wohlbehagen, eine gesteigerte Glückseligkeit. In dem Moment aber, wo die innere Seelenruhe auftritt, da tritt an die Stelle des inneren Wohlbehagens durchaus innerer Schmerz, innere Entbehrung, wie man sie vorher nicht gekannt hat, daß man jetzt fern ist von dem, womit man im irdischen Leben durchaus verbunden ist, fern nicht nur von dem Erfühlen seines eigenen Leibes, sondern fern von dem Erfühlen der eigenen Erlebnisse seit der Geburt. Und das bedeutet eine Entbehrung, die sich zu einem ungeheueren seelischen Schmerz steigert. Vor dieser Stufe schrecken manche zurück; sie finden nicht den Mut, den Übergang zu tun von einem gewissen niederen Hellsehen und unter Ausschaltung des eigenen Seeleninhaltes nun einzutreten in ein Bewußtsein, wo jene innere Ruhe vorhanden ist. Tritt man aber mit vollem Bewußtsein in dieses Stadium ein, dann beginnt an die Stelle der Imagination dasjenige zu treten, was ich in meinen schon genannten Büchern – man stoße sich bitte jetzt nicht an den Ausdrücken – die *Inspiration* genannt habe: das Erleben einer wirklichen geistigen Welt. Nachdem man so vorher die Sinneswelt ausgeschaltet hat und ein leeres Bewußtsein in unsäglichem Seelenschmerz hergestellt hat, tritt einem *die äußere geistige Welt entgegen.* Man wird in der Inspiration gewahr, daß in der Umgebung des Menschen, wie die Sinneswelt für die äußeren Sinne, so eine geistige Welt vorhanden ist.

Und das erste, was man wiederum in dieser geistigen Welt erblickt, ist das eigene vorirdische Dasein. Wie man sonst durch die gewöhnliche Erinnerung auf Erdenerlebnisse zurück schaut, so geht einem jetzt ein kosmisches Gedächtnis auf: Man schaut zurück in vorirdische Erlebnisse, wie man war als geistig-seelisches Wesen in einer rein geistigen Welt, bevor man durch die Geburt zu diesem irdischen Dasein heruntergestiegen ist, indem man von seinem geistigen Wesen aus eingriff in die Ausgestaltung des eigenen Leibes. So schaut man zurück auf das Geistige, Ewige in der menschlichen Natur, auf das, was sich einem enthüllt als das vorirdische Dasein, von dem man jetzt weiß, es hängt nicht ab von Geburt und Tod des physischen Leibes, denn es ist das, was vor der Geburt, vor der Empfängnis war, was diesen physischen Leib aus der Materie, der Vererbung, selbst erst zum Menschenwesen gemacht hat. Jetzt erst gelangt man zu einem wahren Begriff auch der physischen Vererbung, da man sieht, was in diese hineinspielt an übersinnlichen Kräften, die man aus der rein geistigen Welt – mit der man sich jetzt verbunden fühlt wie hier im Erdenleben mit der physischen Welt – sich aneignet. Und jetzt wird man gewahr, wie trotz der großen Fortschritte, welche die Entwickelung der Menschheit durchgemacht hat, manches verloren gegangen ist, was älteren instinktiven Anschauungen, die wir heute nicht mehr brauchen können, noch eigen war. Dieses vorirdische Leben stand vor der instinktiven übersinnlichen Anschauung einer Menschheit der Vorzeit so, wie die menschliche Unsterblichkeit, von der wir gleich nachher sprechen werden. Denn in alten Zeiten hat man die Ewigkeit so verstanden, daß man ihre zwei Seiten aufgefaßt hat. Wir sprechen heute – selbst unsere Sprache hat nur dieses Wort – von der Unsterblichkeit der

Menschenseele; aber man hat einmal gesprochen, und die älteren Sprachen weisen noch solche Worte auf, von der «Ungeborenheit» als der anderen Seite der Ewigkeit der Menschenseele. Jetzt sind ja die Zeiten etwas andere geworden. Was aus der Menschenseele wird nach dem Tode, dafür interessieren sich die Menschen, weil es erst kommt; für das aber, was war vor der Geburt oder der Empfängnis, dafür interessiert man sich weniger, weil es ja «vergangen» ist und man doch da ist. Aber eine wirkliche Erkenntnis der menschlichen Unsterblichkeit kann nur aufgehen, wenn man die Ewigkeit nach den beiden Seiten betrachtet: nach der Unsterblichkeit und der Ungeborenheit.

Aber gerade um mit der letzteren zusammenzuhängen, und zwar gerade in einem exakten Hellsehen, dazu ist noch ein Drittes notwendig. Wir fühlen uns eigentlich recht als Menschen, wenn wir unser Gefühl jetzt nicht mehr ganz aufgehen lassen im Erdenleben. Denn das, was wir als vorirdisches Leben nun erkennen, das dringt bildhaft in uns ein, stellt sich hinzu zu dem, was wir von dieser unserer Menschheit erfühlt haben, macht uns erst zu einem Vollmenschen. Da wird unser Fühlen wie von einem inneren Licht durchschlagen, und wir wissen: wir haben jetzt unser Gefühl zum Sinnesorgan für das Geistige ausgebildet. – Aber wir müssen weitergehen und müssen auch das Willenselement zu einem Erkenntnisorgan für das Geistige machen können. Dazu muß etwas eintreten für die menschliche Erkenntnis, was sonst mit Recht von denjenigen, die auf dem Erkenntnisgebiete ernst genommen werden wollen, nicht als eine Erkenntniskraft angesehen wird. Daß es eine *Erkenntniskraft* ist, wird man erst gewahr, wenn man in die übersinnlichen Gebiete eintritt: es ist die *Kraft der Liebe*. Man muß nur beginnen, diese Kraft der Liebe in einem höheren Sinne auszubilden, als der ist, durch den uns die Natur die Liebe geschenkt hat mit all ihrer Bedeutung für das natürliche und menschliche Leben. Es wird vielleicht paradox erscheinen, was ich als die ersten Schritte zu schildern habe dür das Entfalten einer höheren Liebe im menschlichen Leben.

Wenn Sie versuchen, mit voller Besonnenheit der einzelnen Schritte in einem gewissen Sinne anders die Welt zu erfühlen, als man sie gewöhnlich fühlt, dann kommen Sie zu dieser höheren Liebe. Nehmen Sie an, Sie gehen am Abend, vor dem Schlafengehen, daran, das Tagesleben so vorzustellen, daß Sie beim letzten Ereignis des Abends beginnen, es möglichst genau vorstellen, dann das vorletzte in derselben Weise vorstellen, dann das drittletzte und so, bis zum Morgen rückwärtslaufend, Ihr Tagesleben überschauen, dann ist das ein Vorgang, bei dem es viel mehr auf die innere Energie ankommt als darauf, ob man das einzelne Ereignis mehr oder weniger genau vorstellt. Es kommt auf diese *«Umdrehung» des Vorstellens* an. Wir betrachten sonst die Ereignisse so, daß erst das Frühere und dann das Folgende betrachtet wird in einer fortlaufenden Gliederung. Durch eine solche Übung, wie ich sie eben angegeben habe, drehen wir das ganze Leben um: wir denken und fühlen dem Tageslauf entgegengesetzt. Wir können es an unseren Tageserlebnissen machen, wie ich es andeutete, und man braucht dazu auch nur einige Minuten; man kann es aber auch anders machen: Man versuche, den Hergang eines Dramas sich so vorzustellen, daß man es, von dem fünften Akt angefangen, zum vierten, dritten, nach vorwärts vorstellt; oder man kann eine Melodie in umgekehrter Tonfolge sich vorstellen. Wenn man auf diese Weise immer mehr solche inneren Seelenerlebnisse durchmacht, dann wird man finden, wie sich das innere Erleben losreißt von dem äußeren Naturgange, wie man tatsächlich immer selbständiger und selbständiger wird. Aber trotzdem man sich so immer mehr und mehr individualisiert und es zu immer größerer und größerer Selbständigkeit gebracht hat, lernt man auch, sich mit voller Bewußtheit an das andere, äußere Leben hinzugeben; denn jetzt erst wird man gewahr: je stärker wir diese vollbewußte Hingabe an das andere Wesen übend in uns entwickeln, desto größer wird dadurch unsere Selbstlosigkeit und desto größer muß die Liebe dafür sein. Auf diese Weise fühlt man, wie dieses Nicht-in-sich-Leben, sondern In-einem-anderen-Wesen-Leben, dieses Hinüberschreiten von dem eigenen Wesen in das andere Wesen immer stärker und stärker wird. Und man gelangt dazu, daß man zu der Imagination und Inspiration, die man zuerst ausgebildet hat, nun hinzufügen kann das wahre intuitive Hineinsteigen in ein anderes: man gelangt zur *Intuition*, so daß man nicht mehr sich selbst nur erlebt, sondern in aller Individualisiertheit, aber auch in aller Selbstlosigkeit das andere erleben lernt.

Da wird die Liebe zu etwas, was einem allmählich möglich macht, noch weiter zurückzuschauen als in das vorirdische geistige Leben. Wie man in seinem jetzigen Leben zurückschaut auf die gegenwärtigen Ereignisse, so lernt man durch eine solche Steigerung der Liebe zurückzuschauen auf frühere Erdenleben, und man lernt auf diese Weise das ganze Menschenleben erkennen als eine Folge von aufeinanderfolgenden Erdenleben. Daß sie einmal einen Anfang haben und ebenso ein Ende haben werden, soll im nächsten Vortrage berührt werden.[37] Aber man lernt das Menschenleben erkennen als eine Folge von Erdenleben, zwischen denen immer rein geistige Leben sind zwischen dem Tode und der nächsten Geburt; denn auch den Tod lernt man durch diese gesteigerte, ins Geistige hinaufgetragene und zur Erkenntniskraft gewordene Liebe in seiner wahren Bedeutung kennen. Nachdem man, wie ich es für die Imagination und Inspiration geschildert habe, so vorgeschritten ist, um diese gesteigerten inneren Kräfte geistig liebefähig zu machen, lernt man tatsächlich im unmittelbaren exakten Hellsehen jenes innere Erlebnis kennen, von dem man sagt: der Mensch erlebt sich geistig ohne seinen Körper, außer seinem Körper. Das Heraustreten aus seinem Körper wird auf diese Weise für die Seele, wenn ich mich so ausdrücken darf, wirklich erlebbar, gegenständlich. Hat man dieses Geistige in dem Dasein in der Erkenntnis «hellseherisch», möchte ich sagen, einmal erlebt, außer dem Körper, dann weiß man, was das Ereignis bedeutet: den physischen Leib im Tode ablegen, durch die Todespforte hindurchschreiten zu einem neuen, geistigen Leben. So lernt man auf der dritten Stufe einer exakten Clairvoyance die Bedeutung des Todes und damit auch die Bedeutung der Unsterblichkeit für den Menschen kennen.

Durch die Art und Weise, wie ich geschildert habe, wollte ich anschaulich machen, wie diejenige übersinnliche Erkenntnisart, von der ich hier spreche, darauf hinarbeitet, in die menschlichen Erkenntnisfähigkeiten selber etwas zu tragen, was im Hineintragen ganz exakt, Schritt für Schritt, wirkt. Der Naturforscher wendet die Exaktheit auf das äußere Experiment, auf die äußere Beobachtung an; er will die Gegenstände so nebeneinander sehen, daß sie exakt im Messen, Zählen, Wägen ihre Geheimnisse offenbaren. Der Geistesforscher, von dem ich hier spreche, wendet die Exaktheit auf die Entwicklung der eigenen Seelenkräfte an. Was er aus sich macht, damit dann eine geistige Welt und mit ihr die ewige Wesenheit des Menschen, das Wesen der menschlichen Unsterblichkeit vor die Seele tritt, das, was er aus sich macht, wird auf eine exakte Weise gemacht, um das Goethesche Wort zu gebrauchen. Bei jedem Schritt, den so der Geistesforscher macht, damit zuletzt die geistige Welt vor seinem Seelenauge ausgebreitet liege, fühlt er sich vor dem Erkenntnisgewissen so verantwortlich, wie nur der Mathematiker sich verantwortlich fühlt für jeden seiner Schritte; denn so wie dieser in voller Klarheit alles durchschauen muß, was er auf das Papier bringt, so muß der Geistesforscher in voller Exaktheit das durchschauen, was er aus seinen Erkenntniskräften macht. Dann weiß er, daß er mit derselben inneren Notwendigkeit ein «seelisches Auge» aus der Seele herausgeformt hat, wie die Natur aus dem Körperlichen ein körperliches Auge.[9] Und er weiß, daß er mit demselben Recht von geistigen Welten reden darf, wie er für das physische Auge von physisch-sinnlichen Welten spricht. In diesem Sinne wird die Geistesforschung, von der hier die Rede ist, der Zeitforderung genügen, die mit der herrlichen Naturwissenschaft – deren Gegner diese Geistesforschung nicht ist, sondern die sie gerade weiter ausbilden will – gegeben ist.

Ich weiß gar wohl: Jeder, der irgend etwas im Leben vertreten will, sei es aus diesem oder jenem Motiv heraus, macht sich dadurch wichtig, daß er es als eine «Zeitforderung» hinstellt. Das habe ich nicht beabsichtigt, will es auch im nächsten Vortrage nicht, sondern ich möchte im Gegenteil zeigen, wie die Zeitforderungen schon da sind und wie gerade diese Geisteswissenschaft sich bei jedem ihrer Schritte bemüht, diesen Zeitforderungen Genüge zu tun. Und so kann man sagen: Nicht einer, der in dilettantischer oder laienhafter Art auf die Natur hinschaut, will der Geistesforscher sein, von dem hier gesprochen werden soll. Nein, er will gerade im wahren Sinne und in der wahren Gewissenhaftigkeit dieser Naturwissenschaft weiterschreiten; er will die wahrhaft exakte Clairvoyance für das Beschreiben einer geistigen Welt. Aber ihm ist zugleich klar: Indem man im Laboratorium den menschlichen Leichnam zu erforschen versucht, um das Leben, das aus ihm gewichen ist, zu deuten, oder indem man mit dem Teleskop in die Weltenräume hineinschaut, da entwickelt man Fähigkeiten, die sich zunächst nur anpassen wollen dem Mikroskop oder Teleskop, die aber ein inneres Leben haben und die sich verleugnen in ihrer Form. Wenn wir den menschlichen Leichnam sezieren, wissen wir: Wahr ist, daß nicht die Natur dies unmittelbar aus dem Menschen gemacht hat, sondern das hat die menschliche Seele, die jetzt aus ihm gewichen ist, aus ihm gemacht. Wir deuten die menschliche Seele aus dem, was wir hier als ihr physisches Resultat haben, und derjenige wäre wahnsinnig, der etwa voraussetzen wollte, jene Gestaltung der menschlichen physischen Kräfte und Formen sei nicht aus dem gekommen, was dem jetzigen Zustande dieses Menschen vorangegangen ist. Aber aus allem, was wir dann zurückhalten, indem wir auch die tote Natur durchforschen mit denjenigen Kräften, bei denen der Mensch mit Recht die innere Aktivität verleugnet, wird durch diese Zurückhaltung die Anlage geschaffen zu einer Weiterbildung dieser menschlichen Seelenkräfte. Gerade so wie der Pflanzenkeim unsichtbar unter der Erde liegt, wenn wir ihn in die Erde gesenkt haben, wie aber aus ihm die Pflanze wird, so versenken wir in die Seele, gerade wenn wir gewissenhafte Naturforscher sind, einen Keim. Und wer ernsthafter Forscher in dieser Beziehung ist, in dem ruht der Keim zur imaginativen, inspirierten und intuitiven Erkenntnis. Er braucht ihn nur zu entwickeln. Und er kann dann wissen: Wie die Naturwissenschaft eine Zeitforderung ist, so ist auch übersinnliche Forschung eine Zeitforderung. Man möchte sagen: Es spricht jeder, der aus dem Geiste der Naturwissenschaft spricht, auch im Geiste übersinnlicher Forschung, nur weiß er es nicht. Und was für viele Menschen heute – auch das wird sich im nächsten Vortrage zeigen – eine unbewußte, tiefinnerste Sehnsucht ist: übersinnliche Forschung will sich aus dem Keim entfalten.

Gerade denjenigen gegenüber, die sich dann von einem vermeintlichen naturwissenschaftlichen Standpunkte aus gegen diese Geistesforschung wenden, möchte man schon sagen, obwohl hier nichts Schlimmes damit gemeint ist, man wird an einen allzubekannten Ausspruch des Goetheschen Faust erinnert, den man dann in einer anderen Weise wendet: «Den Teufel spürt das Völkchen nie, und wenn er sie beim Kragen hätte.» Nun, darüber will ich mich jetzt nicht auslassen. Aber in einer anderen Wendung tritt einem das, was in diesem Ausspruche liegt, entgegen in dem, was als Zeitforderung heute vorhanden ist. Die, welche heute richtig über die Natur sprechen, sie sprechen eigentlich schon unbewußt den «Geist» selbst aus. Und man möchte sagen: Viele sind es, die den Geist niemals bemerken wollen, wenn er spricht, obgleich sie in ihren eigenen Reden ihn fortwährend zum Ausdruck bringen!

Der Keim zu übersinnlicher Schauung ist eigentlich heute viel verbreiteter, als man denkt, – aber er muß entwickelt werden. Daß er entwickelt werden muß, das lehrt uns wahrhaftig auch der Ernst der Zeit in bezug auf die äußeren Erlebnisse. Wie gesagt, über das einzelne möchte ich das nächste Mal sprechen; aber es darf zum Schluß noch angedeutet werden, daß ja heute draußen in der Welt furchtbar Katastrophales zur ganzen Menschheit eigentlich aus den verschiedensten Zeichen heraus spricht und daß man gewahr werden kann, wie diesem großen Ernste der Zeit sich Aufgaben entringen werden, an denen die Menschen der allernächsten Zukunft viel, viel werden zu arbeiten haben. Dieser äußere Ernst, mit dem uns heute die Welt, namentlich die Welt der Menschheit anschaut, er deutet auf einen notwendigen inneren Ernst. Und von diesem inneren Ernste, in der Hinlenkung des menschlichen Gemütes auf die eigenen Geisteskräfte des Menschen, die seine eigentlichen Wesenskräfte sind, von diesem Ernste wollte ich heute sprechen. Denn wenn es wahr ist, daß der Mensch gerade die stärksten äußeren Kräfte wird aufwenden müssen gegenüber den ernsten Ereignissen, die ihm über die ganze Erde hin bevorstehen, dann wird er auch einen energischen inneren Mut dazu brauchen. Solche Kräfte und solcher Mut wird aber nur kommen können, wenn der Mensch sich bewußt mit seinem innersten Wesen, nicht nur theoretisch sich ergreifend, sondern praktisch wissend, erfühlen und auch wollen kann. Das kann er nur, wenn er dieses sein Wesen als aus jenem Quell stammend erkennt, aus dem es in Wirklichkeit stammt: aus dem Geistesquell; wenn er immer mehr und mehr – nicht nur theoretisch, sondern praktisch – erlebend wissen lernt: Der Mensch ist Geist, im Geiste kann er nur seine wirkliche Befriedigung finden, und seine höchsten Kräfte wie sein höchster Mut kann ihm nur aus dem Geist, das heißt aus dem Übersinnlichen kommen!

Die besondere Stellung anthroposophischer Erkenntnisausweitung im Geschichtsgang

Nachwort von Stefan Leber

Neuzeitliche Erkenntnisbildung: Grenzen und Ausweitung

Es gab nicht nur zu allen Zeiten Erkenntnisse, die aus erweitertem menschlichen Bewußtsein stammten, sondern diese Erkenntnisse bestimmten auch die Kultur und vor allem ihre Entwicklung stärker als das, was jedermann greifbar war. Erst jenes Bewußtsein, das weiter reichte als der jeweilige Stand der Kultur, die jeweils herrschende «öffentliche Meinung», formt die Weiterentwicklung – sowohl von einzelnen Menschen als auch von ganzen Kulturkreisen. Ob es sich nun um delphische Orakelsprüche, Visionen alttestamentlicher Propheten, der Seherin Gesicht oder um kanonisierte Offenbarungen handelt – kein Zweifel besteht an ihrer geschichtsträchtigen Wirksamkeit, keiner am inneren Gehalt der Aussage. Zweifel, Kritik, Fragen und Einwände können sich aber erheben, wenn nach dem Zustandekommen dieser prophetisch geoffenbarten Aussagen gefragt wird, nach der Entstehung dieser Inhalte. Der Spruch der Pythia, die Prophetie des Jeremias, die Völuspá sind in ihrer Entstehung jeweils einzigartig, unwiederholbar, letztlich aber auch undurchschaubar; das Geheimnisvolle, das Verborgene, «Okkulte» umgibt sie. Erschließt sich noch der Sinn ihrer Anweisungen unmittelbar, offenbart sich auch ihr Nutzen für den einzelnen und die Gemeinschaft eindeutig und meist sofort – ihre Entstehung und Herkunft enthüllt sich keinem von außen Kommenden, keinem das Warum, das Jetzt und Hier, das So-und-nicht-anders.

Ist das nicht tief beunruhigend? Für alle früheren Kulturen war es das eindeutig nicht, wohl aber einem fragenden, kritischen, kurz: neuzeitlichen Bewußtsein, das neben dem Inhalt auch die Form seiner Entstehung zu überschauen verlangt. Diese neuzeitliche Beunruhigung will nicht allein den Inhalt wissen, aber die Entstehung bloß glauben; sie fordert eine Methode, die sich nicht bloß durch ihre zwar unbestreitbar nützlichen Ergebnisse ausweist, sondern die sich auch darüber ausspricht, wie und unter welchen Bedingungen sie erlangt werden können. Ja, noch strenger ist die methodische Forderung dieser veränderten Bewußtseinshaltung: Soweit gleiche Bedingungen bestehen, müssen bei der Anwendung derselben Regeln auch dieselben Ergebnisse – und dies immer erneut – erzielt werden. Denn beherrsche ich die Entstehung einer Erkenntnis methodisch sauber, dann wird der gewonnene Inhalt zum frei verfügbaren Wissen und bleibt nicht weiterhin geoffenbarter Glaubensinhalt, dessen Entstehung dem allgemeinen Erkenntnisstreben entzogen ist und bleibt. Wissen wird darum zu einem allgemein zugänglichen Gut, das zwar nach wie vor entschieden eine menschliche Bemühung fordert, aber sein Verfahren offenlegt und einsehbar macht.

Diese am Beginn der Neuzeit entstandene und mehr oder minder deutlich formulierte Forderung findet ihre Antwort durch das naturwissenschaftliche Verfahren, das sich erstaunlich schnell etablieren konnte. Auf die sichtbare Welt angewandt, bedeutet dies, daß

1. die zu untersuchende Erscheinung genau umschrieben und kontrollierten, d. h. reinen und damit beherrschbaren Bedingungen unterworfen wird;
2. die so gewonnenen Wahrnehmungen entsprechend strengen – beherrschbaren – geistigen Regeln unterworfen werden, wie sie wohl – so nimmt man an – nur die Mathematik an innerer Konsequenz und geistiger Notwendigkeit zur Verfügung stellt.

Geschieht die Handhabung dieses Verfahrens sachgerecht, dann unterliegt der ganze – wir können eingeschränkt sagen: naturwissenschaftliche – Erkenntnisprozeß der Kontrolle des menschlichen (kritischen) Bewußtseins. Wie die Erkenntnis nun in ihrer Entstehung «beherrschbar» wird, so auch ihre Ergebnisse, sie sind «machbar»; eine Welt neuer Objekte und Stoffe kann willkürlich geschaffen werden, – was zugleich als ein handgreiflicher Beweis aufgefaßt wird für die Richtigkeit des nun eingeschlagenen Weges.

Die *klare Überschaubarkeit des Verfahrens*, die *Gewißheit* und die *Abwägbarkeit* aller einzelnen Schritte sind der unabsehbare Gewinn dieser neuen, wenn auch zunächst auf eine gegenständliche Welt eingeschränkten Erkenntnismethode; an ihrem Zustandekommen läßt sie nichts unklar. So beginnt ihr unaufhaltsamer Triumphzug, ihre Ausbreitung in die Lernabläufe der Hochschule, der Schule und gar der frühen Kindheit. Sie wird allgemeines Kulturgut. Auf diesem Verfahren baut Wohlstand und wirtschaftlicher Fortschritt auf, sie sind Fußspuren einer noch nie dagewesenen Erkenntnis- und Wissensausbreitung.

Dennoch zeigen sich zugleich bedrängende Grenzen: Diese eindeutig festgelegte Methode kann nicht, will sie sich selbst treu bleiben, über elementarste menschliche Daseins- und Existenzfragen Auskunft geben. So läßt sich z. B. aus der Wahrnehmung physiologischer Prozesse nicht erklären, wie das menschliche Bewußtsein entsteht. Als seelische Erfahrung ist das Bewußtsein mit seinen verschiedenen Stufen jedem Menschen als innere Erfahrung gegenwärtig. Aber gerade darüber kann eine sich recht verstehende Naturwissenschaft wenig sagen. Noch stärker drückt die Erkenntnisgrenze, wenn über die «Grenzereignisse» des menschlichen Lebens: Geburt und Tod und das, was ihnen geistig vorangeht oder nachfolgt, Auskunft gegeben werden soll. Will man nicht zu neuen (materialistischen) Glaubenssätzen Zuflucht nehmen oder nur traditionelle Überlieferungen bemühen und so ein zweites Leben neben dem «aufgeklärten», rationalen, wissenden führen, stellt sich die zwingende Forderung nach Erweiterungen dieser durchaus eindimensionalen naturwissenschaftlichen Methode. Diese Erkenntnisausweitung kann allerdings nicht darin bestehen, zu einem Zustand, den die Naturwissenschaft legitim und fruchtbar überwunden hat, zurückzukehren, sondern nur darin, dort, wo die Naturwissenschaft selbst eingeschränkt und in verkürzter Weise ihre Methoden anwendet, diese auszuweiten und die offenkundigen Grenzen ihres Verfahrens zu verlegen, so daß sie neues Terrain umschließen.

Durch sein Dasein ist der Mensch selbst auf «Transzendenz» angelegt, d. h. als Wesen mit endlichem Bewußtsein ist er zwar begrenzt, aber immer zugleich unabgeschlossen und damit lernfähig; er weist also «über sich hinaus», er «transzendiert» seinen momentanen Bewußtseinszustand. Wird ihm diese Transzendenz durch eingeschränkte Erkenntnismethoden genommen, bricht er sich aus «dunklem Drange» zu seinem Ziel die Bahn, dann werden Überlieferungen der eigenen, aber auch fremden Kulturräume eine Hilfe für ihn. So erleben wir gegenwärtig mit einer *Ausweitung naturwissenschaftlicher Verfahren* im gesamten Bildungsgefüge zugleich einen Rückgriff auf alte prärationale – aber transzendentale – Erkenntnisverfahren. Sowohl indischer Yoga oder indianische Welterfahrung als auch Stammesreligionen Afrikas erleben gegenwärtig eine Renaissance und auch Rezeption im Westen wie in Mitteleuropa.

Rudolf Steiners epochemachender Ansatz, zur überfälligen und notwendigen Erkenntniserweiterung zu gelangen, ist demgegenüber völlig zukunftsorientiert. Er reaktiviert nicht Verfahren, wie sie durch Jahrtausende bestanden haben, sondern greift die besonderen Leistungen der Naturwissenschaft auf und führt sie weiter zu neuen Ufern. Es ist – so sehr sich auch Verwandtschaften zu anderen Ansätzen durch die Sache ergeben – ein autochtoner Ansatz.

Worin sind die besonderen Leistungen der Naturwissenschaft zu erblicken? In der Beherrschung gesicherter Wahrnehmungen und im klaren, folgerichtigen Denken. Solange einzelne Erscheinungen aus dem tatsächlichen Daseinszusammenhang isoliert und lebensfremden, aber reinen und damit beherrschbaren Bedingungen unterworfen werden, hat das für eine physikalisch-chemische Analyse seine volle Berechtigung. So ist z. B. überall zu beobachten, daß Gegenstände, die dazu in die Lage versetzt wurden, nach unten in Richtung auf den Erdmittelpunkt so lange fallen, bis sie an der Erdoberfläche aufschlagen. Solange man bestimmte Störfaktoren nicht ausschließt, bleibt jede Erscheinung unvergleichlich. Dann dringt man aber nicht zu allgemeinen, allen fallenden Objekten zugrundeliegenden Gesetzen vor. Erst wenn man reine Bedingungen des freien Falls herstellt, wird das allgemeine Gesetz faßbar: Bleiklotz und Gänsedaune fallen dann mit derselben Beschleunigung. Allein die herauspräparierte Beobachtung zeigt – annäherungsweise – den freien Fall, allerdings niemals ganz, weil immer «Verunreinigungen» in den Versuchsbedingungen vorkommen. Die denkerische Schlußfolgerung kann hier helfen. Sie schafft das allgemeine Gesetz, das in sich stimmig und wahr als geistiger Inhalt begreifbar wird und das in den Welterscheinungen, wenn auch immer abgewandelt, wirksam ist.

Diese Vorgehensweise ist produktiv und erfolgreich. Sie wird aber fragwürdig, wo man subtilere oder auch komplexere Erscheinungen erfassen will wie z. B. die Bewegung eines menschlichen Armes. Hier kann man mit der gleichen gegenstandsbezogenen Methode Belastung, Zug, Druck, Durchblutung, Stoffwechsel, Ermüdung, Bewegungsrichtung, Anatomie, Physiologie ergründen und durchschaubar machen. Die Absicht aber, welche die Bewegung steuert und führt, ja, erst auslöst, erfaßt man so nicht. Man wird die Betrachtungsmethode ausweiten müssen, um die «bewegenden Gründe» aufzuhellen. Das Wahrnehmungsfeld, wie es die Sinne liefern, bleibt voll erhalten, wird aber durch einen weiteren methodischen Griff ausgeweitet: die Rückbeziehung der Erscheinung auf mich selbst. Dieses Verfahren, das die Wahrnehmung in ihrer Präzision aufrechterhält und ihren Bereich zugleich erweitert, sie aber nicht zugunsten irgendwelcher Gemütstiefen aufgibt, soll hier als *Verfahren der Selbsterkenntnis* bezeichnet werden. Es wird etwas genauer noch zu schildern sein. Zunächst soll der andere Pol wissenschaftlicher Erkenntnisbildung, das Denken, betrachtet werden.

Von der Bedeutung des Denkens

In der «Ilias» des Homer wird uns der über Agamemnon erzürnte Achill so von seinen Gefühlen übermannt geschildert, daß er zu keiner Handlung fähig ist. Gleichwohl nimmt die ganze Gemeinschaft der Achäer die Gefühlstiefe Achills wahr, die wie ein lastender Dunstnebel über den Zelten lagert, so daß niemand sein Zelt zu verlassen wagt, mehrere Tage lang. Von ähnlicher Größe sind die von Krimhild im Nibelungenlied dargestellten Haßgefühle, die sie entwickelt, nachdem ihr Gemahl Siegfried durch Hagen ermordet worden war. Über zwanzig Jahre wird sie täglich erneut von dem Schmerz übermannt, bis dann im Untergang der Nibelungen ihr verzehrender Haß gesättigt und sie selbst den Tod findet. Gemessen an diesen «Helden des Gemüts» nimmt sich das, was *wir* seelisch an Kraft entwickeln, karg aus, wenn auch Tiefe und Differenzierung, Kleinlichkeit und Bosheit allzeit anwesend sein können. Was allerdings dem neuzeitlichen Menschen zuwuchs, worüber im Lager der Griechen allein der listenreiche Odysseus verfügte, das ist neben der Gefühlsgewalt das lichte Seelenelement des Denkens, das über die betrachteten Bereiche Klarheit, wenn auch vielleicht zunächst nur punktuell, schaffte; Grenzen setzend, Eindeutigkeit vermittelnd, ist es jene Seelenkraft in uns geworden, die zum Steuermann im Sturm der Leidenschaften und Gefühle berufen ist. Gerade «das Leben in Gedanken ist ein Loskommen der Seele von sich selbst, wie das Fühlen, Empfinden, Affektleben usw. ein In-sich-selbst-sein sind» (R. Steiner, Die Schwelle der geistigen Welt, 1. Kapitel: Von dem Vertrauen, das man zum Denken haben kann – und vom Wesen der denkenden Seele, GA 17). Diese Errungenschaft des Denkens, wie sie auch aller Wissenschaft zugrunde liegt, kann den verläßlichen Ausgangspunkt für eine seelische Weiter- und Höherentwicklung bilden. «Die Seele hat ein natürliches Vertrauen zu dem Denken. Sie fühlt, daß sie alle Sicherheit im Leben verlieren müßte, wenn sie dieses Vertrauen nicht haben könnte. Das gesunde Seelenleben hört auf, wenn der Zweifel an dem Denken beginnt. Kann man über irgend etwas im Denken nicht ins Klare kommen, so muß man den Trost haben können, daß die Klarheit sich ergeben würde, wenn man sich nur zur genügenden Kraft und Schärfe des Denkens aufraffen könnte. Über das eigene Unvermögen, etwas durch Denken zur Klarheit zu bringen, kann man sich beruhigen; nicht aber kann man den Gedanken ertragen, daß das Denken selbst nicht Befriedigung bringen könnte, wenn man in sein Gebiet so eindringen würde wie es für eine bestimmte Lebenslage zur Erlangung des vollen Lichtes notwendig ist. Diese Stimmung der Seele gegenüber dem Denken liegt allem Erkenntnisstreben der Menschheit zugrunde» (ebd.). Vergegenwärtigt man sich die Natur des Denkens, so erfährt man sie einmal in der lichtvollen Klarheit, zum anderen in der Gewißheit dessen, daß und wie der Denkende am Zustandekommen des Inhalts selbst beteiligt ist, und drittens darin, daß die gewonnenen Inhalte auch anderen einsichtig zu machen sind, – und dies deshalb, weil dem Gedankeninhalt etwas Objektives und Allgemeines zugleich eignet. Allein das Denken hat den Doppelaspekt, daß es einerseits zwar in seiner Entstehung jeweils individuell-subjektiven Charakter trägt, d. h. in seinem Vollzug auf ein denkendes Subjekt angewiesen ist, daß andererseits der ideelle Gehalt des so subjektiv Erzeugten zugleich objektiv allgemeingültigen Inhalt wiedergibt. Der durch mich geschaffene, d. h. also «gedachte» Begriff ist als Begriff nicht nur für mich bedeutsam, sondern allen Menschen gleichermaßen, weil er ein den Erscheinungen selbst zugrunde liegendes, inneseiendes, einwohnendes geistiges Korrelat erfaßt und wiedergibt, das durch die Sinneserscheinung allein nicht bewußt wird. Dadurch aber hat das Denkergebnis Weltbedeutung. In ihm erfasse ich etwas vom wirklichen Sein, von der Wirklichkeit.

Aufgrund eben dieser Doppelnatur des Denkens, dem subjektiven Vollzug (Denkakt) und dem objektiven Ergebnis (Begriff oder Denkinhalt), bleibt das so gewonnene Erkenntnisresultat stets unter jener beherrschbaren «Klarheit», die dem Denken selbst eigen ist; den bloß geoffenbarten Inhalten kommt eine solche Klarheit nicht zu. Denn selbst vom Gedankenergebnis her läßt sich jeweils der Denk-Weg aufweisen und nachvollziehen, der gegangen wurde; er muß indessen bei der reinen Offenbarung völlig außerhalb des Mit- und Nachvollzugs für den einzelnen bleiben; denn die Offenbarung wird geschenkt, «überkommt» einen. Für den Denkprozeß kann ich die einzelnen inhaltlichen Schritte «willkürlich» und damit beherrschbar setzen, sie unterliegen dann – anders als Offenbarungsinhalte – nur den inneren Gesetzen, d. h. aber der Freiheit, und zwar insofern, als ich einerseits frei in der Setzung bin, andererseits aber auch frei im Mit- und Nachvollzug, wobei sich unter Umständen abweichende oder erweiterte Ergebnisse einstellen können. Beim Offenbarungswissen kann ich zwar auch frei die Inhalte annehmen oder ablehnen, im Mit- und Nachvollzug bleibe ich aber völlig ausgeschlossen. Ich bin hier auf Glauben, auf Gefühl und Ahnung angewiesen.

Als *Philosoph der Freiheit* mußte es Rudolf Steiner genau darum zu tun sein, nicht nur in der inhaltlichen Setzung, sondern im denkerischen Mit- und Nachvollzug, also nicht nur für den Denkinhalt, sondern auch für den Denkakt die Freiheit in Anspruch zu nehmen. Dies entspricht aber genau der neuzeitlichen naturwissenschaftlichen Gesinnung, die sich, inhaltlich gesehen, auf sinnlich beobachtbare Erscheinungen richtet. Wird dieselbe Gesinnung aufrechterhalten, dann ist es gleichgültig, ob der Denkprozeß sich an einem sinnlich wahrnehmbaren oder an einem von mir selbst gesetzten Inhalt entzündet. Wichtig ist allein das, was ich denkerisch prozessual daran durchmache. In der Konzentration und Meditation tritt zunächst anstelle äußerer Wahrnehmungen ein überschaubarer Denk- oder Erkenntnisinhalt, der in der Besonnenheit (d. i. lichtvollen, sonnenhaften Erhellung) erwogen wird. Die *Führungsinstanz*, die sowohl Licht schafft wie die gedankliche Bewegung kontrolliert, bleibt *mein eigenes Ich*, unterliegt also völlig der Selbstbestimmung und damit meiner *individuellen Freiheit*. Gleichwohl ist nicht nur das Subjekt hier anwesend, sondern im Denkinhalt eine Weltwesenheit, die zugleich mir und «der von mir unabhängigen Welt» angehört (R. Steiner, ebd.).

«Ein solches wiederholtes *Sich-Konzentrieren* auf einen voll durchdrungenen Gedanken *zieht Kräfte in der Seele zusammen*, die im gewöhnlichen Leben gewissermaßen zerstreut sind; sie verstärkt sie in sich selbst. Diese zusammengezogenen Kräfte werden zu den *Wahrnehmungsorganen* für die geistige Welt und ihre Wahrheit . . . Erst arbeitet man sich zu einem Gedanken durch, den man einsehen kann mit den Mitteln, welche das gewöhnliche Leben und Erkennen an die Hand geben. Dann versenkt man sich wiederholt in diesen Gedanken, macht sich ganz eins mit ihm. Die Stärkung der Seele kommt durch das Leben mit einem solchen Gedanken» (ebd.).

So kann es nicht wundernehmen, daß für den anthroposophischen oder christlich-rosenkreuzerischen Erkenntnis- und Schulungsweg – wie er in den hier wiedergegebenen Vorträgen entwickelt wird – das Denken die einzig sichere Weg-Leitung sein kann. Anders als bei anderen sehr gängigen Schulungsverfahren, in denen die völlige Preisgabe des Alltäglichen, so auch die des Denkens, den Beginn bilden, wird hier von dem menschheitlich bis heute Errungenen ausgegangen, dieses aber einem Umbau, einer Erweiterung und Vertiefung, einer Metamorphose unterworfen. «Der Mensch denkt im gewöhnlichen Leben meist sehr ungeordnet», darum muß das Denken gereinigt und diszipliniert werden. Wodurch kann dies geschehen? Durch *Beschäftigung mit der Erkenntnistheorie*. Das ist bereits der erste Schritt zur inneren Erkraftung und Konzentration, die wahrnehmungsbildend für erweiterte übersinnliche Erkenntnisfelder wirkt.

«Nur eines bleibt gleich durch alle Welten, und das ist das logische Denken . . . Die Denkgesetze sind in allen . . . (höheren) Welten die gleichen . . . Daher muß der Rosenkreuzerschüler erst dieses Denken lernen, damit er nicht abirre von dem sicheren Pfade» (siehe Vortrag vom 22. 2. 1907, GA 97).

Das *Studium* gedankendurchdrungener Werke, wie die der Geisteswissenschaft, erweitert die Denkfähigkeit; die Geisteswissenschaft bietet «Material», das nicht der sichtbaren Wahrnehmungswelt entnommen ist, sondern der übersinnlichen. Gerade daran kann die geistige Gedankenfigur, die innere Bezüglichkeit des Miteinanderverwobenseins der geistigen Erscheinungen und ihre Widerspruchsfreiheit erlebt und im Innern, bewußtseinsstärkend und übersinnliche Wahrnehmungsorgane bildend, mit- und nachgeschaffen werden.

Wahrnehmungswelt und Selbsterkenntnis

Hat das neuzeitliche Bewußtsein dadurch Sicherheit und Macht erlangt, daß es Präzision und Verläßlichkeit in das Wahrgenommene brachte, so sollte dieser Gewinn in eine Ausweitung der menschlichen Erkenntnisfähigkeit eingehen und erhalten bleiben. Allerdings hat zunächst die moderne Naturwissenschaft dazu geführt, daß sie allein das quantitativ Meß- und Wägbare in den Wahrnehmungen anerkannte, während das, was an Wahrnehmungen den Menschen erfreut, die Schönheit des Farbenspiels, Glanz und Stimmung des Lichts, wie es im Tageslauf stets wechselnd dem Naturbeobachter entgegentritt, dem Bereich subjektiven Gefallens zugewiesen wurde, der weiter keine Beachtung verdient. So lebt der Mensch gegenwärtig als naiv Wahrnehmender subjektiv mit Freude oder Abscheu den Welterscheinungen hingegeben, als streng methodisch vorgehender Wissenschaftler dagegen in einer verkürzten Wahrnehmungswelt. Erst wenn der in einem eindimensionalen Verfahren ausgegliederte Wahrnehmungsbereich mit in den Erkenntnisvorgang einbezogen wird, kann der Mensch wieder bewußt in der sinnlichen Wahrnehmung heimisch werden. Wie ist das aber zu leisten? Nach Rudolf Steiner durch Selbsterkenntnis, – eine zunächst völlig überraschende Wendung. Was ist damit gemeint?

Wer in Delphi den heiligen Bezirk betrat und die Heilige Straße zum Apollon-Tempel emporstieg, dem leuchtete von dessen Ostgiebel die Inschrift «O Mensch, erkenne dich selbst» entgegen. Das war der Gruß, den ihm der Lichtgott entgegenrief. Und damit kein Zweifel aufkam, was zu antworten ist als Gegengruß an die Gottheit, war deren Antwort mitgegegeben; sie lautete: «Du bist». Das aber heißt, der Mensch antwortet als Erkennender, daß dem Göttlichen das Sein, der Seinscharakter schlechthin zukommt, dem grüßenden Menschen aber, der sich erkennen soll am Unendlichen, bloß die Endlichkeit, bis er durch Erkenntnis des Seins daran teilhaftig wird.

Diese Art von Selbsterkenntnis meint etwas anderes, als gemeinhin darunter verstanden wird: nicht die Wendung auf sich selbst, nach innen, die Selbstschau, sondern nach außen. Zwar ist unbestreitbar, daß ich an mir rasche, ungerechtfertigte Erregbarkeit, Voreingenommenheit, vorlautes Urteil, Zorn, Haß, Unausgeglichenheit usf. ebenso wahrnehmen kann wie einen Teil meiner Wirkungen auf die Umwelt, und durch die Wahrnehmung werde ich bestrebt sein, sie zu ändern. Doch Selbsterkenntnis bedeutet dies nur in einem eingeschränkten Sinn, in einer einzigen Hinsicht: auf die seelische Verfassung, nicht aber im Hinblick auf mein Selbst, mein Ich.

Dieses Selbst entzieht sich der direkten Beobachtung: wann bin ich Ich? War ich es in jener Handlung, wo ich meinte, mich selbst zu verwirklichen? Als Peer Gynt, der vom verträumten, kraftstrotzenden Bauernbursch zum erfolgreichen, welterfahrenen und dann gescheiterten Geschäftsmann geworden war und vermeinte, jederzeit immer nur er selbst gewesen zu sein, am Lebensende sich auf Vorhaltungen des

«Knopfgießers», am «Kreuzweg», fragen mußte, ob er denn nun tatsächlich er selbst wäre, vermochte er keine Antwort zu geben. Zuvor hatte er an einer Zwiebel deren Kern gesucht; er fand nur Schalen. Wo ist der Kern, sein Ich in seinen Handlungen, d. h. in den Zwiebelschalen, in seiner Verzweiflung, in seinen Gefühlen? Ibsen läßt Peer Gynt einer Gestalt begegnen, die ihm von Kindheit an bekannt war, Solveig, der «Sonnenweg». In ihrer Liebe war Gynt bewahrt. Er fand in ihr seinen wahren Kern, also gewissermaßen außer sich, in einem anderen.

Offenkundig lebt das Ich zwar in uns, in unseren Handlungen, Empfindungen, Vorstellungen, Absichten, Erinnerungen, ohne darin aber aufzugehen. Als wirklich Seiendes teilt es sich dem Vorübergehenden, dem «Endlichen» meines Seelenlebens fallweise mit. Was ich an mir selbst beobachte und auch als Ich bezeichne, ist nichts anderes als mein Alltags-Ich. Es bildet den Schattenwurf jenes anderen, höheren Ich, das ich in der Selbsterkenntnis suche. «Man findet das Selbst nicht, wenn man in sich hineinschaut, sondern wenn man aus sich hinausschaut. Es ist dies das gleiche Selbst, welches das Auge geschaffen hat, das die Sonne hervorgebracht hat . . . Was draußen außer Ihnen ist, müssen Sie als Ihr Selbst wahrnehmen lernen. Das Hineinschauen nur in sich führt zur Verhärtung in sich selbst, zu einem höheren Egoismus . . . Selbsterkenntnis darf nur geübt werden, wenn der Schüler des weißen Pfades sie mit Selbstentäußerung verbindet . . . Überall sind draußen die Teile unseres Selbst . . . Daher legt die Rosenkreuzer-Schule auch so viel Wert auf eine objektive und ruhige Betrachtung der äußeren Welt: Willst du dich selbst erkennen, dann schau dich im Spiegel der äußeren Welt und Wesen an. Viel deutlicher wird dir aus dem Auge des Mitmenschen sprechen, was in deiner Seele ist, als wenn du dich in dir selbst verhärtest und in deine eigene Seele versenkst» (siehe hier den ersten Vortrag vom 20. 10. 1906).

Jene Kraft in uns, die sich in keine Seelenregung, ob Denkakt oder Handlungsvollzug, voll «kern»- oder wesenhaft hineinbegibt und sich realisiert, ist auch in der Welt anwesend: Jener Geist in uns, unser höheres Ich, der unser Leben seelisch und als Biographie zur Fußspur seiner selbst gestaltet, ohne selbst je voll darin anwesend zu sein, ist in der Welt als das allen Erscheinungen zugrundeliegende Geistige, als die Schöpferpotenz, anwesend. Wie meine Biographie sich in den mannigfaltigen «Zwiebel»-Schalen der Erlebnisse und Handlungen darlebt, so das Welten-Ich in den Erscheinungen der Naturreiche: die Formen der mineralischen, pflanzlichen und tierischen Welt sind als Einzelerscheinungen jeweils Gesten jenes sich in ihnen offenbarenden Geistigen, das auch in mir als Mensch lebt. Suche ich in den Weltwahrnehmungen jene Gesten auf, die in ihnen leben und das Geistige zum Ausdruck bringen, erfahre ich etwas von der schaffenden Weltgeistigkeit des (Welten-) Ich, also auch des höheren Ich. Es gibt zugleich mir über mich selbst Aufschluß. So wird die Pflege der sinnlichen Wahrnehmung Ausgangsort einer erweiterten Erkenntnisbildung.

«Die höhere Selbsterkenntnis beginnt erst dann, wenn wir anfangen zu sagen: In dem, was unser alltägliches Ich ist, liegt gar nicht unser höheres Selbst; in der ganzen Welt draußen ist es, oben bei den Sternen, bei der Sonne und dem Mond, im Stein, im Tier: überall ist dasselbe Wesen, das in uns ist. – Wenn einer sagt: Ich will mein höheres Selbst pflegen und mich zurückziehen, ich will nichts wissen von allem Materiellen, – dann verkennt er vollständig, daß gerade das Selbst überall draußen ist und daß sein eigenes höheres Selbst nur ein kleiner Teil ist von diesem großen Selbst draußen» (siehe Vortrag vom 4. 9. 1906).

Nicht mehr bleibt aus der Wahrnehmung ausgeschlossen, was qualitativ gebärdenhafte Naturgestaltung ist, sondern jegliche Wahrnehmungsqualität findet ihre Rechtfertigung und kann Grundlage zur Erkenntniserweiterung bilden. Die in den hier vorgelegten Vorträgen gegebenen Beispiele – etwa das von der Herbstzeitlose als Symbol für das melancholische Gemüt des Menschen, d. h. als Sinnbild einer bestimmten Eigenschaft – stehen gewissermaßen als Wegweiser für eine einzuschlagende Richtung, in die sich eine moderne, das Geistige berücksichtigende Naturwissenschaft entwickeln kann. Selbstverständlich ist hier nur die Richtung des Weges gezeichnet; ihn zu gehen bedarf es größerer Anstrengung als bei der gegenwärtig herrschenden reduzierten Naturauffassung, denn sie muß selbstverständlich in ihren Methoden beherrscht werden. Die Wahrnehmungswelt bleibt hier sowohl für das wissenschaftliche Bemühen als auch für die innere Seelenerkraftung erhalten. Auf den beiden Säulen – Denken und Wahrnehmen – kann der Übungsweg zur Erkenntniserweiterung ansetzen. Er verläuft dann über weitere Stufen, die in den hier wiedergegebenen Vorträgen im einzelnen skizziert, in diesen Bemerkungen aber nicht weiter erwähnt werden müssen. Hier sollte die besondere Bedeutung von Wahrnehmung und Denken für den okkulten Schulungsweg herausgearbeitet werden. Jeder andere «Einstieg» in die Ausweitung des Bewußtseins, der spätere Erkenntnisstufen vorwegnimmt, hat eine bedeutende Konsequenz. Seine Folgen entziehen sich der Beherrschbarkeit und damit aber auch der menschlichen Freiheit. Was das eigene Ich dann nicht leisten kann, muß ersetzt werden durch ein Ich von außen, durch das Ich des Guru, des Geheimlehrers.

Die Stellung des Guru und die menschliche Freiheit

Alle Geheimschulung, sofern sie über die hier geschilderten Stufen hinausreicht, birgt in sich schwere seelische Gefährdungen. Sie werden uns in den großen Seelenwanderungsberichten, wie etwa den Irrfahrten des Odysseus, drastisch und eindringlich geschildert. Das Auseinanderfallen verschiedener Fähigkeiten, die Spaltung der Persönlichkeit wird in den wiedergegebenen Vorträgen eindrücklich geschildert. Bedarf es hier nicht eines Geleitmannes, eines Seelenführers? – Sicher. Nur ist die Frage, wie das Verhältnis von Lehrer zu Schüler, vom Meister zum Anfänger beschaffen ist. Hier gilt es vor allem angesichts der Übernahme verschiedener östlicher (zum Teil vom Westen überformter) Schulungspraktiken Klarheit zu gewinnen. Da kann vielleicht die Frage Hilfe leisten: Inwiefern unterliegt die Praxis der Schulung der Selbst- oder Fremdbestimmung? Den einen Typus, den der völligen Fremdbestimmung, schildert R. Steiner als dann vorhanden, wenn ein auf «dem physischen Plan lebender eingeweihter Mensch der Führer, der Guru, eines anderen ist», wobei sich der Schüler vollständig und bis in Einzelheiten auf den Guru verläßt. «Das erreicht man am besten, wenn man für die Zeit der Entwicklung sein eigenes Selbst ganz ausschaltet und es dem Guru hingibt.» Er erteilt Ratschläge bis in die einzelnen Initiativen des Handelns. Das eigene Selbst geht restlos und damit zugleich selbstlos im anderen Selbst auf (siehe hier den zweiten Vortrag, 2. 9. 1906). Das Verhältnis von Lehrer zu Schüler ist das «denkbar strengste. Der Guru ist unbedingte Autorität für den Schüler», dieser unterwirft sich völlig dem Willen des Lehrers. Wer ein solches Schulungsverfahren wählt, gibt nicht nur einerseits Bewußtseins-Errungenschaften langer Zeitläufe auf, sondern arbeitet zugleich auch gegen seine eigene Konstitution: Nicht die Fortsetzung seiner eigenen Biographie, die das Jetzt und Hier, diese und keine andere kulturelle Entwicklungsstufe als Umwelt hat, wird erstrebt, sondern die Rückwendung hinter die neuzeitliche Fragestellung des Bewußtseins bringt einen Bruch in die eigene Identität, die am fortschreitenden Verlauf der Biographie und ihrer Entfaltung hängt. Verständlich, daß bei der andauernden Herausforderung des Bewußtseins, wie sie heute gegeben ist, es seelisch befriedigend sein kann, sich selbst-los an einen anderen hinzugeben, zumal damit tiefe Erlebnisse verbunden sind, die scheinbar der eigenen Identität nicht im Wege stehen, weil etwas wie eine Ausweitung des eigenen Wesens in das fremde erlebt wird. Gleichwohl nähere ich in der Selbstaufgabe dieser Art nicht mir, sondern habe bloß am Seelischen des anderen teil. Denn was über den Weg der Wahrnehmung, durch das Auffinden des Geistigen im Sinnlichen zu leisten ist, kann nicht durch abhängige Führung erreicht werden.

Der Schulungsweg anthroposophischer Geisteswissenschaft kann so nicht vorgehen. Wie er mit der Erweiterung unserer gegenwärtigen Fähigkeiten, dem Denken und der Wahrnehmung, beginnt, so auch in der Schaffung von Freiräumen für den sich Entwickelnden, auch gegenüber bewährten Abhängigkeiten. In ganz elementaren *«Vorübungen»*, die völlig der Autonomie und Selbstverantwortung des Übenden unterliegen, werden – überschaubar und beherrschbar – notwendige Fähigkeiten ausgebildet, die auf der Seelenwanderschaft jene Kräfte zur Verfügung stellen, die den Widerfahrnissen ich-haft entgegentreten können. Diese Vorübungen, sechs an der Zahl, werden auch als *Nebenübungen* bezeichnet, weil die Gedankenkontrolle, die Initiative der Handlung usw. vor und neben den Schritten der Erkenntniserweiterung zu üben sind. Nun spricht Rudolf Steiner sowohl in der Schrift «Wie erlangt man Erkenntnisse der höheren Welten?» als auch in den hier abgedruckten Vorträgen wiederholt davon, daß es notwendig sei, für die Seelenentwicklung Anweisungen durch einen Lehrer zu bekommen. Zum Beispiel heißt es: «Wir müssen einen Guru haben, der uns zeigt, wie wir unsere Organe enwickeln sollen, der uns sagt, was er gemacht hat, daß die Organe sich entwickelt haben» (siehe hier den sechsten Vortrag, 7. 12. 1905). Oder: «Zwar ist es manchmal eine dringende Notwendigkeit, daß der Lehrer an den Schüler physisch herantritt, aber dies ist nicht so oft der Fall, wie der Schüler das glauben mag. Die Wirkung, die der Lehrer auf den Schüler ausübt, kann dieser anfangs nicht in der richtigen Weise beurteilen. Der Lehrer hat Mittel, die sich erst allmählich dem Schüler enthüllen. Manches Wort, von dem der Schüler glaubt, es sei zufällig gesprochen, ist von großer Bedeutung. Es wirkt unbewußt in der Seele des Schülers wie eine Richtkraft fort, die ihn lenkt und leitet. Übt der Lehrer die okkulten Einflüsse richtig aus, dann ist auch das reale Band zwischen ihm und dem Schüler da.» Daraus könnte man nun entnehmen, daß hier auch nicht kontrollierbare Abhängigkeiten, vielleicht sogar unbewußte Zwänge und damit Fremdbestimmungen subtilster Art sich einstellten. Das aber würde den anthroposophisch-geisteswissenschaftlichen Schulungsweg nahe an den zuerst genannten Typus völliger Abhängigkeit des Schülers vom Lehrer heranrücken.

Ein so geartetes Verständnis mißkennt allerdings völlig, was tatsächlich und wahrhaft gewollt wird: die völlige Selbstbestimmung auch auf dem Gebiet innerer Schulung. Zwar bewegt sich derjenige, der seine Seelenfähigkeiten ausweiten, entwickeln und erhöhen möchte, durchaus auf Pfaden, die zumeist anders als in der herkömmlichen Wissenschaft auch in die Schroffen und Gefährdungen der Hochgebirgsregion führen, aber die Situation ist nicht anders als in eben dieser Wissenschaft: Sie hat jeweils ihre eigene Geschichte, einen bestimmten Erfahrungsstand und eine mehr oder minder abgesicherte Methodik des forschenden Vorgehens. Das gilt auch für die okkulte Wissenschaft, allerdings mit dem Unterschied, daß einerseits ihr Bestand wesentlich älter ist als der der Naturwissenschaft, andererseits aber ihre Methoden immer sekretiert, verborgen, geheim, okkult waren. Wende ich mich an einen Lehrer, so dies deshalb, um den Erfahrungsschatz, die Orientierung, die vorhandenen Kenntnisse und Methoden zu erfahren – und dies kann ebenso wie in der überlieferten universitären Wissenschaft in dreifacher Weise geschehen: 1. durch persönliche Unterweisung, also ein unmittelbares personales Lehrer-Schüler-Verhältnis, 2. durch eine systematische Einführung in Form der Vorlesung oder des Vortrags und 3. durch das geschriebene Wort, das Buch, gewissermaßen literarisch.

Es versteht sich, daß die unmittelbar menschliche Berührung und die persönliche Begegnung bei der «Lektüre» verloren geht, die aber zugleich einen Zuwachs an Unabhängigkeit und Freiheit für den Lernenden bringt. Unmittelbar, dicht, direkt ist die rein persönliche Unterweisung. In den hier vorgelegten Vorträgen wird eine mittlere Position eingenommen. Es handelt sich um die Nachschrift von Vorträgen, die vom Vortragenden selbst nicht durchgesehen wurden. Sie wenden sich zum Teil an Menschen, die von sich aus Fragen einer inneren Entwicklung bewegen (Mitglieder-Vorträge), andererseits an solche, die lediglich am Thema interessiert sind und sich «informieren» wollen. Als Nachschriften sind sie dem unmittelbaren, lebendigen Vortrag etwas entfremdet und «Literatur» geworden, nähern sich also schon dem Typus des Buches an. Nun weist Rudolf Steiner im Hinblick auf das besondere Lehrer-Schüler-Verhältnis in den Vorträgen immer wieder darauf hin, daß es sich um Orientierung und Vermittlung handle, entsprechend einer elementaren Einführung in die Wissenschaftsmethodik, in diesem Fall des Übersinnlichen.

Gegenstand dieser Wissenschaft ist allerdings nicht ein totes Objekt, sondern eine lebendige und höchst individuelle Seele. Insofern ist es durchaus verständlich, daß die adäquate Methode, hier fördernd und helfend Ratschläge zu geben, die sein muß, die individualisiert. Das wiederum legt den persönlichen Kontakt nahe und kommt entsprechend in den einzelnen Äußerungen der Vorträge zum Vorschein. Gleichwohl war es Rudolf Steiner außerordentlich wichtig, jegliche Gefahr einer persönlichen Abhängigkeit vom Lehrer zu bannen. So heißt es etwa in der Vorrede zur 5. Auflage des Buches «Wie erlangt man Erkenntnisse der höheren Welten?»: «Ich mußte damals von vielem, das in dem Buch noch geschildert wurde, sagen, es könne durch ‹mündliche Mitteilung› erfahren werden. Gegenwärtig ist nun vieles von dem veröffentlicht, was mit solchen Hinweisen gemeint war. Es waren aber diese Hinweise, die irrtümliche Meinungen bei den Lesern vielleicht nicht völlig ausschlossen. Man könnte etwa in dem *persönlichen* Verhältnis zu diesem oder jenem Lehrer bei dem nach Geistesschulung Strebenden etwas viel Wesentlicheres sehen, als gesehen werden soll . . . (Es kommt aber viel mehr) auf ein völlig *unmittelbares* Verhältnis zur objektiven Geisteswelt als auf ein Verhältnis zur Persönlichkeit eines Lehrers an. Dieser wird auch in der Geistesschulung immer mehr die Stellung nur eines solchen Helfers annehmen, die der Lehrende, gemäß den neueren Anschauungen, in irgendeinem anderen Wissenszweige innehat.» In der Geistesschulung sollte der Lehrer keine andere Stellung haben, nicht mehr Glauben und Autorität genießen, «als dies der Fall ist auf irgendeinem anderen Gebiete des Wissens und Lebens.» Damit ist präzise die neue Art gekennzeichnet, in der ein Lehrer den Schüler unterstützt und begleitet und in der der Schüler in freiem, selbstbestimmten Vertrauen dem Lehrer gegenübertritt.

Indem die Geisteswissenschaft ihre Methoden der Erkenntnisausweitung und -entwicklung ausgewiesen und veröffentlicht hat, ist es möglich, daß sich der Schwerpunkt vom Typus der persönlichen Unterweisung zu dem allgemein wissenschaftlicher Orientierung über das geschriebene Wort verlagert und zugleich daß – was einen in der Geschichte erstmaligen Akt und Gewinn bedeutet – der Freiraum des Schülers wie in jeder anderen Wissenschaft gewahrt wird. Er ist von persönlichen Einflüssen und Bindungen im Höchstmaß unabhängig geworden. Das geschriebene Wort tritt hiermit gleichwertig neben die Stellung des persönlichen Lerers. Diese Entwicklung ist die von Rudolf Steiner schon aus seinem erkenntnistheoretischen Ansatz heraus erstrebte und schließlich durch ihn auch realisierte. Gleichwohl bleibt auch dann noch gültig, daß die zwischen «Autor» und «Leser», wie jetzt die «Lehrer-Schüler-Beziehung» auch genannt werden mag, eingegangene Verbindung nach wie vor keine anonyme ist. Vielmehr geht der Autor durch seine Darstellung auch die innere, geistige Verpflichtung ein, die Verantwortung für das Dargestellte zu tragen, und insofern ist das, was der Leser durch ihn aufnimmt, etwas, was eine reale und lebendige Beziehung darstellt. Und dies ist nichts anderes, als was in diesen Vorträgen unter der Beschreibung eines Vertrauensverhältnisses angesprochen wird. Denn wer kein Vertrauen dem Dargestellten entgegenbringt, kann gar nichts aufnehmen, denn er verharrt in der Pose des Betrachters oder Kritikers, nicht aber des sich aktiv mit der Darstellung Auseinandersetzenden. Geschieht diese bewußte Auseinandersetzung, stellt sich eine Art von gestuftem «Vertrauen» ein, eine mit der Qualität des Persönlichen ausgestattete Verbindung.

In künstlerische Form gekleidet, spricht die Gestalt des Lehrers im Mysteriendrama von Rudolf Steiner «Der Hüter der Schwelle» (6.

Bild): «Ich muß begleiten jeden, der von mir / Im Erdensein das Geisteslicht empfangen, / Ob er sich wissend, ob nur unbewußt / Sich mir als Geistesschüler hat ergeben, / Und muß die Wege weiter ihn geleiten, / Die er durch mich im Geist betreten hat.» Woraus zwar Freiheit für den Schüler, nicht für den Lehrer folgt – ein Zusammenhang, der bewußt sein sollte, aber auch verpflichtet.

Zur Auswahl der Vorträge

Von Rudolf Steiner liegen ausführliche Darstellungen zur Methode der Erkenntniserweiterung in folgenden Schriften (Gesamtausgabe) vor:

1. Wie erlangt man Erkenntnisse der höheren Welten? (1904),
2. Theosophie (1904),
3. Die Stufen der höheren Erkenntnis (1905/08),
4. Die Geheimwissenschaft im Umriß (1910),
5. Die geistige Führung des Menschen und der Menschheit (1911),
6. Ein Weg zur Selbsterkenntnis in acht Meditationen (1911),
7. Die Schwelle der geistigen Welt – Aphoristische Ausführungen (1913),
8. Kosmologie, Religion und Philosophie (1922).

Was rechtfertigt neben dieser Fülle an bewußt für den Leser gestalteten Darstellungen die Zusammenstellung von Vortragsnachschriften? Zunächst: «Derjenige, welcher in die Erkenntnisse der Geisteswissenschaft wahrhaft eindringen will, wird die Notwendigkeit empfinden, das geistige Gebiet des Lebens von immer neuen Seiten betrachten zu können. Es ist ja nur naturgemäß, daß *jeder* solchen Darstellung eine Einseitigkeit anhaftet. Es muß bei Schilderungen des geistigen Gebietes dies viel mehr eintreten als bei solchen der Sinneswelt» (Aus: Die Schwelle der geistigen Welt, Einleitende Bemerkungen).

In diesem Zusammenhang sei auch eine Bemerkung über die Bedeutung der Atemübungen angefügt: «Wenn die Übungen für die Intuition gemacht werden, so wirken sie nicht allein auf den Ätherleib, sondern bis in die übersinnlichen Kräfte des physischen Leibes hinein. Man sollte sich allerdings nicht vorstellen, daß auf diese Art Wirkungen im physischen Leibe vor sich gehen, welche der gewöhnlichen Sinnesbeobachtung zugänglich sind. Es sind Wirkungen, welche nur das übersinnliche Erkennen beurteilen kann. Sie haben mit aller *äußeren* Erkenntnis nichts zu tun. Sie stellen sich ein als Erfolg der Reife des Bewußtseins, wenn dieses in der Intuition Erlebnisse haben kann, trotzdem es alle vorher gekannten äußeren und inneren Erlebnisse aus sich herausgesondert hat. – Nun sind aber die Erfahrungen der Intuition zart, intim und fein; und der physische Menschenleib ist auf der gegenwärtigen Stufe seiner Entwickelung im Verhältnis zu ihnen grob. Er bietet deshalb ein stark wirkendes Hindernis für den Erfolg der Intuitionsübungen. Werden diese mit Energie und Ausdauer und in der notwendigen inneren Ruhe fortgesetzt, so überwinden sie zuletzt die gewaltigen Hindernisse des physischen Leibes. Der Geistesschüler bemerkt das daran, daß er allmählich gewisse Äußerungen des physischen Leibes, die vorher ganz ohne sein Bewußtsein erfolgten, in seine Gewalt bekommt. Er bemerkt es auch daran, daß er für kurze Zeit das Bedürfnis empfindet, zum Beispiel das Atmen (oder dergleichen) so einzurichten, daß es in eine Art Einklang oder Harmonie mit dem kommt, was in den Übungen oder sonst in der inneren Versenkung die Seele verrichtet. Das Ideal der Entwickelung ist, daß durch den physischen Leib selbst gar keine Übungen, auch nicht solche Atemübungen gemacht würden, sondern daß alles, was mit ihm zu geschehen hat, sich *nur* als eine Folge der reinen Intuitionsübungen einstellte» (Die Geheimwissenschaft im Umriß, Gesamtausgabe Dornach 1962, Seite 271/72).

In dem oben beschriebenen Sinne verdeutlichen die abgedruckten Vorträge bestimmte Aspekte. Damit kommen wir zu einem weiteren: Die Auseinandersetzung mit anderen überlieferten Übungswegen wird in dieser Vortragszusammenstellung besonders verdeutlicht, wobei die dem neuzeitlichen Menschen gestellte Aufgabe klar hervortritt. Desgleichen erscheint das Schüler-Lehrer-Verhältnis durchweg in der Weise, daß einerseits Orientierung und Richtungsweisung gegeben wird, wie dieses Verhältnis aus freiheitlicher Gestaltung beschaffen sein kann, und andererseits, wie sich auch die Auffassung Rudolf Steiners selbst zunehmend in Richtung auf eine die persönliche Freiheit im höchsten Maße wahrende Unterweisung entwickelt hat. Konsequent leuchtet dieses Motiv aus den Vorträgen, die hier abgedruckt sind, entgegen. Durch die gegenwärtig beobachtbare Rezeption altvergangener und ehrwürdiger Schulungswege aus verschiedensten Kulturbereichen erscheinen allzu leicht die Wege zum Übersinnlichen als zeit- und damit geschichtslos. Das aber bedeutet nichts anderes, als daß der Mensch gewissermaßen als unveränderliche, sich wenig wandelnde Größe verstanden wird, für die auch heute das gilt, was schon vor Jahrtausenden gültig war. Aber nicht nur das Bewußtsein, sondern auch die leibliche Konstitution des Menschen unterliegt einem stetigen Wandel und daher aber auch die Praxis, wie er selbst sein Bewußtsein erweitern kann. So war für die Auswahl der Vorträge der Gesichtspunkt leitend, inwiefern wird das neuzeitliche Bewußtsein in seiner besonderen Charakteristik verdeutlicht und welche Konsequenzen hat das für eine Erkenntniserweiterung, kurz: für den Schulungsweg? Wer etwas vom Vortragswerk Rudolf Steiners kennt, weiß, daß von ihm selten ein Vortrag gehalten wurde, der nicht auch Fragen der Übungen und der Erkenntniserweiterung berührte. Wie ist hier eine Auswahl aus Tausenden von Vorträgen zu treffen? Die vorstehend genannten Gesichtspunkte waren hier wegleitend. Dennoch bleibt die Frage, ob auch die für das Thema entscheidenden Vorträge getroffen wurden. Hier mildert nur die Verständigung mit anderen die notwendige Subjektivität. So verdanke ich Freunden mannigfache Hinweise.

Zugleich werden dadurch auch fehlende Thematisierungen deutlich: die Gebiete des Mediumismus, der Halluzination, der Vision, des Somnambulismus, der Hypnose finden sich hier ebensowenig erwähnt, wie die nachfolgenden Gebiete nicht explizit dargestellt werden: der Hüter der Schwelle, die Spaltung der Persönlichkeit, die Stufen höherer Erkenntnis: Imagination, Inspiration, Intuition und die verschiedenen Gebiete des Übersinnlichen: Seelenwelt und Geisterland. Hier kann und will die Vortragszusammenstellung nicht mehr leisten.

Im ersten Vortrag wird gewissermaßen ein «topographischer Aufriß» , eine «Landkarte» über das Gebiet gegeben, zu dem die verschiedenen Schulungswege führen, und es wird zwischen drei geschichtlichen Übungswegen unterschieden: dem Yoga-Weg, dem christlich-gnostischen und dem christlich-rosenkreuzerischen. Dieselbe Thematik greift der nachfolgende zweite Vortrag auf, präzisiert dabei die auftretenden Bewußtseinszustände und gibt eine Gruppe von sechs Vor- oder Nebenübungen. Der dritte Vortrag entfaltet dann die acht Stufen des orientalischen Schulungsweges und verdeutlicht den christlich-gnostischen Übungsgang. Der vierte Vortrag entwirft den christlich-rosenkreuzerischen Weg skizzenhaft. Danach folgt im fünften Vortrag eine eingehendere Darstellung der Wandlungen, die in der Konstitution der Welt und des Menschen bis zur Gegenwart eingetreten sind. Der sechste Vortrag stellt die innere Entwicklung von der Selbsterkenntnisseite her dar, berichtet über innere Erlebnisse und bietet wiederum eine Darstellung der Grundübungen. Der siebente Vortrag bietet in seinem Zentrum sieben Übungen, die das Denken erkraften und ihm Sicherheit verleihen in der Ausweitung menschlicher Erkenntnis. Der darauffolgende achte Vortrag verdeutlicht zunächst, welche Wirkung die Ausbildung eines innerlich kräftigen und lebendigen Denkens nicht nur für den Menschen, sondern auch für die geistige Welt und die dort lebenden Menschen hat. Im zweiten Teil wird dann herausgearbeitet, daß in der meditativen Praxis das Denken mit Gefühl und Willen durchdrungen werden kann und wie dies im einzelnen geschieht. Der neunte Vortrag «Die drei Entscheidungen des imaginativen Erkenntnisweges» nimmt eine gewisse Sonderstellung ein, als er, zwar auch ausgehend von der Stärkung des Gedankens, doch erheblich über die Beschreibung der Übung selbst hinausgeht und auch andere Verfahren mitteilt, die insgesamt aber tiefe Gefährdungen darstellen. An ihm wird deutlich, wie weniger schwierige Übungswege rasche Ergebnisse bringen können – was sie als Inhalte der geistigen Welt offenbaren, ist aber nichts anderes als die im Leibe kraftende elementarische Natur. Zur Urteilsbildung kann diese Darstellung beitragen. Die letzten drei Vorträge greifen das Problem des Übungsweges vom neuzeitlichen Bewußtsein her auf, wie es skizziert wurde, und verdeutlichen den Weg über Gedanken und Wahrnehmung.

Literaturhinweise

Die Zahl der Veröffentlichungen zur Bewußtseinserweiterung insbesondere auf dem Wege von Yoga, Zen usf. ist unübersehbar. Sie differieren an den entscheidenden Punkten mit den Intentionen, die in den hier vorliegenden Vorträgen Rudolf Steiners dargestellt sind. Auf diese gehen z. B. folgende anthroposophisch orientierte Schriften zurück:

Walter Bühler: Meditation als Erkenntnisweg. 3. Aufl. Stuttgart 1974.
Friedrich Husemann: Wege und Irrwege in die geistige Welt – Autogenes Training – Yoga. 3. Aufl. Stuttgart 1977.
Georg Kühlewind: Bewußtseinsstufen. Meditationen über die Grenzen der Seele. 2. Aufl. Stuttgart 1980.
Christof Lindenau: Der übende Mensch. 2. Aufl. Stuttgart 1981.
Friedrich Rittelmeyer: Meditation. Zwölf Briefe über Selbsterziehung. 9. Aufl. Stuttgart 1973.
Therese Schulte: Transzendentale Meditation – und wohin sie führt. Abschiedsdisput einer TM-Lehrerin. Stuttgart 1980.
Herbert Witzenmann: Intuition und Beobachtung, 2 Teile. Stuttgart 1977/1978.

In der vorliegenden Taschenbuchreihe sind weitere Texte von Rudolf Steiner zu folgenden Themen erschienen:

Bd. 2: Sprechen und Sprache (Hrsg. Chr. Lindenberg)
Bd. 3: Zur Sinneslehre (Hrsg. Chr. Lindenberg)
Bd. 4: Vom Lebenslauf des Menschen (Hrsg. E. Fucke)
Bd. 5: Erde und Naturreiche (Hrsg. Hans Heinze)
Bd. 6: Naturgrundlagen der Ernährung (Hrsg. K. Th. Willmann)
Bd. 7: Ernährung und Bewußtsein (Hrsg. K. Th. Willmann)

Weitere Bände sind in Vorbereitung.

Anmerkungen

Alle Schriften und Vorträge Rudolf Steiners wurden bzw. werden veröffentlicht in der Gesamtausgabe (GA) von etwa 350 Bänden, herausgegeben von der Rudolf-Steiner-Nachlaßverwaltung, Dornach/Schweiz, durch den Rudolf-Steiner-Verlag. Alle hier abgedruckten Vorträge sind Bänden der Gesamtausgabe entnommen, der genaue bibliographische Nachweis erfolgt jeweils in den nachfolgenden Anmerkungen. Für die Orientierung im Gesamtwerk sei hingewiesen auf: Rudolf Steiner – Das literarische und künstlerische Werk, eine bibliographische Übersicht, Dornach 1961.

1 Der Vortrag vom 20. 10. 1906 ist entnommen dem Band: «Ursprungsimpulse der Geisteswissenschaft», GA 96, Dornach 1974, S. 138–156.

2 Im Unterschied zu den großen öffentlichen Vorträgen im Architektenhaus in Berlin und zu den Darstellungen über den Erkenntnisweg in der Zeitschrift «Luzifer» (später vereinigt mit «Gnosis»), aus denen die Bücher «Wie erlangt man Erkenntnis der höheren Welten» und «Die Stufen der geistigen Welt» hervorgingen, wandte sich dieser Vortrag an «Mitglieder» der Theosophischen Gesellschaft, die mit den Grundlagen der Geisteswissenschaft gut bekannt waren.

3 Vgl. hierzu: Johann Valentin Andreae: «Die Chymische Hochzeit des Christian Rosenkreuz. Anno 1459»; «Fama Fraternitatis», ins Neuhochdeutsche übertragen v. Walter Weber; Rudolf Steiner: «Die Chymische Hochzeit des Christian Rosenkreuz» (3 Aufsätze 1917/18), 2. Aufl. Stuttgart 1957.

4 Die Theosophische Gesellschaft, 1875 von Annie Besant und H. St. Olcott, gegründet, machte erstmals «okkultes Wissen» über enge Kreise hinaus bekannt. 1902 wurde Rudolf Steiner gebeten, die Leitung der Deutschen Sektion dieser Gesellschaft zu übernehmen. In der Terminologie lehnte sich Rudolf Steiner zunächst an die dort gebräuchlichen Bezeichnungen an. Seit der Trennung von dieser Gesellschaft und der Gründung der Anthroposophischen Gesellschaft suchte er nach sachgerechten deutschen Benennungen übersinnlicher Tatbestände. (Vgl. R. Steiner: «Geschichte und Bedingungen der anthroposophischen Bewegung im Verhältnis zur Anthroposophischen Gesellschaft», 8 Vorträge 1923, GA 258). Außerdem war er, wie sich schon aus dem übernächsten Absatz ergibt,

bestrebt, Klarheit von Beginn seiner Wirksamkeit an über den besonderen mitteleuropäischen Weg der erweiterten Erkenntnisbildung zu schaffen.

5 Diese nicht näher ausgeführte Typologie wird ausführlicher behandelt in den Vorträgen vom 1./2. 10. 1922 dieses Bandes sowie in dem gesamten Zyklus von Vorträgen R. Steiners: «Westliche und östliche Weltgegensätzlichkeit», 10 Vorträge, Wien 1922, GA 83.

6 Als Meister gelten Begründer und Inspiratoren bestimmter geistiger Strömungen und auch von Kulturleistungen und -epochen wie Zarathustra, Hermes, Moses, Abraham u. a. Vgl. R. Steiner: «Antworten der Geisteswissenschaft auf die großen Fragen des Daseins», GA 60.

7 Die hier erwähnten elementaren «Lehren» der Geisteswissenschaft werden ausführlich in Werken Rudolf Steiners dargestellt, u. a. in: Die Erkenntnisse höherer Welten und Gedanken von Wiederverkörperung und Karma; z. B. in: «Theosophie», GA 9; Weltentwickelung, Menschenrassen und Kulturen, z. B. in: «Aus der Akasha-Chronik» , GA 11; sowie «Die Geheimwissenschaft im Umriß», GA 13.

8 GA 3, GA 4.

9 Wie die sichtbare Welt den Sinnen zugänglich ist, so die *Astral-* oder *Seelenwelt* und das *Geisterland* oder *Devachan* seelischen oder geistigen Wahrnehmungsorganen, die erst zu entwickeln sind. Wie die sichtbare, physische Welt durch die Sinne dem Menschen erfahrbar wird, so die in und hinter dieser Erscheinungswelt liegenden Ursprungswelten, auch «Plane» genannt, mit geistigen Organen. Der nächste «Plan», an dem der Mensch durch seine eigene Empfindungswelt Anteil hat, ist in sich vielfach gegliedert und wird als Seelen- oder Astralwelt bezeichnet, dahinter liegt das niedere und höhere Geisterland oder Devachan, dessen höhere Stufen als Buddhiplan u. a. genannt werden (vgl. die entsprechenden Kapitel in: «Theosophie», a. a. O.). Wie im Denken schon höhere Bewußtseinsgrade als im Traum erlangt werden, so sind zur differenzierten Wahrnehmung der Seelen- und Geisterwelt entsprechende übersinnliche (Wahrnehmungs-) Organe vonnöten, die als *Lotusblumen* (Chakrams) bezeichnet und durch Svastika, Räder, Rosetten in der Symbolik abgebildet werden (vgl. die Ausführungen der Vorträge vom 2. 9. 1906, 22. 2. 1907, 1. 5. 1913 in diesem Band).
Unter *Lebens-*, *Bildekräfte-* oder *Ätherleib* wird das einem Organismus zukommende weisheitsvolle Lebensgefüge, unter *Astral-* oder *Seelenleib* die innere, in sich begrenzte übersinnliche Empfindungsnatur bezeichnet. – Unter *Akasha(-Chronik)* wird jene geistige Sphäre verstanden, der sich alles Geschehen, das eine seelisch-gei-

stige Ursache oder ein Korrelat darin hat, mitteilt (vgl. hier den Vortrag vom 1. 5. 1913).

10 Die Erde hat in ihrer Entwicklung Vorstufen, die als *Mond*, *Sonne*, *Saturn* bezeichnet werden. Innerhalb dieser planetarischen Zustände geschieht die Entwicklung in Stufen, die Lebenszustände (Runden, Reiche) benannt sind und die in sich wieder Formzustände (Globen) durchlaufen sowie in noch kleinere Abschnitte unterteilt sind, die als Wurzelrassen und Rassen bezeichnet werden. Die Wurzelrassen bemessen große Geschichtsepochen, die Rassen deren Unterabschnitte; z. B. sind Wurzelrassen: Lemuris, Atlantis, Nachatlantis; letztere hat die Geschichtsepochen: die Indische, Ur-Persische, Ägyptisch-Babylonische, Griechisch-Lateinische und die Neuzeit durchlaufen (vgl. «Geheimwissenschaft» [Planetarische Zustände], «Aus der Akasha-Chronik» [Wurzelrassen] und «Geheimnisse der biblischen Schöpfungsgeschichte» [Lebens- und Formzustände]).

11 Vgl. «Geheime Figuren der Rosenkreuzer», Altona 1785 (Nachdruck Berlin 1919).

12 Vortrag vom 19. 10. 1906, GA 96.

13 Kamaloka ist die Läuterungszeit der Seele nach dem Tode (vgl. «Geheimwissenschaft», Kap.: Schlaf und Tod).

14 Die drei folgenden Vorträge vom 2., 3. und 4. 9. 1906 sind entnommen dem Band «Vor dem Tore der Theosophie», GA 95, Dornach 1964, S. 107–139. Es ist zu beachten, daß diese Vorträge eingebettet sind in eine geschlossene Folge (Zyklus) von 14 Vorträgen Rudolf Steiners (für Mitglieder), wobei sie den Abschluß der Darstellungen bilden, die sich zunächst mit dem Wesen des Menschen, den höheren Welten, der Erdentwicklung und den alten Kulturen befassen. Die Überschriften fehlen im Original, sie sind den Inhalten der Vorträge entsprechend gewählt.

15 Nach dem alten klassischen Werk: «Die Yoga-sûtras des Patañjali».

16 Zitat aus der Schrift der englischen Theosophin Mabel Collins: «Licht auf dem Weg», dt. Übers., 4. Aufl. Leipzig 1904.

17 Der letzte Abschnitt des Vortrags (S. 139–149) ist hier weggelassen, er behandelt den geologischen Aufbau der Erde im Zusammenhang mit den Übungsstufen.

18 Zur Verdeutlichung, wie sich die einzelnen Schulungswege seit dem welthistorischen Ereignis des Todes und der Auferstehung Christi verändern mußten, wird hier eine wesentlich spätere Darstellung Rudolf Steiners (vom 30. 11. 1919) wiedergegeben. Sie ist dem Zyklus entnommen: «Die Sendung Michaels – Die Offenbarung der eigentlichen Geheimnisse der Menschenwesen», GA 194, S. 107–123.

19 Die Idee der Dreigliederung wurde von R. Steiner erstmals 1917 in «Von Seelenrätseln», GA 21, veröffentlicht, im 6. Anhang: «Die physischen und die geistigen Abhängigkeiten der Menschen-Wesenheit»; sie hat für Erziehung, Medizin, Sozialwissenschaft weittragende Bedeutung. Vgl. dazu auch »Kernpunkte der sozialen Frage», GA 23, und «Aufsätze zur sozialen Dreigliederung», GA 24.

20 Gustav Theodor Fechner: 1801–1887; vgl. R. Steiner: «Die Rätsel der Philosophie», GA 18. Vgl. ferner zu dem hier angesprochenen Bereich des Sinnesprozesses den in der gleichen Reihe erscheinenden Band 3. Außerdem: Norbert Glas: «Gefährdung und Heilung der Sinne», 2. Aufl. Stuttgart 1976; Ernst Lehrs: «Vom Geist der Sinne», Frankfurt 1973; Hans Erhard Lauer: «Die zwölf Sinne des Menschen», 2. Aufl. Schaffhausen 1978; Hans Jürgen Scheuerle: «Überwindung der Subjekt-Objekt-Spaltung in der Sinneslehre», Stuttgart 1977.

21 Es existiert zu dieser Thematik ein Vortrag gleichen Titels von R. Steiner, vom 25. 10. 1906, in GA 55.

22 Dieser Vortrag vom 7. 12. 1905 entstammt einer öffentlichen Einführung in die Geisteswissenschaft (Berliner Architektenhaus) und ist entnommen dem Band: «Die Weltenrätsel und die Anthroposophie», GA 54, Dornach 1966, S. 200–228.

23 Subba Rao (Row), 1856–1890, Rechtsanwalt in Madras, Okkultist und Freund H. P. Blavatskys. Posthum erschienen von ihm: «Esoteric Writings».

24 Dieser Vortrag findet eine Fortsetzung am 19. 4. 1906, abgedruckt in GA 54, S. 463–477, die wir hier wegen innerer Übereinstimmung mit den hier abgedruckten Vorträgen nicht wiedergeben.

25 Dieser Vortrag (für Mitglieder) vom 18. 1. 1909 ist entnommen dem Band: «Die Beantwortung von Welt- und Lebensfragen durch Anthroposophie», GA 108, Dornach 1970, S. 216–234. Eine in mancher Hinsicht verwandte Thematik findet sich mit entsprechenden Übungen in dem Vortrag vom 11. 1. 1912. «Nervosität und Ichheit», GA 143.

26 Sir Rowland Hill (1795–1879) schlug 1837 zur Vereinheitlichung des Portos die Briefmarke vor, er wurde später Postminister.

27 Das Gutachten ist erwähnt bei R. Hagen: Die erste deutsche Eisenbahn, 1885, S. 45; seine Existenz wird heute bestritten.

28 Nagler: 1770–1846.

29 Der Vortrag (für Mitglieder) vom 1. 5. 1913 ist entnommen dem Band: «Vorstufen zum Mysterium von Golgatha», GA 152, Dornach 1964, S. 10–30; er wurde um die erste Seite, die Begrüßungsworte des Vortragenden, der erstmals in London spricht, gekürzt.

30 *Luzifer* und *Ahriman* – die Ausdrücke entstammen biblischen und

iranisch-persischen Bezeichnungen – sind geistige Wesenheiten polarischer Wirkensrichtung; vereinseitigend in rauschhafter Begeisterung bzw. kalter Oberflächen-Scheinanalyse, folgt ihnen die menschliche Seele. Sie sind Versucher- und Verführermächte, durch unzeitige Wirkungen drängen sie zum Bösen, ermöglichen aber auch die Freiheitsentwicklung (vgl. «Geheimwissenschaft»).

31 Vgl. «Geheimwissenschaft», Kap.: Die Weltentwicklung und der Mensch; sowie: «Die Geheimnisse der biblischen Schöpfungsgeschichte», GA 121.

32 Vortrag vom 2. 5. 1913, in GA 152, S. 31 ff.

33 Der Vortrag (für Mitglieder), Berlin 2. 3. 1915, ist entnommen dem Band: «Menschenschicksale und Völkerschicksale – Schicksalsbildung nach dem Tode», GA 157, Dornach 1960, S. 159–182.

34 Vortrag vom 22. 2. 1915, in GA 157, S. 135 ff.

35 Die Vorträge vom 1., 2. 6. 1922 sind der Beginn eines Vortragszyklus in dem großen öffentlichen Kongreß der Anthroposophischen Gesellschaft in Wien, der unter dem Buchtitel veröffentlicht wurde: «Westliche und östliche Weltgegensätzlichkeit», GA 83. Die angesprochene Thematik setzt sich in den nachfolgenden Vorträgen fort.

36 Der Vortrag vom 26. 9. 1923 ist entnommen dem Band: «Was wollte das Goetheanum und was soll die Anthroposophie», GA 84, Dornach 1961, S. 209–236.

37 Vortrag vom 29. 9. 1923, in GA 84, S. 237 ff.

Quellennachweis

(Vorträge nach der Rudolf-Steiner-Gesamtausgabe: GA)

Der Erkenntnispfad und seine Stufen, Berlin, 20. November 1906; in: Ursprungsimpulse der Geisteswissenschaft, GA 96.

Drei Wege der Übung, Stuttgart, 2. September 1906; in: Vor dem Tore der Theosophie, GA 95.

Acht Stufen orientalischer Schulung – sieben Stufen gnostisch-christlicher Übung, Stuttgart, 3. September 1906; in: GA 95.

Selbsterkenntnis: rosenkreuzerisch-christliche Seelenübungen, Stuttgart, 4. September 1906; in: GA 95.

Die alte Yoga-Kultur und der neue Yoga-Willen, Dornach, 30. November 1919; in: Die Sendung Michaels – Die Offenbarung der eigentlichen Geheimnisse der Menschwerdung, GA 194.

Innere Entwickelung, Berlin, 7. Dezember 1905; in: Die Weltenrätsel und die Anthroposophie, GA 54.

Praktische Ausbildung des Denkens, Karlsruhe, 18. Januar 1909; in: Die Beantwortung von Welt- und Lebensfragen durch Anthroposophie, GA 108.

Okkulte Wissenschaft und okkulte Entwickelung – Einweihung, London, 1. Mai 1913; in: Vorstufen zum Mysterium von Golgatha, GA 152.

Die drei Entscheidungen des imaginativen Erkenntnisweges, Berlin, 2. März 1915; in: Menschenschicksale und Völkerschicksale, GA 157.

Anthroposophie und Naturwissenschaft, Wien, 1. Juni 1922; in: Westliche und östliche Weltgegensätzlichkeit, GA 83.

Anthroposophie und Psychologie, Wien, 2. Juni 1922; in: GA 83.

Die übersinnliche Erkenntnis. Anthroposophie als Zeitforderung, Wien, 26. September 1923; in: Was wollte das Goetheanum und was soll die Anthroposophie, GA 84.